심리검사 해석상담

조성희 · 신수경 공저

학지사

머리말

이 책은 상담장면에서 상담자가 접수면접과 주 상담회기에서 자주 활용하는 심리검사들을 소개하면서, 심리검사 결과를 상담자가 내담자와의 만남의 과정에 어떻게 스며들게 할 것인지를 강점 기반 해석상담 예시를 통해 상담자에게 알리고자 하는 데 목적을 두고 있다.

상담의 목적이 내담자의 인지적·정서적·행동적 변화라고 한다면 심리검사가 기여할 수 있는 바가 상당히 많은데, 최근에는 '심리검사와 해석상담'이라고 하는 전문영역이 상담자의 역량을 확인하는 지표로 간주되고 있다. '심리검사와 해석상담'에서 주로 사용되는 심리검사들로는 MMPI-2검사, 홀랜드검사, MBTI검사, 성격유형 검사 등의 객관적 검사와 문장완성검사, HTP검사, KFD검사, 로르샤흐검사 등의 투사적 주관적 검사가 있다. 역설적으로 들릴 수 있으나 내담자의 변화를 촉진하는 상담자가 반드시 심리검사를 해야 할 필요는 없다. 그렇지만 내담자와의 관계 맺기에서 심리검사를 사용했을 때 더 효과적으로 관계를 형성할 수 있으며, 상담목표를 협의할 때 방향을 설정하는 과정에서 심리검사를 활용하면 더욱 효과가 있고, 상담의 효과성을 검증하기 위하여 사전·사후 평가를 할 때 심리검사를 사용하는 것이 필요하다. 종종 상담자는 내담자 문제의 심각성을 알고자 하며 진단적 소견을 이끌어 내고자 하는 욕구를 가지곤 한다. 이때 심리검사는 필수다.

간단한 심리검사라도 내담자와의 만남에서 사용할 때와 사용하지 않을 때, 내담자의 상담 참여 동기 측면에서 큰 차이가 있다는 것을 심리검사를 활용하는 상담자들이 느끼고 있다.

최근에는 다양한 심리검사가 개발되어 전문가들에 의해 사용되면서 일반인들이 심리검사에 대해 가지고 있는 인식도 보편화되었다. 내담자들이 심리검사만을 목적으로 상담센터를 방문하거나 상담자를 만나러 오는 경우도 많아지고 있다. 우리나라 대학 내 학생상담센터에서 보면 자신의 성격과 성향, 진로와 적성, 적응 상태, 대인관계 양상, 정서적 문제 등의 이유로 내담자들이 방문할 때 그들이 먼저 심리검사를 요청하는 경우가 상당히 많다. 그만큼 심리검사의 활용 및 유용성에 대한 인식이 긍정적으로 바뀌고 있음을 시사한다. 상담자들 역시 주 상담회기에 앞서 호소 문제와 관련하여 적합한 심리검사를 소개하고 실시해 보도록 추천하고 있다. 또한 대학생들의 경우, 초·중·고등학교에서 경험한 부적응으로 인해 대학생활에서 후유증을 지속적으로 경험하여 스스로 상담센터를 내방하거나 타인에 의해 의뢰되어 방문하곤 한다. 이때 심리검사가 필요하다. 더불어 항우울제나 항불안제, 수면 유도제 등을 복용해 온 대학생들의 숫자가 늘고 있는 것이 사실이다. 따라서 상담자들은 접수면접에서 증상과 관련된 몇 가지 심리검사를 실시하도록 요청하기도 한다. 이와 같이 내담자들이 상담장면에 오기 전에 이미 임상장면에서 심리검사를 했을 가능성이 높기 때문에 이전에 받았던 심리검사 결과에 대한 소견서를 상담자가 요청하는 경우도 있다. 이 경우 임상장면에서 전문가들이 작성한 소견서를 자세히 읽고 상담자가 내담자의 상담목표에 적용하기 위해서는 다양한 심리검사에 대한 이해가 요구된다.

심리검사 활용에 대한 필요성과 욕구가 증가함에 따라 상담자는 '심리검사와 해석상담'의 역량을 가지려고 많은 노력을 하고 있다. 이 책은 상담장면에서 심리검사를 활용하여 상담의 효과를 높이려는 많은 상담자를 위한 정보를 제공한다. 더불어 심리검사 결과를 강점 기반 해석상담으로 제공함으로써 내담자와 만나는 만남의 도구로 활용하도록 돕고자 한다.

상담장면에 있는 많은 상담자는 심리검사에 대해 두려움이 크다고 말한다. 상담자들이 교과과정에서 심리검사 과목을 이수하긴 하였지만 다양한 평가 사례를 경험할 기회가 거의 없기 때문에 실시 및 해석에 자신감이 없다고 호소한다. 상담 현장 실습에서도 역시 심리검사 활용이나 해석에 대한 실습의 기회가 거의 없고 심리검사 결과와 해당 정보를 상담에 적절히 적용할 수 있도록 지도해 줄 전문가를 만나기도 어렵다. 많은 상담자는 심리검사 결과에서 나온 정보가 유용하고 중요하다는 사실을 알고는 있지만 이를 활용하는 측면에서는 늘 자신이 없어 한다. 또한 상담사례의 사례 개념화 과정에서 심리검사 결과를 통합하는 것이 매우 유용하다는 사실은 알고 있으나 "심리검사 결과를 어떻게 통합해야 할지 모르겠다."라고 이야기하는 상담자가 많다. 그렇다 보니, 상담 현장에서 심리검사는 심리검사로 그치고, 상담은 심리검사 결과와 통합되지 못한 채 별다른 차이 없이 사례 개념화, 상담 사례 목표 설정, 상담 진행 및 종결을 하고 만다. 즉, 심리검사를 위한 심리검사가 되고 시간이 지나도 심리검사는 여전히 상담과정에 녹아들지 못한 채 별개의 작업에 그치고 만다. 이런 이유로 상담자들은 심리검사가 중요하다는 것을 알기는 하나 매우 부담스러운 작업으로 느낀다. 또한 상담자들은 심리검사를 알고 싶어 하고 심리검사와 관련된 역량을 높이려는 열망이 강하지만, 심리검사가 늘 부족한 영역으로 남아 있는 것이 사실이다.

한 가지 중요한 사실은 심리검사 결과 해석에 대한 내담자의 요청이 날로 증가하고 있다는 점이다. 요즘 내담자들은 매스컴이나 인터넷 검색 정보, 사적인 정보 등으로 자신의 심리검사 결과를 자세히 알고 싶어 한다. 이전의 내담자들은 상담자들이 심리검사를 하도록 요청하면 다소 수동적으로 심리검사에 응하고 자신의 심리검사 결과를 적극적으로 알려 달라는 요구가 적은 편이었으나, 최근의 내담자의 행동 성향은 많이 달라져 있다. 따라서 해석상담의 중요성이 부각된다. 상담자가 해석상담을 어떻게 하느냐에 따라 내담자와의 관계 맺기에 큰 영향을 미친다. 상담자가 해석상담을 할 때 어떻게 결과를 전달하는가, 어떤 용어들을 사용하는가, 어떤 특징들을 선별하고 부각시켜 전달하는가, 필요할 경우 주 상담회기의 참여를 어떻게 유도할 것인가 또는 필요하다면 유관 기관에 어떻게 의뢰할 것인가, 그리고 해석상담만으로도 내담자가 상담의 효과를 경험할 수 있기 때문에 해석상담 시간을 어떻게 이끌어 갈 것인가 등이 중요한 사안이다. 앞에서 제시한 질문들에 어떻게 답하는가에 따라 내담자와의 관계 맺기, 상담효과 기대, 내담자의 상담 동기와 기대 수준, 상담과 상담자에 대한 수용 여부 및 긍정적 또는 부정적 인상 형성 등에 영향을 줄 수 있다. 예를 들어, 매우 자주 활용되는 MMPI-2검사 결과에 대해 해석상담을 할 때 상담자가 MMPI-2검사의 임상척도에 대해 내담자에게 정보를 전달한다고 가정하자. 상담자가 MMPI-2검사 임상척도명이나 교과서적 해석을 그대로 과도하게 자주 사용할 경우, 어떤 내담자는 큰 두려움과 불안을 경험할 수 있다.

해석상담 시 심리검사 매뉴얼에 있는 그대로 전달하는 데 충실한 상담자는 기대와는 달리 내담자의 상황이나 상태와는 관련이 적거나 불필요한 정보를 전달할 수 있다. 그 예로, MMPI검사 척도 4(Pd) 점수의 상승에 대해 상담자들이 자동적으로 '반사회적 성향의 상승, 적개심, 심한 분노 및 충동 조절의 어려움' 등으로 해석하는 경우가 자주 있다. 결과를 매뉴얼 해석 그대로 내담자에게 전달할 경우 내담자는 큰 혼란을 경험할 수 있다. 이때 내담자가 경험하는 혼란으로 상담의 동기를 부추길 수는 있지만 관계 맺기에 도움이 되지 못하고 내담자 자신에 대한 부정적이고 단정적인 틀로 인해 좌절감과 무력감도 경험하게 하고 변화 동기를 저하시킬 수도 있다. 따라서 상담자는 매뉴얼화된 심리검사 결과를 있는 그대로 전달하지 않도록 유의해야 한다. 개인적인 특성 차이가 있을 뿐만 아니라 현재 처한 상황이나 문제의 심각성도 다르기 때문이며 내담자가 스스로 변화하려고 하는 의지 수준을 경감시킬 수 있기 때문이다.

이 책은 다양한 상담 현장에서 내담자들을 만나는 상담자들이 심리검사를 '만남의 유용한 도구'로 인식하고 심리검사 결과를 해석상담할 때 내담자가 스스로 변화를 시작하도록 돕는 '만남의 과정'으로 활용하도록 돕고자 한다.

2019년 7월

저자 씀

차례

제1부

상담에서의 심리검사 활용과 해석상담

01 상담과정에서 해석상담

해석상담은 상담에서 단독으로 심리검사를 활용하는 것과 상담과정에서 심리검사를 활용하는 것으로 나눌 수 있다. 이 책에서는 이 두 가지 경우 모두 해석상담에 해당하는 것으로 간주한다.

1. 단독 해석상담

심리검사만을 목적으로 상담기관에 내방하는 내담자들의 수가 증가하고 있다. 이 경우, 진단을 목적으로 병원에 내방하여 심리검사를 하는 경우와 구별된다. 상담장면에서 심리검사를 요청하는 내담자들의 대부분은 자신의 성격이 어떤 유형인지, 정상적인 성격인지 아닌지, 자신의 행동 습관이 정상적인지 아닌지, 진로 · 적성 면에서 어떠한 적성을 가지고 있는지, 현재 하고 있는 직업이 자신의 적성에 잘 맞는지 아닌지, 대인관계에서 경험하는 현재의 갈등이 자신의 성격 때문인지 아닌지, 현재 문제로 인한 심리적 고통을 해결하는 방법은 어떤 것이 있는지, 또는 '나는 어떤 사람인가' 등의 질문을 가지고 상담자를 찾는다. 내담자의 내방 목적에 따라 선별되는 심리검사는 다르겠으나 많은 상담자는 '풀배터리(full-battery) 검사'를 실시하곤 한다. 풀배터리 검사에 포함되는 심리검사로는 MMPI-2검사, 문장완성검사(SCT), MBTI검사, HTP검사, KFD검사, BGT검사, 로르샤흐검사, 웩슬러지능검사 등이 있다. 심리검사를 하기에 앞서, 심리검사 신청서를 작성하는 것이 일반적인 순서다. 이때 상담자는 내담자가 작성한 신청서에서 상담과 관련된 중요한 질문들을 하고 심리검사를 실시하기 전에 짧게라도 개인면담을 하는 것이 해석상담의 목적 달성에 유용하다. 상담자가 할 수 있는 중요한 질문들은 다음과 같다.

- 신청서를 보니 원하는 심리검사에 몇 가지 체크를 하셨군요. 이 검사들에 대해서 알고 있는 것이 무엇인지 말씀해 주세요.
- 이전에 심리검사를 하셨던 경험이 있으신지요? 그 당시에 했던 검사들에 대해 기억이 나시는 대로 말씀해 주세요.
- 무슨 이유로 이번에 심리검사를 요청하셨는지 궁금합니다.
- 심리검사가 어떤 것인지 ○○ 님이 알고 있는 것들에 대해 이야기해 주세요.
- 이전에 심리검사를 한 후에 해석상담을 받았던 경험이 있으신가요? 그 경험이 있으시다면 말씀해 주세요.
- 해석상담을 한 이후에 이 결과들을 ○○ 님은 어떻게 활용하고 싶으신지 말씀해 주세요.

병원과 같은 임상장면에서 정신병리를 찾거나 진단을 목적으로 심리검사를 실시하는 것이 아니므로, 상담자가 앞의 질문들을 활용하는 것이 매우 유용할 수 있다.

만약에 상담자가 풀배터리 검사를 사용할 경우에는 다음의 검사 진행 순서를 염두에 두는 것이 내담자와의 관계 맺기에 매우 유익하다. 풀배터리 검사 시행 순서는 다음과 같다. 풀배터리 검사를 시행할 때, 다음의 순서를 반드시 지켜야 하는 것은 아니지만 다음의 순서대로 검사를 진행할 경우 내담자와 상담자의 소진을 예방하고 원만하게 검사 진행을 할 수 있다.

① 먼저, 앞에서 제시한 내담자와의 관계 맺기에 유용한 질문들을 한다.

② 내담자에 관한 기본적인 인구통계학적 정보를 듣는다.

③ 상담자는 오늘 내담자가 시행할 심리검사에 대한 정보를 제공한다.
④ 상담자는 **BGT검사**를 소개하고 실시한다.
⑤ **HTP검사**와 **KFD검사**를 실시한다.
⑥ **웩슬러지능검사**가 가능하거나 필요할 경우 실시한다.
⑦ 필요시 **로르샤흐검사**나 **TAT검사**를 실시한다.
⑧ 객관적인 심리검사들, 예를 들어 **MMPI-2검사**, **MBTI검사**, **홀랜드검사**, **문장완성검사** 등을 실시한다.
⑨ 심리검사를 시행한 내담자의 경험에 대해 함께 나눈다.
⑩ 해석상담을 하기 위한 일정을 정하고 약속한다.

2. 상담과정에서 해석상담

단독 해석상담과는 달리 주 상담자가 상담과정에서 심리검사를 사용할 필요성을 느낄 수 있다. 이때 내담자의 동의나 허락을 구하고 심리검사 신청서를 작성하게 한 후 심리검사를 시행한다. 그 결과에 대해서는 추후 회기에서 해석상담을 제공한다. 물론, 접수면접에서도 역시 필요하다면 심리검사를 시행하도록 요청할 수 있다. 접수면접은 내담자가 상담을 원하여 첫 내방을 하였을 때를 말한다. 상담의 효과성을 객관적으로 평가하는 데에도 심리검사의 활용이 매우 유용하다.

1) 접수면접에서 필요시 심리검사 활용하기

최근 상담기관에서는 첫 내방을 하는 내담자에게 심리검사를 필수로 실시하는 경우가 많다. 필수로 실시하지 않는 기관이라도 첫 내방을 한 내담자와 면담을 하면서 알코올 등의 물질 사용이나 자살 위험, 또는 불안이나 우울 등의 정서적 문제가 심하게 경험되는 것으로 보일 경우 심각도 수준을 측정하고자 대화뿐만 아니라 간단하게 심리검사를 시행하도록 내담자에게 요청하기도 한다. 이렇게 함으로써 상담목표가 보다 명확해질 수 있고, 필요시 유관기관에 추가적인 의뢰 절차를 원활히 진행할 수도 있고, 위기개입을 가능하게도 할 수 있다. 간혹 극심한 불안이나 우울,

정신병리적 양상을 보이는 내담자가 심리검사를 시행하면서 상태가 조금 나아지는 효과를 보이기도 하는데, 이때 접수면접 상담자는 면담하기가 훨씬 용이하게 된다. 내담자에게 다음과 같은 질문을 하여 협조를 구한다. 이때, 흔히 사용할 수 있는 질문들은 다음과 같다.

- 신청서에 정서적 문제 중에서 우울에 표시를 하셨네요. 얼마나 심각한지 몇 가지 질문에 답해 주시면 좋겠습니다. 어떠신가요? (BDI 검사지를 내담자에게 준다.)
- 신청서에 알코올 문제에 표시를 하셨네요. 얼마나 심각한지 몇 가지 질문에 답해 주시면 좋겠습니다. 어떠신가요? (AUDIT-K)검사지를 내담자에게 준다.)
- 신청서에 인터넷 문제에 표시를 하셨네요. 얼마나 심각한지 몇 가지 질문에 답해 주시면 좋겠습니다. 어떠신가요? (인터넷 중독 자가진단 검사지를 내담자에게 준다.)
- 신청서에 죽고 싶은 생각이 많다고 표시를 하셨네요. 얼마나 심각한지 몇 가지 질문에 답해 주시면 좋겠습니다. 어떠신가요? (자살 충동 검사지를 내담자에게 준다.)

흔히 사용할 수 있는 검사 도구들은 다음과 같다. 예를 들어, BDI검사, AUDIT-K 검사, 인터넷 중독 자가진단 검사, 불안 상태 및 특성 검사, 자살 충동 검사, 도박 중독 검사, 니코틴 의존 검사, 성 중독 검사, 약물 남용 검사, 분노 검사, 자기효능감 검사, 자존감 검사, 적응 검사, 적성 검사 등이 있다.

2) 상담 초기나 중기에서 심리검사 활용하기

단독 해석상담을 하지 않은 내담자나 접수면접에서 심리검사를 시행하지 않은 내담자에 대해, 상담자는 상담 초기나 중기 회기 중에 심리검사를 시행하는 것이 필요하다고 느낄 때가 있다. 특별히 내담자와 합의한 상담목표에의 달성 여부를 평가할 필요가 있는 경우 사전 · 사후 검사로서 목표 관련 심리검사들을 활용할 필요가 있다. 예를 들어, 분노조절 능력 증진이 상담목표일 경우 사전 · 사후 검사로 분노검사를 실시한다. 또는 자기효능감 증진이 상담목표일 경우 자기효능감 검사를 사전 ·

사후 검사로 실시한다. 자기주장하기가 상담목표일 경우 자기주장 검사를 사전 · 사후 검사로 실시한다. 우울감 감소하기 및 자살 충동 저하가 상담목표일 경우 BDI검사와 자살 충동 검사를 사전 · 사후 검사로 실시한다. 보통 상담장면에서는 사전 · 사후 검사가 상담효과 검증에 매우 용이하게 사용될 수 있는데도 불구하고 사전 · 사후 검사가 잘 활용되지 못하는 것이 실정이다. 많은 경우에 사전 · 사후 검사 대신에 내담자의 상담 만족도 검사가 시행되는 경우가 흔하다. 상담 초기에 심리검사를 활용해야 할 경우, 내담자에게 심리검사의 필요성에 대한 이해를 하도록 전달하는 것이 중요하다. 또한 내담자에게 심리검사 활용에 관한 허락과 동의를 구하는 절차가 있어야 한다.

내담자와의 관계 맺기를 위해 심리검사를 활용할 수도 있다. 예를 들어, HTP검사, KFD검사, BGT검사 등의 그림검사 활용이 매우 유용하다. 또한 상담초기에는 내담자의 사례 개념화를 하기 위해 심리검사를 실시하면 보다 구체적이고 명료한 내담자 정보를 얻을 수 있다.

흔히 사용할 수 있는 검사 도구들은 다음과 같다. 예를 들어, BDI검사, AUDIT-K검사, 인터넷 중독 자가진단 검사, 불안 상태 및 특성 검사, 자살 충동 검사, 도박 중독 검사, 니코틴 의존 검사, 성 중독 검사, 약물 남용 검사, 분노 검사, 자기효능감 검사, 자존감 검사, 적응 검사, 적성 검사, HTP검사, KFD검사, BGT검사, 사회원자검사 등이 있다.

3) 종결하기 전에 심리검사 활용하기

일반적으로 상담을 종결하기 전에 내담자의 상담 만족도 검사를 많이 활용하고 있다. 문항 내용으로는 상담의 효과, 상담자에 대한 만족, 상담 환경에 대한 만족, 상담센터 직원에 대한 만족 등을 묻는 질문들로 구성된다. 내담자의 상담 만족도 검사만으로는 내담자를 측정하는 데 한계가 있는데, 상담 초기에 시행한 많은 검사를 사후 검사로 종결하기 전에 활용하는 것이 유용하다. 사전 · 사후 검사 결과의 차이로 내담자의 호전 여부와 상담목표 달성 여부, 상담효과성 평가를 보다 정확하게 파악할 수 있다.

흔히 사용할 수 있는 검사 도구들은 다음과 같다. 예를 들어, BDI검사, AUDIT-K

검사, 인터넷 중독 자가진단 검사, 불안 상태 및 특성 검사, 자살 충동 검사, 도박 중독 검사, 니코틴 의존 검사, 성 중독 검사, 약물 남용 검사, 분노 검사, 자기효능감 검사, 자존감 검사, 적응 검사, 적성 검사 등이 있다.

3. 해석상담을 할 때 유의해야 할 점

상담자가 해석상담을 할 때 단독 해석상담이든 상담과정에서든 몇 가지 유의해야 할 점들이 있는데, 구체적인 내용은 다음과 같다.

첫째, 정신병리를 찾거나 진단을 하려고 애쓰지 않는다.

둘째, 내담자가 이해하기 쉽게 내담자가 사용하는 언어로 심리검사 결과를 풀어서 설명한다.

셋째, 상투적인 심리학적 용어, 전문 용어, 병리적 용어를 사용하지 않는다.

넷째, 내담자의 장점, 강점과 잠재력을 우선적으로 해석하고 전달한다. 내담자의 장점, 강점으로 나타난 결과가 지나치거나 과도하게 되면 여러 면에서 걸림돌이 될 수 있음을 염두에 두고 내담자에게 그러한 어려움이 있었는지 추가적인 질문을 함으로써 검사 결과의 의미를 명확하게 한다.

다섯째, 심리검사 매뉴얼대로 내담자에게 전달하는 대신 내담자의 인구통계학적 정보, 심리사회적 상태, 이전 치료력 등을 토대로 풀어서 전달한다.

여섯째, 심리검사 결과를 내담자에게 일방적으로 전달하는 대신 내담자가 해석상담에 적극 참여할 수 있도록 유도한다.

일곱째, 내담자가 상담자의 설명에 대해 의문을 제기하는 경우에는 있는 그대로 수용한다. 심리검사 결과를 액면 그대로 강조하면서 설득하거나 이해시키려 하지 않는다.

여덟째, 내담자에게 심리검사의 결과가 완전한 것이 아님을 이해시킨다. 즉, 심리검사의 결과는 내담자의 설명에 의해서 의미가 생긴다는 것을 염두에 두어야 한다.

아홉째, 내담자의 현재 상태가 심리검사의 결과와 어떤 관련이 있는지를 내담자 스스로 이야기할 수 있는 시간을 할애한다.

열 번째, 심리검사 결과 해석상담에서는 지금 여기에(here and now)를 강조한다. 그리고 심리검사 결과는 내담자의 변화에 따라 유동적일 수 있음을 내담자에게 알려 주어야 한다.

열한 번째, 심리검사가 내담자와의 '만남의 도구'임을 기억해야 한다. 심리검사가 내담자를 분석하고 정보를 캐내는 도구나 진단의 도구가 아니라 내담자의 강점, 장점, 잠재력, 현재 스트레스 수준, 대처능력, 활용 자원, 바람과 동기 등과 만나는 도구임을 상담자는 명심해야 한다.

열두 번째, 심리검사 결과를 토대로 하여, 해석상담은 내담자가 가고자 하는 방향과 바람 등에 대해 나누고 상담자가 어떻게 도와줄 것인지, 내담자가 어떤 도움을 원하는지를 나누는 시간이 되도록 한다.

02 상담에서 왜 심리검사가 필요한가

상담의 목표를 내담자의 변화, 즉 내담자의 인지적 변화, 정서적 변화, 행동적 변화, 대인관계적 변화로 볼 때 심리검사는 이러한 변화를 촉진하는 데 유용하게 활용될 수 있는 '만남의 도구'다. 상담자는 내담자와 대면하여 대화를 통해 내담자가 자신의 문제를 인식하고 변화의 필요성을 깨닫고 변화 대안들을 탐색하여 행동을 계획하고 계획된 행동 변화를 상담목표로 설정하였다. 대화만으로도 상담목표를 달성하는 데 충분한 만남이 된다면, 심리검사는 상담에서 왜 필요할까? 심리검사를 알고 활용하는 상담자와 그렇지 않는 상담자와의 차이는 무엇인지 살펴보면, 상담에서 왜 심리검사가 필요한지의 답을 얻을 수 있다.

내담자의 사고 내용, 사고 흐름, 감정의 수준, 특정 행동 양상, 대인관계 패턴 등을 보다 효율적으로 신속하게, 정확하게, 만나게 해 주는 심리검사는 상담에서 매우 유용한 만남의 도구로 활용 가능하다. 내담자의 심리적 상태를 가시적으로 드러냄으로써 내담자와의 대화에서 쉽게 알아차릴 수 없는 장점이나 강점, 잠재력, 스트레스 수준, 대처 양상, 성격과 성향 등을 만날 수 있도록 돕는 것이 심리검사다. 심리검사를 잘 이해하고 실시하며 적절하게 해석하여 적용할 수 있는 역량을 가진 상담자는 그렇지 않는 상담자에 비해서 내담자를 돕는 자신의 역량에 대해 자신감을 더할 수 있다. 물론, 심리검사에 대한 이해와 해석 능력을 갖춘 상담자라야 내담자에게 도움이 될 것이며 불필요한 시간 낭비나 해석의 오류로 인한 후유증을 막을 수 있다.

상담자가 내담자와 관계 맺기를 하는 데 심리검사는 이러한 관계 맺기를 촉진하는 만남의 도구로 사용 가능하며, 내담자의 변화 목표를 탐색하고 사례 개념화를 할 때 심리검사 결과가 객관적인 자료를 제공한다. 또한 상담의 효과성을 평가하는 데 심리검사가 도구로 사용 가능하고, 상담자가 타 기관으로 의뢰 여부를 판단하는 데 심리검사 결과가 유용하게 활용된다. 상담자는 내담자의 정신병리를 파악하거나 진단을 내리기 위해서 심리검사를 하기보다 내담자의 변화 필요성과 목표를 함께 탐색하고 달성하는 도구로서 심리검사를 활용하는 것이 필요하다.

최근 몇 년간 상담장면에서 단독으로 심리검사와 해석상담을 요청하는 내담자의 수가 증가하고 있다. 이에 맞물려서 상담자의 해석 역량에 대한 요구가 증대되어 왔다. 내담자들은 자기 자신에 대한 이해를 얻고자 하며 진로와 취업이라고 하는 현실적인 문제를 객관적으로 파악하고 싶어 한다. 이러한 정보를 원하는 내담자들의 욕구는 면담만으로는 충족되지 못하고 내담자가 필요한 정보를 제공할 수 있는 심리검사가 활용되어야 한다. 최근에 많은 중독 문제, 왕따로 인한 트라우마, 스트레스, 폭력 피해 및 가해자, 산재 등으로 인한 고통, 섭식 문제 등을 가진 내담자들이 내방할 때 상담자가 객관적인 평가를 할 수 있도록 돕는 것도 심리검사다.

그럼에도 불구하고, 상담자는 충분한 심리검사 활용 능력과 역량을 가지기 어렵다고 호소하는 경우가 있다. 또한 어떤 상담자는 어떠한 심리검사를 언제 사용해야 할지, 어떻게 해석해야 할지, 어떻게 전달해야 할지에 대한 확신을 갖지 못하기도 한다. 성격 유형 검사들 중에는 매뉴얼화된 것들이 있어서 쉽게 적용될 수 있긴 하지만 개인별 특성을 파악하고 해석해야 하는 검사들(예: HTP검사, KFD검사, 로르샤흐검사, TAT검사 등)은 많은 훈련과 경험이 필요하다. 그렇다면 어떻게 상담자의 심리검사 활용 및 해석역량을 증진할 수 있을까?

1. 상담자의 심리검사 활용 및 해석 역량 증진에 도움이 되는 것들

- 심리검사 중에서 내담자에게 필요한 검사를 선별할 수 있어야 한다.
- 간단하게 사용할 수 있는 심리검사를 자주 내담자에게 활용한다.
- 상담목표에 따라 최소 한 가지의 심리검사를 사전 · 사후 검사로 정하고 실시한다.
- 각 심리검사의 결과를 내담자의 강점과 장점으로 해석하려는 긍정적 관점을 유지한다.
- 상담자 자신에게 자주 심리검사를 시행하고 해석해 본다.
- 동료 상담자들과 함께 자기 자신 혹은 동료들의 심리검사 결과를 나누거나 동료 슈퍼비전을 자주 한다.

2. 심리검사 활용과 해석상담에서 상담자 윤리

상담자는 내담자를 위해서 심리검사를 선별하여 실시하는 것이 기본이다. 따라서 어떠한 심리검사를 사용할 것이며 무엇을 위해서 어떻게 활용할 것인지를 고려해야 한다. 연구 논문, 사례 발표, 슈퍼비전, 학회 발표 등 상담자의 이득만을 위해 심리검사를 내담자에게 실시해서는 안 된다. 상담자의 역량 증진을 위해 연구 논문, 사례 발표, 슈퍼비전, 학회 발표 등이 필요한 경우에는 상담자는 내담자에게 심리검사 결과를 활용해도 되는지의 여부를 확인해야 하고 동의를 받아야 한다.

상담자가 능숙하게 사용할 수 있는 검사를 사용해야 한다. 익숙하지 않는 심리검사를 사용하여 해석을 하는 경우 내담자에게 부작용을 초래하거나 불필요한 시간과 에너지를 낭비하게 되기 때문이다. 따라서 각종 심리검사에 대한 학습과 경험을 지속적으로 이수해야 한다.

심리검사 실시에 앞서 내담자의 허락과 동의를 구해야 하고 검사의 목적과 필요성에 대해 충분히 설명하였는지 내담자에게 확인해야 한다. 또한 비밀보장에 대한 설명도 내담자에게 제공해야 한다. 실시한 검사결과를 잘 관리하고 외부로 정보가 유출되지 않도록 유의해야 한다. 상담기관에 따라 심리검사 결과 자료를 보관하는 기간이 서로 다를 수 있으므로 확인한다. 또한 자료 보관 시 유출되지 않도록 각별히 유의해야 한다.

심리검사 보고서를 작성할 경우, 이 보고서를 읽게 될 사람이 누구인지 파악하는 것이 중요하다. 해석상담의 경우 심리검사 결과에 대해 구두로 보고받는 사람은 내담자이므로, 내담자가 이해하고 수용하기 쉬운 언어적 표현으로 전달해야 한다.

내담자가 심리검사 결과를 원할 경우, 심리검사 결과 보고서를 작성하여 내담자에게 전달하기보다 심리검사 결과 원본을 복사하여 내담자에게 제공하는 것이 일반적이다.

03 접수면접과 초기 평가

상담장면에서 내담자가 첫 내방을 하는 경우 접수면접을 한다. 경우에 따라서는 접수면접을 수행한 상담자가 공식적으로 상담회기를 배정받아 진행하는 주 상담자와 다를 수 있다. 접수면접을 수행하는 상담자를 '접수면접 상담자'로 부르고, 공식적인 상담회기를 수행하는 상담자를 '주 상담자'라고 부르기로 한다. 주 상담자와 접수면접 상담자가 다를 경우, 두 사람은 긴밀하고 정확한 의사소통을 하여 내담자의 첫 내방에서 수집된 개인정보, 심리적 정보, 병력, 사회 환경적 정보, 주 호소 문제, 이전 상담 경험, 이전 심리검사 경험, 현재 건강 상태, 가족 관계, 상담을 통해서 얻고자 하는 변화, 접수면접 이후 가능한 상담 시간, 내담자 행동 관찰 등의 정보를 나눈다.

일반적으로 접수면접에서 상담 신청서를 내담자가 작성하는데, 내담자가 작성하는 부분 이외에 접수면접 상담자가 추가적으로 기록해야 하는 공란이 있다(부록: 개인상담 신청서). 간혹 첫 내방에서 내담자가 원하는 것이 심리검사일 수 있는데, 이때는 심리검사 신청서를 작성하게 되며 신청서 양식은 상담 신청서 양식과 유사하다. 추가 항목으로 내담자가 원하는 심리검사의 유형들을 선택할 수 있으며 만약 내담자가 어떠한 심리검사를 실시하는 것이 적절한지에 대해 모르는 경우 접수면접 상담자는 다양한 심리검사를 소개하고 합의하여 내담자가 선택하도록 돕는다(부록:

심리검사 신청서). 접수면접에서 내담자의 심리적 상태와 문제해결의 절박성에 따라서 즉각적으로 본격적인 상담회기를 이어서 가질 수 있으며 심리검사도 역시 접수면접 이후 바로 수행하도록 할 수 있다. 접수면접 시 상담 신청서 또는 심리검사 신청서 이외에 내담자가 작성해야 하는 양식으로는 개인정보 수집 및 활용 동의서가 있다(부록: 개인정보 수집 및 활용 동의서).

상담기관이나 시설에 따라서 주 상담자가 접수면접을 하기도 하며 이때의 장점은 시간 · 경제적 효율성, 관계 맺기의 용이성, 직접적이고 다양한 내담자 정보 활용성, 내담자에게 적합한 상담유형 결정의 용이성(예: 개인상담, 집단상담, 또래상담, 가족상담, 부부상담 등), 내담자가 가진 문제 유형에 따라 타 기관 전문가 의뢰의 신속성, 상담목표 설정을 협의할 수 있는 기회를 가지는 것, 기타 유관 기관 서비스 장면에 대한 정보 제공이나 의뢰 책임성이 있다. 만일 내담자가 위기 상황에 처한 경우에, 예를 들어 자살 충동이 심하거나 우울증이 심하여 약물치료가 시급한 경우, 폭력 피해로 인해 즉각적인 의료적 개입이 필요한 경우라면, 접수면접을 했던 상담사가 주 상담자가 되어서 보다 체계적이고 연속적이고, 신속한 서비스를 지속적으로 제공할 수 있다는 장점이 있다.

접수면접 상담자는 내담자의 행동 관찰을 잘할 수 있어야 한다. 그러기 위해서는 면담기술, 정신장애 유무에 대한 판단 능력, 폭력 및 중독과 관련된 법적 및 윤리적 절차, 다문화적 이슈에 대한 이해, 위기상황 대처 능력, 적절한 심리평가 도구의 활용 능력, 사회적 자원의 연계 능력, 인간 심리 및 행동에 대한 폭넓고 전문적인 이해 등 능력과 정보를 상담자가 갖추고 있어야 한다.

1. 원활한 접수면접을 방해하는 상담자의 특성

상담을 제공하는 기관이나 시설 또는 상담 클리닉에서 접수면접을 할 때 다음 사항들을 점검하고 유의해야 한다.

첫째, 접수면접 상담자는 제공할 수 있는 상담 서비스의 범위나 유형에서 벗어나 과도하게 포장하여 서비스 범위나 유형을 내담자에게 전달하지 않아야 한다. 이는 상담자 윤리 강령에서도 강조하고 있다. 기본적으로 접수면접 상담자의 태도는 내담자의 이익을 위해서 상담자의 능력과 역량이 활용되도록 하는 것이다. 예를 들어, 내담자의 재정적 수준을 고려하여 상담 서비스를 제공해야 하고 현실적으로 내담자가 상담에서 얻어 갈 수 있는 것이 무엇인지 명료하게 전달되도록 노력해야 한다.

둘째, 내담자의 행동 관찰에서 수집된 정보들을 있는 그대로 수용해야 하는데, 접수면접 상담자의 판단이나 편견이 있거나, DSM-5에 기술된 진단명으로 내담자를 명명하거나 내담자를 상담자 자신의 가치나 사고의 틀에 맞추려고 하거나, 또는 자신의 이전의 상담 경험을 바탕으로 판단하거나, 문제해결 대안들을 제시하는 오류 등을 범해서는 안 된다. 접수면접 상담자는 접수면접에서 내담자를 객관적으로 이해한 바를 있는 그대로 주 상담자에게 전달할 수 있어야 한다. 이때 내담자에 대한 정보를 객관적으로 전달하지 못할 경우 여러 가지 선입견이나 편견이 첨부된 정보가 상담의 효과를 경감시킬 수 있는 위험이 있다.

셋째, 접수면접 상담자가 접수면접을 수행할 때 너무 직면적이거나 지시적이거나 교육적이거나 조언을 많이 하지 않도록 노력해야 한다. 많은 내담자가 불안과 초조함으로 접수면접에 임한다. 접수면접 상담자가 너무 직면적이거나 지시적일 때 상담에 대한 부정적인 인상이 형성되거나 상담 기대감이 꺾일 수 있다. 내담자가 가지는 상담에 대한 부정적인 인상으로 앞으로 자신의 문제나 변화를 본격적으로 고려해야 하는 주 상담의 기회를 놓칠 수 있다. 접수면접 상담자는 내담자에 대한 공감적 이해와 경청 노력을 많이 기울여야 하며 이러한 능력과 태도가 절실히 요구된다.

2. 접수면접 상담자가 가져야 할 태도

접수면접 상담자가 내담자와 관계를 잘 형성하고 유지하도록 돕고, 내담자가 앞으로의 본격적인 상담 참여 동기를 증진시키기 위해, 상담자는 다음과 같은 마음가짐으로 임하는 것이 도움이 된다.

1) 협동심

기본적으로 상담자는 협동심을 가지고 내담자와 동반 관계를 형성해야 한다. 내담자가 첫 내방을 하기까지 생각하고 느끼고 경험하였던 것을 안전하고 편안하고 진솔하게 이야기할 수 있도록 하기 위해서는 협동관계가 필수다. 상담자는 내담자와 힘의 균형에서 동일한 위치에 서야 협동할 수 있다. 특히 비자발적으로 내방한 내담자라면 협동심을 가진 상담자가 내담자 중심적으로 경청하며 내담자가 생각을 자발적으로 표현하도록 기다릴 때 면담 참여 동기가 올라간다.

2) 수용

내담자가 다른 사람들처럼 부족하고 잘못을 할 수 있는 존재임을 그대로 상담자는 받아들이고 동시에 자신의 문제해결을 위해 무언가를 하기 위해 내방하였음을 믿고 자율성을 존중해야 한다. 내담자의 현재 문제행동이나 과거의 실패에 대해, 잘잘못을 판단하지 않고 있는 그대로 받아들이며 내담자의 선택 및 책임성을 잘 알고 있어야 한다.

3) 관계 맺기

내담자는 상담자가 어떻게 말을 하는가에 따라 예민해지고 개인적인 감정으로 받아들이기 쉽다. 따라서 내담자가 저항을 하지 않고 공감받았다는 느낌을 가질 수 있도록 대화를 이끌어 가는 것이 매우 중요하다. 직면하거나 교육하려는 태도는 관계 맺기에 걸림돌이 된다. 내담자의 말을 주의 깊게 듣고 핵심 내용을 정리해 주면서 내담자가 진실로 원하는 바를 정리해 갈 수 있도록 할 때 좋은 관계 맺기가 유지된다. 접수면접의 경험이 본격적인 상담에 도움이 될 것으로 나타나면 내담자의 상담회기 참여 여부에 영향을 준다. 즉, 상담 프로그램의 참여 동기를 높이기 위해서 접수면접 상담자는 무엇보다는 내담자와의 관계 맺기에 힘써야 한다.

앞의 자세들은 접수면접 상담자가 심리검사를 실시하는 경우에도 동일하게 필요하다.

3. 접수면접 상담자의 면담 기술

접수면접에서 상담자가 내담자의 정보를 잘 수집하고 관계를 맺기 위해 접수면접 전반에 걸쳐 활용할 수 있는 기본 면담 기술은 다음과 같다.

1) 질문하기

접수면접에서 질문을 적절하게 하는 것은 짧은 시간 내에 많은 중요한 정보를 수집하는 데 반드시 필요하다. 접수면접에서는 열린 질문뿐만 아니라 닫힌 질문도 자주 사용하는데 닫힌 질문을 잇달아 하게 되면 내담자가 취조받는 느낌을 받을 수 있으므로 질문을 연속적으로 하지 않고 내담자가 한 응답을 듣고 생각, 감정, 욕구 등을 반영하여 내담자의 마음을 읽어 주는 기술을 활용하면 관계 맺기와 유지에 매우 유용하다.

접수면접 특성상, 주 상담과는 달리 열린 질문보다는 닫힌 질문을 자주 사용할 경우가 많다. 원래 주 상담에서는 열린 질문을 더 많이 사용할 것을 권하나 접수면접에서는 내담자가 가진 특정적이고 구체적인 정보를 얻어야 하므로 닫힌 질문을 자주 사용하게 된다. 이때 앞서 언급한 바와 같이, 닫힌 질문들을 사용할 때 내담자가 취조받는 느낌을 갖지 않도록 상담자는 부드러운 어조와 따뜻한 비언어적인 행동을 많이 드러내야 할 필요가 있을 뿐 아니라 질문들을 연이어 하지 않아야 한다.

내담자가 질문에 대해 답을 하거나 상태에 대해 설명할 때 추상적이고 애매하거나 또는 관념적인 언어 표현을 사용하는 경우 상담자는 좀 더 상세하게 설명하도록 내담자에게 요청한다.

예를 들어,

내담자1: 내가 만나는 사람들은 너무 이기적이에요. 제가 상처를 받아요.
상담자1: 사람들이 너무 이기적이어서 상처를 받는다고 하시는데, ○○ 님이 말씀하시는 '이기적이다.'라는 뜻은 구체적으로 무엇인지 자세히 말씀해 주세요.

또는

상담자1: 사람들이 너무 이기적이어서 상처를 받는다고 하시는데, 구체적으로 어떤 상황에서 그러한 경험을 하시는지 말씀해 주세요.

내담자2: 저는 내면의 갈등이 너무 심해요. 이 갈등만 해결되면 좋을 것 같아요.
상담자2: 내면의 갈등을 많이 경험하시는군요. 내면의 갈등에 대해 구체적으로 말씀해 주세요.

내담자3: 저는 거식증 때문에 상담받고 싶어요.
상담자3: 거식증으로 어려움을 겪고 계시네요. ○○ 님이 생각하시는 거식증은 무엇인지 궁금합니다. 자세히 말씀해 주세요.

심리검사와 관련하여 상담자는 다음과 같이 질문할 수 있다.

내담자4: 제 성격을 모르겠어요. 자꾸 부딪쳐요.
상담자4: 성격에 대해 알고 싶으신 거네요. 대인관계를 어떻게 하는 것이 좋을지 우선 자신의 대인관계 패턴을 알고 싶으신 것 같아요. 이와 관련해서 이전에 어떤 검사를 해 본 적이 있으세요?

2) 반영하기

내담자가 질문에 대해 답을 했을 때, 상담자가 내담자가 한 말을 다시 언급해 주는 것이 반영하기다. 접수면접은 본격적인 상담회기는 아니므로, 상담자가 반영하기를 하는 목적의 초점을 내담자와의 관계 맺기에 많이 둔다. 본격적인 상담회기 내에서 이루어지는 심층적인 이해를 목적으로 한 반영하기와는 달리, 접수면접에서 하는 반영하기는 복합반영보다는 단순반영 위주로 내담자의 진술에 반응한다. 이 때 상담자는 너무 상투적으로 단순반영을 하여 기계적으로 상담자가 반영하는 것으로 내담자가 경험하지 않도록 노력한다. 앞의 예제에서 보는 바와 같이, 상담자가 내담자에게 질문하기에 앞서, 내담자가 한 진술을 다시 단순반영으로 언급하였다.

3) 격려하기

내담자의 첫 내방에 대해 내담자의 용기와 도움을 받으려고 하는 바람을 격려한다. 접수면접 상담자가 설명한 부분에 대해 내담자가 이해를 한 경우에도 역시 칭찬과 격려를 한다. 필요한 상담회기에 기꺼이 참여하겠다는 의지와 결단을 보이는 내담자에게도 격려를 아끼지 않는다. 비자발적으로 의뢰되어 온 내담자라면 진정성 있는 격려하기가 관계 맺기에 큰 도움이 된다.

예를 들어,

내담자1: 교수님이 상담받아 보라고 해서 왔어요.
상담자1: 교수님의 상담 권유를 받고 정말 큰 용기를 내어 이곳까지 오셨군요.

또는

상담자1: 교수님이 ○○ 님에 대해서 관심과 염려를 가지고 있다는 것을 ○○ 님은 잘 알고 있군요.

또 다른 예를 들어,

내담자2: 수업에서 과제로 MMPI검사를 했는데 교수님께서 상담센터에 가 보라고 하셨어요. 무슨 문제라도 있는 건가요?

상담자2: 검사 결과에 대해 자세히 알고 싶어서 방문했군요. 자기 자신에 대해 더 잘 이해하고 싶은 마음으로 오셨군요. 잘 오셨습니다.

4. 접수면접 상담자의 정보 수집하기

정보 수집은 비언어적 및 언어적 소통을 통하여 가능하며, 필요할 경우 즉각적으로 간단한 심리검사를 수행하여 짧은 시간에 중요한 정보를 수집할 수 있다. 몇 가지 중요한 질문들은 다음과 같다.

- 오늘 무슨 일로 상담센터에 오셨습니까?
- 어떻게 도와 드릴까요?
- ○○ 님은 어떤 도움이 필요하십니까?
- 어떤 점이 불편하셔서 오셨나요?

내담자가 신청서에서 본인이 작성한 부분을 토대로 접수면접 상담자는 다음과 같은 질문들을 고려하여 더 많은 정보를 수집한다.

- ○○ 님은 대인관계 부분에 대해 상담을 원하신다고 하셨습니다. 좀 더 구체적으로 말씀해 주세요.
- ○○ 님이 현재 겪고 있는 어려움에 대해 좀 더 이야기해 주세요.
- 상담을 통해 어떤 변화를 이루었으면 하는지 말씀해 주세요.
- ○○ 님은 우울감에 대해 상담을 원하시는군요. 최근에 이 우울감이 ○○ 님에게 어떠한 영향을 주고 있는지 말씀해 주세요. (혹은 이러한 우울감은 얼마나 오랫동안 있었는지 말씀해 주세요.) (혹은 이러한 우울감이 어떠한 생각을 하게 하는

지 이야기해 주세요.)

- (자살 충동에 표시를 한 내담자일 경우 추가적으로 할 수 있는 질문은) ○○ 님이 자살 충동에 표시를 하셨는데, 최근에 이 충동이 언제 있었는지, 그때 어떻게 행동하셨는지 말씀해 주세요. (혹은 자살 충동을 경험하게 된 계기가 무엇인지 말씀해 주세요.)
- (만약 내담자가 성격에 대한 불만과 회의에 대해 이야기를 했다면, 다음과 같은 추가 질문을 할 수 있다.) ○○ 님의 성격은 어떻다고 생각하시나요? (혹은 어떤 점에서 불만스럽고 회의감이 드나요?) (혹은 본인의 성격 때문에 어떠한 어려움이 있다고 보시나요?)
- (내담자가 정신건강에서 주의집중 곤란에 대해 이야기를 원한다고 했다면, 다음과 같은 추가 질문을 할 수 있다.) 집중에 어려움이 있다고 하셨는데, 혹시 수면 패턴은 어떠신지 궁금합니다. (혹은 어떤 생각들이 집중을 방해하는지 말씀해 주세요.)
- (불면에 표시를 한 내담자라면) 잠이 오지 않을 때는 주로 무엇을 하는지 말씀해 주세요.

불면과 관련되어 스마트폰 사용 이슈가 종종 언급될 수 있다. 이런 경우 접수면접 상담자는 간단하게 중독 관련 척도지를 주고 내담자가 체크하도록 할 수 있다. 또한 "어떤 염려와 걱정이 잠을 못자게 하는지 말씀해 주세요."라고 질문함으로써 이 질문에 대해 내담자가 경제적인 곤란 또는 죄책감 또는 실수한 것에 대한 두려움 등을 말할 수 있다.

- 내담자의 가족력에 대한 질문을 하여 내담자 가족 중 정신과적 병력이나 가족력이 있었는지의 정보를 탐색한다. 이런 경우 접수면접 상담자는 내담자에게 "가족 중에 정신과적 문제를 가진 사람이 있거나 치료를 받은 사람이 있는지 궁금합니다." 등으로 질문할 수 있다.
- 음주 행동에 표시를 한 내담자라면, 상담자는 AUDIT-K검사와 같이 음주의 심각성을 살펴볼 수 있는 척도를 제시한다. 종종 정신과적인 문제로 불면이나 집중력 곤란 또는 음주 문제를 가지고 있을 수 있으므로 접수면접에서 정신상태평가를 실시하는 역량을 갖추는 것이 바람직하다.

5. 정보 수집을 위한 정신상태평가

정신상태평가(Mental Status Examination: MSE)는 내담자의 다양한 능력과 기능 수준을 평가하도록 돕는다. 병원뿐만 아니라 일반 상담장면에서도 상담자들이 기본적으로 알아야 하는 것이다. 내담자의 외모, 태도, 운동 기능 및 활동 수준, 상담자에 대한 태도, 기분 상태, 의식수준, 언어, 지각, 사고, 감각과 인지, 충동 조절 능력, 판단력, 병식 수준, 자해 및 타해 위험성 수준 등을 총괄적으로 평가한다. 내담자의 자기보고가 신뢰 면에서 부족하다고 보이는 경우, 상담자는 객관적인 정보 제공자들과의 소통이 따라야 함을 기억해야 한다. 객관적인 정보로는 가족으로부터의 보고, 학교나 병원, 기타 관련 기관으로부터의 정보 등이 있다.

6. 정신상태평가의 구성요소

접수면접에서 내담자의 현재 정신병리적 문제의 평가에 초점을 둔 정신상태평가는 일반적인 외모, 상담행동, 상담자에 대한 내담자의 태도, 정신운동 기능, 감정과 기분, 언어와 사고, 지각과 감각, 기억, 지남력, 일반적인 지적 능력 등이 종합적으로 다루어진다. 다음 정신상태평가의 구성요소들을 보면서 내담자의 정신상태평가를 구체적으로 시행할 수 있다.

일반적으로 내담자의 외모를 보면 심리적 상태를 알 수 있다. 일반적 외모에 대한 관찰에는 연령에 비교한 내담자의 외모 상태, 내담자의 상담자에 대한 태도와 접근성, 체형, 외복 상태, 여성 내담자일 경우 화장을 한 정도, 위생 및 차림새, 체취, 얼굴 표정, 시선접촉 등이 포함된다. 이 외 기타 관찰 사항이 내담자의 행동으로부터 발견될 경우, 기타 관찰사항 칸에 반드시 기입한다.

▮ 일반적 외모(관찰) ▮

연령에 비해서 외모는?	
접근성	우호적, 협조적, 적대적, 의식이 명료함, 혼란스러움, 시선 접촉함, 라포, 무관심 기타:
체형	키가 크다, 작다, 비만, 마른 체형 (체중: /신장:) 기타:
의복	연령에 적합, 계절에 적합, 상황 및 장소에 적합 청결, 깔끔, 단정, 흠 없음, 남루한 차림 의복 색감: 밝은색, 어두운색, 칙칙한 색 기타:
화장	과다함, 적당함, 꼼꼼함, 부주의함 기타:
위생 및 차림새	청결한가, 더러운가, 목욕 여부, 머리손질은 깔끔한가, 지저분한가, 단정한가 기타:
체취	땀, 알코올, 배변 냄새, 향수, 로션 등 기타:
얼굴 표정	슬픔, 당황스러운, 걱정스러운, 두려운, 찌푸린, 표정 없는, 흥분된, 기분이 고조된, 몰입한, 지루해하는, 의심하는, 미소 짓는, 잘 웃는, 반응적, 관심을 보이는, 활기 있는, 무덤덤한, 멍한, 긴장된 등 기타:
시선접촉	간접적, 고정된, 좌우로 움직이는, 이글거리는, 기민한, 접촉 없음 등 기타:
기타 관찰사항:	

내담자의 정신운동 행동에 대한 관찰에는 내담자가 상담실에 걸어들어 오는 걸음걸이, 모습, 앉은 자세 등이 포함된다. 첫 만남에서 내담자와 상담자가 악수를 할 경우, 내담자의 손에서 전달받을 수 있는 느낌과 행동들도 관찰한다. 내담자가 접수

면접을 하는 동안 보이는 이상행동들도 꼼꼼히 상담자는 관찰해야 한다. 접수면접이 이루어지는 동안, 내담자는 어떤 자세로 상담에 임하는지, 혹은 동작속도, 동작균형 등도 상담자는 관찰한다. 이 외 기타 정신운동 행동 관찰 사항이 내담자의 행동으로부터 발견될 경우, 기타 관찰사항 칸에 반드시 기입한다.

▌정신운동 행동(관찰)▐

걸음걸이	빠른, 느린, 주저하는, 박진감 있는, 발을 끄는, 춤추는, 정상적, 운동 불능, 불균형적 등 기타:
악수	굳건함, 약함, 따뜻한, 차가운, 저항적, 무거운, 거부적, 시간을 끄는, 유혹적 등 기타:
이상행동	인상 씀, 틱, 움찔거림, 발을 톡톡 침, 손을 휘저음, 의식적 행동, 매너리즘, 포즈를 취함, 손톱 뜯기, 씹는 동작, 반복 행동 등 기타:
자세	어깨가 굽어진, 이완된, 경직된, 떨고 있는, 허리가 굽은, 기괴한 매너리즘, 포즈를 취함, 웅크린, 허리가 곧은 등 기타:
동작 속도	과잉행동, 느린, 지연된, 불안한 등 기타:
동작 균형	어색함, 서투른, 민첩한, 쉽게 넘어지는 등 기타:
기타 관찰사항:	

내담자의 기분과 정서에 대한 관찰에는 접수면접이 이루어지는 동안 내담자 정서의 적합성, 정서의 범위, 정서의 안정성, 상담하면서 드러나는 내담자의 정서적 태도, 특정 기분이나 느낌, 불안감 수준 등을 상담자는 자세히 파악한다. 이 외의 기분과 정서 관찰 사항이 내담자의 행동으로부터 발견될 경우, 기타 관찰사항 칸에 반드시 기입한다.

▮ 기분과 정서(관찰/질문) ▮

정서 적합성	상황에 적합, 부적합, 일치, 불일치 등 기타:
정서 범위	생동감 있는, 무감동, 정상, 무딘, 피상적 등 기타:
정서 안정성	안정된, 불안정한 등 기타:
태도	솔직한, 개방적, 따뜻한, 두려워하는, 의심하는, 적대적, 화가 난, 회피적, 유희적, 유혹적, 방어적, 친절한, 유쾌한, 환심을 사려는, 거부적, 수줍은, 과도하게 친한, 협조적, 철회된 등 기타:
특정 기분이나 느낌(관찰 혹은 보고)	슬픔, 짜증, 분노, 두려움, 후회, 고조된, 비참한, 혼란스러운, 낙관적, 비관적, 무망감, 우울함 등 기타:
불안감 수준	경미, 중증, 심한, 공황 등 기타:
기타 관찰사항:	

내담자의 언어에 대한 관찰에는 접수면접이 이루어지는 동안 내담자의 언어 속도, 언어 흐름, 목소리 강도, 명료함, 생동감, 언어 분량 등을 상담자는 자세히 파악한다. 이 외의 언어 관찰 사항이 내담자의 행동으로부터 발견될 경우, 기타 관찰사항 칸에 반드시 기입한다.

▮ 언어(관찰) ▮

언어 속도	빠른, 느린, 보통 등 기타:
언어 흐름	주저하는, 확장적, 우물거림, 멈춤, 더듬는, 경쾌한, 급작스럽게 바꿈, 긴 침묵, 잊어버림 등 기타:

목소리 강도	큰 소리, 부드러운, 평범한, 속삭임, 소리침, 들리지 않는 등 기타:
명료함	명확한, 발음이 불명확한, 웅얼거림, 혀 짧은 소리, 일관성 없는 등 기타:
생동감	생기 있는, 생기 없는, 단조로운, 정상, 긴장된, 억압된, 폭발적 등 기타:
언어 분량	질문에만 답함, 정보 제공, 거의 말 없음, 탐구적, 다변적, 반복적 등 기타:
기타 관찰사항:	

내담자의 인지에 대한 관찰에는 접수면접이 이루어지는 동안 내담자의 주의 및 집중, 기억(단기기억과 장기기억), 추상성, 병식정도, 지남력, 판단력 등을 상담자는 자세히 파악한다. 이 외의 인지 관찰 사항이 내담자의 행동으로부터 발견될 경우, 기타 관찰사항 칸에 반드시 기입한다.

▮ 인지(관찰/질문) ▮

주의 및 집중	충분한, 결핍된, 쉽게 산만해지는, 짧은 주의집중력, 빈약한 집중, 적절한 집중, 몰입 등 기타: (* 구구단 7단 외우기)
기억(단기/장기)	■ 지난 몇 시간 또는 며칠 동안 일어난 일에 대한 기억 빈약 또는 평균 ■ 작년에 일어난 일에 대한 기억 빈약 또는 평균 ■ 가족 생일, 국가, 수도 ■ 5분 후 사물 이름 회상하기, 숫자 외우기 검사 기타:
추상성	구체적 사고, 추상적 사고 등 기타:

병식	완전히 부인함, 문제 인식은 있으나 비난하고 투사함, 지적 및 정서적 인식 있음, 병에 대해 지각하고 있음 등 기타:
지남력	시간, 장소, 사람, 상황 등 기타:
판단력	충동적 행동(예:), 적절한 결론을 낼 수 있음, 비현실적 결정 등 기타:
기타 관찰사항:	

내담자의 사고 패턴에 대한 관찰에는 접수면접이 이루어지는 동안 내담자의 사고의 명료함, 사고 관계성과 논리성, 사고의 흐름, 사고의 내용 등을 접수면접 상담자는 자세히 파악한다. 이 외의 사고 관찰 사항이 내담자의 사고로부터 발견될 경우, 기타 관찰사항 칸에 반드시 기입한다.

▮ 사고 패턴(관찰/질문) ▮

사고의 명료함	일관성 있음, 일관성 없는, 둔탁한, 혼란스러운, 애매모호함 등 기타:
관계성/ 논리성	논리적, 비논리적, 주제가 관계있는, 주제와 관계없음 등 기타:
사고의 흐름	홍분된, 사고의 비약, 지리멸렬, 사고의 빈곤, 말비빔, 음향 연상 등 질문에 대한 답: 느린, 정상적, 빠른 등 의심이 많은, 우유부단, 연상의 이완, 사고의 차단, 보속증, 자발적, 사고의 연속성이 있는 등 다음 중 눈에 띄는 것은? (1) 차단–사고나 언어 표현이 갑자기 중단됨 (2) 함구–말하기를 거부 (3) 반향언어–상대방의 말을 의미 없이 반복 (4) 신어조작증–자기의 생각을 표현하고자 새로운 말을 지어냄

사고의 흐름	(5) 사고의 비약–단편적으로, 종종, 빠른 속도로 한 주제에서 다른 주제로 건너다님 (6) 보속증–새로운 질문에 대해 이전 질문에 대한 답을 비자발적으로 반복함 (7) 말비빔–의미나 일관성 없이 단어와 구절을 섞어 말함 (8) 언어의 압박–빠른 속도로 말하므로 끊기가 어려움 (9) 지리멸렬–질문에 대해 초점을 못 맞추고 다른 생각과 반응으로 이어짐 (10) 우원증–자세히 묘사를 하지만 부수적이고 관련성이 없음 기타:
사고의 내용	운율에 맞추어 말하기, 말장난하기, 자살 사고, 비현실성, 망상, 착각, 환각, 관계적 사고, 강박행동, 강박사고, 공포증, 집착, 편집증적 사고, 타해적 사고, 이인증 등 (1) 강박사고–원치 않으나 반복되는 사고 (2) 망상–내담자의 문화나 교육 수준과 맞지 않는 지속적이고 오류적인 사고(예: 과대망상, 피해망상 등) • 과대망상–자신의 중요성을 비현실적으로 과장 • 피해망상–자신이 공격이나 괴롭힘을 당하고 있다는 신념 • 영향력 있는: (적극적 영향)–타인의 생각을 조정할 수 있다는 신념 (수동적 영향)–타인이 자기를 조정한다는 신념 • 신체망상–신체증상을 완전히 오해석함 • 허무망상–자신, 타인, 세상의 무존재감을 믿음 • 기타 망상–정죄 망상, 죄의식 망상 등 (3) 관계적 사고–인과적 사건과 외적 사건이 자신과 직접적으로 관련되어 있다는 잘못된 해석 (4) 환각–외부의 근거 없는 잘못된 감각적 지각 (예: 환청, 환시, 환후, 환미, 환촉 등) 기타:
기타 관찰사항:	

내담자의 의식 수준에 대한 관찰에는 접수면접이 이루어지는 동안 내담자의 의식 수준을 접수면접 상담자는 자세히 파악한다. 이 외의 사고 의식 수준 사항이 내담자의 행동으로부터 발견될 경우, 기타 관찰사항 칸에 반드시 기입한다.

▌의식 수준(관찰)▌

• 의식 수준	완전히 무반응, 통증 자극에만 반응, 접촉에 반응, 언어적 자극에만 반응 등 기타:
기타 관찰사항:	

정확하고 원활한 정신상태평가를 돕는 질문은 다음과 같다. 다음 질문 목록을 활용하여 내담자의 정보를 더 잘 파악할 수 있다.

지남력–자기 자신, 장소, 시간, 현재 처해 있는 상황을 내담자가 제대로 의식하고 인지하고 있는지 여부를 파악한다.

"이름을 말해 주세요."
"여기가 어디인지 말해 주세요."
"오늘이 몇 년, 몇 월, 며칠인가요?" "무슨 요일인가요?"
"여기에 온 상황에 대해 설명해 주세요."

기분

"기분이 어떠세요?"
"최근에 우울한/기분이 침체된 적이 있나요?"
"최근에 기분이 매우 좋아졌거나/조절할 수 없었던 적이 있나요?"
"최근에 화가 나거나/짜증이 나거나/초조했던 적이 있나요?"
"지난 몇 달 동안 매우 우울해 있었다고 하셨는데요. 현재 우울점수는 몇 점인가요? 10점은 매우 우울하여 아무것도 할 수 없는 상태이고, 0점은 전혀 우울하지 않은 상태입니다."
"앞의 척도 질문에서, 그 점수는 무엇을 의미하나요?"
"앞의 척도 질문에서, 무슨 이유로 ○○ 님은 그 점수를 주셨나요?"
"얼마나 불행하게 느껴 왔나요?"
"얼마나 자주 우나요?"
"기분이 식욕에 어떤 영향을 주나요?"
"기분이 수면에 어떤 영향을 주나요?"
"기분이 일상생활에 어떤 영향을 주나요?"
"얼마나 불안하게 느껴 왔나요?"
"얼마나 긴장을 느껴 왔나요?"
"공황상태에 빠진 적이 있나요?"
"다른 사람들 보다 가치가 적다고 느끼나요?"
"어떤 면에서 자신이 나쁜 사람이라고 생각하나요?"
"어떤 벌을 받아야 한다고 생각하나요?"
"과거에 했던 일 때문에 죄책감을 느끼나요?"
"벌을 받고 있다고 생각하나요?"

자살/타해 사고

"인생이 살 만한 가치가 있다고 느끼나요?" 또는 "죽는 게 더 낫다고 느끼나요?"
"죽고 싶은 생각을 한 적이 있나요?" (내담자가 반응하면) "구체적으로 어떤 생각이었나요?"
"죽는다면, 그 후에는 무슨 일이 있을까요?"
"타인을 해치려는 생각이 있나요?" 또는 "○○ 님에게 잘못한 사람들을 없앨 생각을 하나요?"
"타인을 해치거나 해칠 욕구를 가진 적이 있나요?" (내담자가 반응하면) "구체적으로 말해 주세요."

병식과 판단력

"오늘 여기 무엇 때문에 오신 건가요?"
"어떤 문제가 있는 것 같나요?"
"무엇이 문제를 만들고 있다고 생각하나요?"
"○○ 님의 문제에 대해 어떻게 이해하나요?"
"이 상황에서 ○○ 님의 역할에 대해 설명해 주세요."
"이러한 생각, 기분, 지각한 바가 이상하다고 생각하시나요?"
"만약 일(사건)이 생기면 어떻게 하실 건가요?"
"만약 일(사건)이 생기면 어떻게 관리할 건가요?"
"만약 길에서 주민등록증을 주웠다면 어떻게 할 건가요?"
"만약 영화관에서 연기 냄새를 맡았다면 어떻게 할 건가요?"

사고내용

"슬프거나/화가 날 때 무슨 생각을 하나요?"
"최근 어떤 생각을 하게 되나요?"
"반복되는 생각이 있나요?"
"없애려고 하는데 정말 힘든 생각이나 심상이 있나요?"
"염려되거나/두렵거나/무서운 것이 있나요?"
"다른 사람들과 나누지 않은 개인적인 신념이 있나요?"
"주위에 있는 사람들과 동떨어지거나/다르거나/변했거나/쫓겨난 느낌이 드나요?"
"상황이 부자연스럽거나/비현실적으로 느껴지나요?"
"특정 기사를 읽으면 어떤 생각이 드나요?"
"어떤 사람(또는 그룹)이 ○○ 님을 해코지한다는 생각이 드나요?"
(내담자가 반응하면) "그것이 어떤 의미라고 생각하나요?"
"사람들이 ○○ 님의 생각을 훔치거나 또는 ○○ 님의 머리에 생각을 주입하는 것 같은가요?"
"○○ 님의 생각이 크게 전파되는 것 같나요?"

“슬프거나/화가 날 때 무슨 생각을 하나요?”
“초능력이 있다고 생각하나요?”
“혼자 있는 것을 좋아하나요?” “왜 그렇습니까?”
“사람들이 ○○ 님에 대해 수군대는 말을 한 적이 있나요?”
“○○ 님을 해치려고 하나요? 그런 증거들은 무엇인가요?”

지각

“실제는 없으나 목소리나 환상을 보고 듣나요?”
“주변에 있는 실제적인 것들, 예로 무슨 소리나 그림자를 오해석하기도 하나요?”
“이상한 소리를 들은 적이 있나요?”
“다른 사람들은 듣지 못하는 소리를 듣나요?”
“라디오나 텔레비전으로부터 개인적인 통신을 받은 적이 있나요?”
“다른 사람들이 보지 못하는 것을 보나요?”
“다른 사람들이 맡지 못하는 냄새를 맡나요?”
“이상한 감각을 느끼나요?”

7. 접수면접에서 위기 상황과 대처

1) 용어의 정의

(1) 긴급 또는 위급

위험한 물리적 환경으로부터 구조해야 하는 상황으로 그 위험도가 매우 높고 시각을 다투는 상황으로서, 예를 들어 가출 후 갈 곳이 없는 경우나 누군가로부터 위협을 받고 있는 경우, 또는 자살을 시도하려고 하는 경우 등이 해당된다.

(2) 위기(at-risk)

현재 나타나고 있지 않지만 적절하게 개입하지 않을 때 미래에는 내담자 및 가족에게 부정적인 결과를 가져올 수 있는 상황을 말한다.

(3) 위기개입상담

위험에 노출된 내담자에게 즉시 개입하는 긴급구조 활동을 통하여 일차적 위기 상황을 해결하고, 지속적 상담 및 사후관리 등의 서비스를 one-stop으로 제공함으로써 2차 위험에 노출되는 것을 예방하는 일련의 활동이다.

2) 위기 수준의 구분

고위험(발생된 위기)	중위험(임박한 위기)	저위험(위기 호소)
현재 긴급구조나 출동이 이루어져야 하는 경우	과거의 어떤 경험에 의해 위기행동을 할 수 있는 가능성이 있어 적극적인 상담자의 개입이 필요한 경우	위기문제로 어려움을 호소하나 위기 행동을 보일 가능성이 낮으며 관심과 지지가 필요한 경우

접수면접에서 내담자의 신체적, 심리적 상태에 따라 긴급구조나 위기개입을 해야 할 때가 있다. 자살 충동을 현저히 느끼고 있는 내담자, 분노 조절이 되지 않아 자해나 타해의 위험성이 높은 내담자, 폭력을 당하고 내방한 내담자 등 긴급 구조나 출동이 필요한 경우에는 적절한 대처가 있어야 하며, 성폭력 피해자인 경우 증거 수집을 위하여 경찰이나 병원으로 즉시 이동해야 한다. 한편, 긴급 구조의 필요성은 낮으나 적극적인 상담자의 위기개입이 필요한 경우가 있는데 폭력의 피해가 반복되지 않도록, 또한 자해 시도를 반복하지 않도록, 폭력행동을 중단하도록 심도 있고 즉각적인 위기 상담을 해야 할 때가 있다. 필요하면 가족 등 보호자에게 알려야 하며(유의: 내담자와의 비밀보장의 한계) 관련된 사람들과의 연락이 필요할 수도 있다.

3) 위기 수준에 따른 조치 절차

접수 → 위기 수준 평가 → 위기개입 → 사후 평가 → 사후 관리

접수	• 자해 및 자살 시도 사례에 대해 상담자는 관련 내담자(보호자 등 포함)와 즉시 대면 상담 • 성고충 기관으로부터 신고 된 사건에 대해 성고충상담사는 관련 내담자 또는 대리 신청인과 즉시 대면 상담 • 증거 자료 수집 및 사건 진술서를 작성하도록 함
위기 수준 평가	• 내담자의 신체적 · 심리적 상태에 대한 평가 실시
위기개입	• 고위험 수준으로 평가되는 경우–병원 응급실로 이동하도록 조력함 • 중위험 수준으로 평가되는 경우–재발 방지를 위한 위기개입상담 즉시 진행, 성폭력의 경우 행위자 면담 및 추가 조사, 피해자의 안전과 안정을 목적으로 한 위기개입상담 즉시 진행, 필요시 행위자의 행위 중단을 목적으로 한 위기개입상담 및 교육 실시 • 저위험 수준으로 평가되는 경우–개인 심층 상담으로 연계
사후 평가	• 위기개입 성과 평가 • 내담자의 심리적 안정 및 정신건강 모니터링 • 성폭력의 경우, 행위자의 행위 중단 확인
사후 관리	• 내담자–가족–상담자 협력 체계 구축

4) 위기상황 유형별 초기대응

유형	초기대응
신체폭력	• 피해를 받은 내담자의 신변안전을 최우선으로 한다. • 가벼운 상처는 보건진료소에서 1차로 치료하고 정도가 심할 경우 가까운 병원으로 신속히 이송한다. 이때 보호자, 보건진료소 직원 등이 동행한다. • 위급 상황 시 119에 도움을 요청한다. • 현장에 있던 증거자료를 잘 보전, 기록한다.
언어/ 사이버폭력	• 욕설, 협박성 문자 등에 어떠한 응답도 하지 않도록 지도한다. • 인터넷 화면, 핸드폰 화면 등을 캡처하여 저장한다. • 소관부서 직원, 관련 상담사 등을 SNS로 등록하여 사이버폭력 발생 시 즉시 대화방으로 초대한다.
강요	• 폭력단체와 연계되어 있거나 금품갈취 등과 함께 발생할 수 있으며, 즉시 신고하도록 평소에 지도, 감독을 철저하게 한다.

따돌림	• 피해사실을 바로 공개하거나 행위자를 야단칠 경우 따돌림이 심화될 수 있음을 주의한다. • 행위자가 자신의 잘못을 인식하지 못하는 경우가 많으므로 피해 내담자의 고통을 이해, 공감할 수 있도록 지도한다. • 관계개선 프로그램을 활용하여 지도한다.
성폭력	• 피해 내담자의 사생활이 보호되어 2차 피해가 발생하지 않도록 특별히 주의한다. • 증거가 소실되지 않도록 주의하여 가능한 빨리 의료기관으로 이송한다.
가정폭력	• 즉시 경찰서 등 수사기관에 신고한다. • 제2차 피해가 발생하지 않도록 안전한 곳으로 피신하고 관련 기관의 도움을 받는다.
자살	• 자살 의도를 가지고 있는 내담자가 연락할 경우 위로하고 상담 등 신속한 조치를 취한다 • 가족 등 주변사람들에게 상황을 알려서 도움을 받도록 한다. (유의: 비밀보장의 한계)

다음에 제시되는 위기 및 문제 영역별 문항들을 활용하여 접수면접에서 상담자는 내담자의 위험성 수준을 평가하는 데 도움을 받을 수 있다. 상담자는 각 문항에 대해 내담자가 편안하고 솔직하게 반응할 수 있도록 관계 맺기를 하는 것이 우선이다. 취조하는 식의 대화가 아니라 협동적이고 수용적인 대화 방식으로 일관성 있게 면접을 해야 한다.

5) 위기 및 문제 영역 척도

위기 및 문제 영역

1. 필수 점검 사항: (자살 위기)

영역	문항	예	아니오	미확인
자살	1. 자살 계획을 구체적으로 세운 적이 있다.			
	2. 이전에 자살 시도를 한 적이 있다.			
	있었다면, 몇 번 정도 시도를 했나요? (　　회)			
	어떤 방법으로 시도를 했나요? (　　　　)			
	3. 가족이나 친척, 친구 중에 자살을 한 사람이 있다면 누구였나요? (　　　　)			
	4. 최근 1개월 이내에 자살사이트에 접속한 적이 있다.			

2. 관련 사항:

영역	문항	예	아니오	미확인
가출	1. 이전에 가출한 적이 있다.			
	있다면 몇 번 정도인가요? (　　　회)			
	2. 현재 가출한 상태다.			
	가출한 지 얼마나 되었나요? (　　　일)			
	3. 가출한 후 일시보호시설을 이용한 적이 있다.			
	있다면 몇 번 정도인가요? (　　　회)			
	4. 가출 후 경험한 내용은 어떤 것인가요? (모두 체크해 주세요.)			
	구걸(　) 절도(　) 강도(　) 폭력(　) 성관계(　) 윤락행위(　) 약물(　) 기타(　)			
약물사용	1. 최근 3개월 이내에 술, 담배를 주 3회 이상 자주 하는 편이다.			
	2. 최근 3년 이내에 가스, 본드를 불어 본 적이 있다.			
	있다면, 몇 번 정도인가요? (　　　회)			
성매매	1. 성매매 사이트에 접속한 적이 있다.			
	2. 성매매를 한 적이 있다.			
	있다면, 언제부터 했나요? (　　　세)			
	어떤 경로를 통해 하나요? (　　　　　　　　　　)			
	어떤 목적으로 하나요? (　　　　　　　　　　)			
신체적, 성적학대	1. 최근 1개월 이내에 학대받은 경험이 있다.			
	있다면, 누구로부터 학대를 받았나요? (　　　　　　　　　　)			
	몇 살 때부터 학대를 받았나요? (　　　세)			
	얼마나 자주 학대를 받나요? (　　　회)			
	어떤 방법으로 학대를 받나요? (　　　　　　　　　　)			
	2. 학대로 인해 입원한 적이 있다.			
	있다면, 언제부터였나요? (　　　세)			
	지금까지 학대로 인해 몇 번 정도 입원했나요? (　　　회)			
학업 중단	1. 학교를 그만두었다.			
	그만두었다면, 언제 그만두었나요? (　　　　　　　　　　)			
	그만둔 이유는 무엇인가요? (　　　　　　　　　　)			
	지금 검정고시를 준비하고 있나요? (　　　　　　　　　　)			

영역	문항	예	아니오	미확인
인터넷 중독	1. 인터넷 사용시간: 접속횟수(　　회/1일)			
	1회 접속 평균시간 (　　시간)			
	2. 인터넷 때문에 밤을 샌 적이 있다.			
	3. 인터넷 사용으로 인해, 수업시간에 자주 졸곤 한다.			
	4. 항상 인터넷 하는 것을 생각한다			
	5. 인터넷 사용으로 인해 가족이나 선생님 등과 갈등을 일으키고 있다			
범법 행위	1. 가게나 다른 사람에게서 물건을 훔친 적이 있다.			
	2. 삥뜯기, 아리랑 치기 등 타인의 돈을 갈취한 적이 있다.			
	3. 현재 진행 중인 사법문제가 있다.			
	있다면, 어떤 문제였나요? (　　)			
	어떤 일이 있었나요? (　　)			
PTSD	1. 사고, 화재, 재해나 재난, 강도, 폭행 등과 같은 충격적인 사건을 직접 경험한 적이 있다.			
	있다면, 언제였나요? (　　)			
	2. 그 충격적인 사건으로 인해 아직까지도 악몽을 꾸거나 자꾸만 머릿속에 괴로운 기억이 떠오르거나, 그 사건과 관련된 장소나 물건을 피하려고 애쓴다.			
	3. 그로 인해 영향을 받은 점은 무엇인가요? (　　)			
	어떤 일이 있었나요? (　　)			

6) 위기 및 문제 영역 척도를 활용한 해석상담의 예

예시 1: 자살

상담자1: 방금 전 스스로 자해를 할 것에 대한 염려가 커져서 센터를 방문하게 되었다고 말씀했습니다. 우선 시도를 하지 않고 도움을 청하려고 자발적으로 방문한 것에 대해서 잘하셨다고 말씀드리고 싶습니다. 이제 몇 가지 질문을 해도 되겠지요? 예전에 자살 시도를 한 적이 있었다면 구체적으로 말씀해 주세요.

내담자1: 일주일 전에 자취방에서 손목을 그었던 적이 있어요. 피가 났지만 그 전에도 경험이 있어서 그냥 집에 있었어요.

상담자2: 자해를 하고 싶은 욕구가 올라온 적이 있었군요. 현재는 그런 욕구가 얼마나 될까요? '매우 많다.'를 10점으로 하고 '전혀 없다.'를 0점으로 한다면 몇 점을 주시겠습니까? [위험 충동이 9~10점이 된다면 안전한 장소(예: 병원)로 옮겨서 보호를 받는 것이 필요하므로 이와 같이 척도 질문을 활용하는 것이 매우 중요하다.]

예시 2: 가출

상담자1: 집에서 나온 지 1주일이 되었다고 했는데요. 이전에도 그런 경험이 있었는지 궁금합니다. 있었다면, 자세히 이야기해 주세요.

내담자1: 그 전에도 서너 번 가출한 적이 있었어요. 청소년 보호 시설에 있었던 적도 있어요. 지금은 아는 형 집에서 있으면서 돈을 벌 생각을 하고 있습니다.

상담자2: 이번에, 가출한 이후에 어떻게 지냈는지 이야기해 주세요. (내담자가 폭력, 성문제, 약물사용을 언급한다면 위험 수준을 평가해야 한다.)

예시 3: 약물사용

상담자1: 최근 3년 이내에 본드나 가스 등의 흡입제를 사용한 적이 있는지 궁금합니다. 있다면, 자세히 말씀해 주세요.

내담자1: 어제 자취방에서 본드를 불었어요.

상담자2: 솔직하게 말씀해 주셔서 감사합니다. 본드를 불 때와 불지 않을 때의 ○○님의 생활에서 어떤 차이가 있는지 궁금하네요. (*약물사용 위험 수준 평가를 유발하는 질문이다.)

예시 4: 성매매

내담자1: 본드를 불면 사람을 만나기 싫어요. 그리고 포르노 사이트를 보게 되고 혼자만의 세상에 빠져요. 모든 의욕이 없어지고 계속 본드만 불고 싶어요.

상담자1: 포르노 사이트에서 외로움을 달래는 것 같군요. 혹시 그런 사이트를 통해서 성매매를 한 적이 있다면 구체적으로 말씀해 주세요.

내담자2: 욕구가 생기면 참기가 어려운 것 같아요. 여자 친구가 있어도 동시에 돈을 주고 여자를 만나는 것이 어떤 때는 더 흥분하게 만드니까요. 이러다가 여자 친구가 알까 봐 두려워지기도 합니다. 성매매가 불법이라는 것을 알고 있고 학업에 방해가 된다는 것을 알기는 하는데 간혹 그런 욕구를 참을 수가 없어요.

상담자2: 참을 수 없을 만큼 욕구가 강할 때, 성매매 이외에 혹시 다른 것을 한 적이 있으세요?

예시 5: 신체적, 성적 학대

상담자1: 궁금한 점은 ○○ 님이 신체적으로나 성적으로 학대를 받은 적이 있는지요? 가장 기억이 나는 장면을 떠올려 보시고 말씀해 주시면 고맙겠습니다.

내담자1: 지난주에 엄마에게 많이 맞았어요. 저희 어머니가 양극성 장애로 약을 드신 적이 있는데, 사소한 이유로 불같이 화를 내고 물건을 던지거나 저를 때리기도 합니다. 제가 대학생인데도 불구하고, 제가 엄마보다 힘이 더 있는데도 불구하고 그런 엄마를 제가 어떻게 해야 할지 모르겠어요. 작년에는 머리가 터져서 병원에 가서 꿰맨 적도 있었어요. 지금은 기숙사에 있어서 다행이지만, 또 집에 가게 되면 엄마의 불같은 행동으로 늘 안절부절못하게 됩니다. 그렇다고 경찰에 신고할 수도 없고 어떻게 해야 할지 모르겠어요.

상담자2: 어머니의 불같은 행동으로 병원에 갈 정도였고 지난주에도 맞아서 다쳤다고 하였는데 다른 가족들은 이러한 어머니의 행동에 어떻게 반응하나요?

예시 6: 학업중단

상담자1: 학교를 중단하고자 하는 가장 큰 이유는 무엇일까요?

내담자1: 솔직히 말씀드리면 제가 임신했다는 사실을 2주 전에 알고 어떻게 해야 할지 몰라서 우선 학업을 중단하고 싶은 마음입니다. 원하지 않은 임신이기 때문에 어떻게 해야 할지 고민을 하고 있어요.

상담자2: 임신한 것을 알고 매우 놀랐겠네요. 원하지 않은 임신이라고 했는데 구체적으로 말씀해 주세요.

내담자2: 남자 친구는 아이를 낳자고 하지만 저는 준비가 안 되어 있고 저는 계속 공부를 하고 싶기는 하지만 머리가 너무 복잡해서 학업을 중단하고 좀 쉬고 싶어요.

상담자3: 아이를 낳는 경우와 낳지 않는 경우에 각각 학업에 어떤 영향을 줄지 함께 알아보면 어떨까요?

예시 7: 인터넷 중독

상담자1: 이번 학기에 학업의 어려움의 큰 이유가 잠을 못 자는 것이라고 했습니다. 밤에 잠을 자지 않는 동안, 주로 어떤 생각이나 행동을 하는지 궁금합니다.

내담자1: 12시 전에 잠이 들면 아침까지 잠을 잘 자는 편인데, 12시를 넘게 되면 잠이 오지 않아 뒤척이다가 카톡이 왔는지 확인을 하게 되고 그러다 보면 인터넷 검색을 하거나 댓글을 달게 되어 잠이 더 오지 않아 새벽 4시가 되어야 잠이 들곤 해요. 그래서 아침에 일어나기가 힘들고 지각을 하거나 수업시간에 졸게 됩니다. 그렇다고 핸드폰을 끌 수가 없는 것이 아침에 알람 소리를 들어야 하기 때문이지요. (*인터넷 중독 위험성 척도를 활용하여 적절한 위기개입을 하는 것이 필요하다.)

예시 8: 범법행위

상담자1: 상담을 받으라고 해서 여기에 오셨군요. 어떤 이유에서 의뢰가 되었는지, 보호관찰관으로부터 어떤 이야기를 들었나요?

내담자1: 친구들과 가게에서 물건을 훔쳤는데, 저는 망만 보고 있었어요.

상담자2: 좀 억울하다는 말인 것 같군요. 이러한 문제가 다시 발생할 가능성이 어느 정도 있다고 생각하시나요? 친구들이 유혹을 하거나 또는 억울하게 공범으로 몰릴 수 있는 위험성은 어느 정도일까요? 10점은 '가능성이 매우 높다.' 혹은 '매우 위험이 높다.' 0점은 '전혀 그렇지 않다.'입니다.

내담자2: 8점요.

예시 9: 외상후 스트레스장애(PTSD)

상담자1: 지난 1주일 동안 악몽을 꾸고 자꾸 사건에 대한 기억이 떠올라 죽고 싶다는 마음이 든다고 하셨는데요. 이러한 기억이 현재 삶에 미치는 영향이 어느 정도인지 궁금합니다. '매우 영향력이 있다.'가 10점이고 '전혀 그렇지 않다.'가 0점입니다.

내담자1: 10점입니다.

상담자2: 어떠한 면에서 10점을 주셨는지 설명해 주세요.

내담자2: 밖에 나가는 것을 피하게 되고 사람 만나는 것도 힘듭니다. 밤에는 잠이 오지 않고 사건이 자꾸 떠올라서 집중하기가 어려워요. 아무것도 손에 잡히지 않습니다. (*PTSD의 증상이 심각한 경우에는 정신과의 자문이 필요하므로 적절한 의뢰를 해야 한다.)

제2부

상담에서 자주 활용되는 심리검사들

04 객관적 심리검사와 주관적 심리검사

일반적으로 객관적 심리검사는 채점과 해석이 표준화되어 있고 비교 규준이 제시되서, 내담자 개인들의 상대적 위치를 비교 · 평가할 수 있다. 반면, 주관적 심리검사는 일반적으로 투사적 검사로도 통칭되는데 내담자의 고유성과 독특성을 최대한 이끌어 낼 수 있다. 따라서 상담자가 심리검사들을 분류하고자 할 때 특정 심리검사를 통해서 동일한 연령이나 성별 등으로 결과를 집단과 비교할 경우에 객관적 심리검사로 이해하고 타인과 비교하는 것이 아니라 내담자만의 개인적이고 고유한 특성들을 알게 되는 검사를 주관적 심리검사로 이해하면 된다. 동일한 심리검사라 할지라도 객관적 심리검사로 활용될 수도 있고 주관적 심리검사로 활용될 수도 있다. 예를 들어, BGT검사의 경우 두뇌손상 여부 선별검사로 사용될 때 채점기준이 있고 손상 기준치가 정해져 있기 때문에 객관적 검사가 된다. 한편, BGT검사의 9개 카드를 가지고 내담자에게 연상 질문을 함으로써 욕구, 감정, 사고, 가치관, 변화 동기 등을 나누는 투사검사로도 활용 가능하다.

05 가계도를 심리검사로 활용하기

심리검사를 '만남의 도구'로 정의한다면, 가계도는 내담자와 함께 가족 자원과 장점들을 탐색하고 이끌어 내는 심리검사로 활용할 수 있다. 가계도를 작성하는 방법들로 상담자가 세 가지 방법을 사용함으로써 내담자와의 만남을 도모할 수 있다. 첫 번째로, 내담자와 면담을 하면서 가족 관계를 경청하고 난 다음에 상담자가 혼자 가계도를 작성하는 방법, 두 번째로, 상담자가 내담자와 함께 가계도를 그리는 방법, 세 번째로, 내담자가 혼자 가계도를 그리는 방법이 있는데 이 경우 회기 내에서 상담자가 안내를 하고 내담자가 스스로 가계도를 그릴 수 있다. 일반적으로 상담자들은 첫 번째 방법으로 가계도를 그려서 사례 보고서에 포함시키고 있다. 한편, 가계도를 그리는 것 자체가 내담자로 하여금 상담에 보다 더 몰입할 수 있도록 촉진하는 훌륭한 도구이기 때문에 두 번째 방법과 세 번째 방법이 유용하게 사용 가능하다. 회기 중에 상담자가 내담자와 함께 그린 가계도는 그리는 과정에서뿐만 아니라 그리고 난 다음에 심층적인 가족 관계 면담을 진행할 수 있도록 해 준다. 두 번째 방법으로 소개한 상담자와 내담자의 공동 작업은 특별히 관계 형성하기에 매우 유용한 것으로 보고되고 있다. 가계도는 성별에 따라 원과 네모를 사용하여 상당히 신속하고 효율적으로 내담자의 원가족과 삼 세대에 이르는 친척 관계를 한눈에 알 수 있게 한다.

두 번째와 세 번째 방법에서 상담자는 A4 용지와 연필, 지우개를 사용할 수 있고 또는 보드 판을 사용하여 두 사람이 움직이면서 가계도를 그릴 수도 있다. 보드 판에 내담자가 그림을 그리면서 직접 수정, 보완하도록 자율성을 증진하고 상담자는 구체적인 정보들에 대해 적절히 질문하면서 함께 나눌 수 있다. 보드 판과 컬러 펜을 사용한다면 가계도를 활용한 만남을 더욱 촉진할 수 있다. 특히 아동, 청소년들의 흥미를 높일 수 있다. 보드 판에 그린 가계도는 차후 상담자가 기억을 하여 재생할 수도 있으나 사진을 찍어 일단 보관하여 활용 가능하다.

상담 슈퍼바이저에 따라서 가계도 그리는 방식이 다소 차이가 있기는 하나, 가장 기본적인 작성법은 다음과 같다.

① A4 용지에 내담자가 성별에 따라 원이나 네모 표시를 하고 현재 연령을 그 안에 적는다.
② 부모, 형제, 자녀(자녀가 있는 내담자) 또는 부모, 형제, 조부모(자녀가 없는 내담자)로 삼 세대에 걸쳐 표시를 한다.
③ 사망한 경우, 원이나 네모 안에 'X'로 표시하고 사망한 나이를 적도록 한다.
④ 부모의 형제, 자매들의 자녀, 즉 사촌들의 결혼 여부나 자녀 유무에 정보를 알지 못하는 내담자들이 많기 때문에, 이 경우에는 기억이 나는 대로 표시하도록 하고, 정확한 나이나 사망 나이를 모를 때는 원이나 네모 안에 '?'를 표시하도록 한다.
⑤ 이혼한 경우, 연결선 위에 사선을 긋도록 한다.
⑥ 일반적으로 형제, 자매 중에 내담자보다 나이가 많은 사람을 왼쪽으로 그리고, 내담자보다 나이가 적은 사람을 오른쪽으로 그리도록 하며, 쌍둥이의 경우에도 태어난 순서대로 그리도록 한다.
⑦ 이혼 후, 재혼한 경우 사선으로 표시된 상대방의 반대편에 실선을 그어 연결선을 그리도록 하고 입양인 경우, 점선으로 표시하도록 한다. 일반적으로, 친가는 왼쪽에 외가는 오른쪽에 그린다.

상담에서 사례 보고서를 작성할 때, 가계도에 내담자를 중심으로 중요한 타자들의 관계적 특성을 직선이나 점선 또는 곡선으로 상호 관계성을 그리도록 하고 있다. 한편, 가족 관계가 상담 초기, 중기, 후기에서 변화를 보일 수 있어서 필요시 가계도를 새로 그릴 수 있다. 새로운 가족원이 추가되었을 수도 있고 또는 사망한 가족원이 생길 수도 있다. 또는 내담자와 중요한 타자와의 관계 특성이 매우 달라져 있을 수도 있다. 가계도를 유용하게 활용하려면 상담 초기에 내담자와 함께 가계도를 그려서 가족 관계와 관련하여 변화할 만한 이슈가 있는지 확인하고 내담자와 합의하여 상담의 행동목표에 포함시킬 수도 있다. 이러한 가족 관계 상담목표가 상담과정에서 어느 정도 달성되어 가는지 평가하기 위해서 상담 후기에 내담자와 중요한 타자의 연결선의 특징들을 다시 그리도록 할 수 있다. 이 점이 가계도를 상담의 효과성 검증 도구로 사용할 수 있다는 것이다.

가계도를 그리고 나서 상담자는 내담자와 함께 가계도가 나타내는 특징이나 강점, 공통점 등을 나누면서 내담자 스스로 해석하도록 하는 것이 중요하다.

병원 등의 임상장면에서 가계도의 중요성은 정신병리나 중독 문제 등의 유전력, 가족력 등을 진단하고 예방하는 데 무게가 있다면 상담에서는 가족 지지체계, 가족자원, 가족 관계 변화의 필요성 등을 탐색하고 상담목표를 세워서 사례 개념화를 하는 데 무게를 둘 수 있다. 다음은 가계도 그리기를 내담자와의 만남의 도구로 활용한 예다.

1. 가계도 그리기

〈가계도 예1〉

내담자1(여, 41세, 기혼)

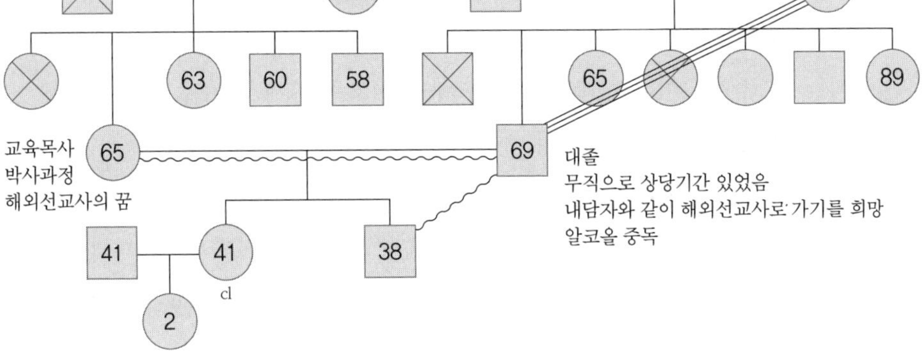

앞의 가계도의 예를 보면 내담자의 가족 관계 구도를 한눈에 알 수 있는데, 내담자와 중요한 타자 간의 연결선을 포함시키지 않았기 때문에 상담자는 면담에서 나온 중요한 가족 정보들을 상담일지에 적어 놓거나 사례 보고서에 포함시킬 수 있다.

상담자1: 오늘은 함께 가계도를 그리려고 합니다. ○○ 님이 여성분이 시니까, 원으로 그리고요. 남성분은 네모로 그립니다. 제가 A4 용지에 ○○ 님을 대신하여 그림으로 표시할 때, 고쳐야 할 부분이 있으면 말씀해 주세요.

내담자1: 알겠습니다.

상담자2: 우선, ○○ 님의 가족에 대해 말씀해 주세요.

내담자2: 저는 늦게 결혼해서 두 살 된 딸이 하나 있어요. 남동생이 하나 있어요. 결혼하지 않은 남동생입니다.

상담자3: ○○ 님이 남편분과 동갑이시군요. 두 살 된 딸이 있는 걸 보니까, 자녀계획에 대해 많은 생각을 하셨나 봅니다.

내담자3: 사실, 결혼을 할 생각이 없다가 지인의 소개로 동갑내기인 남편을 만나면서 1년 정도 연애하고 결혼한 후, 나이가 많아 아이를 가지는 것이 어떨지 고민을 하다가 건강한 아이가 태어나서 정말 다행입니다.

상담자4: 남동생 분은 미혼이시고요.

내담자4: 네, 저처럼 결혼에 그렇게 신경을 쓰지 않는 것 같아요. 부모님도 그렇게 염려하지 않으시고요.

상담자5: ○○ 님의 부모님과 부모님의 형제들은 어떻게 되세요?

내담자5: 어머니는 65세시고요. 외할아버지가 어머니 어릴 때 돌아가셨다고 합니다. 외할머니는 89세로 아직 살아계시고요. 저의 아버지는 69세신데, 알코올 문제가 있으셔서 그것 때문에 어머니와 자주 다투셔서 그다지 관계가 좋지 않아요. 친조부모님 두 부분은 모두 95세, 91세로 생존해 계세요. 아버지는 친할머니와 매우 가까워요.

상담자6: 알코올 문제로 어머님이 오랫동안 힘드셨겠군요. 고부간의 관계는 어떠셨나요?

내담자6: 할머니가 저희 아버지를 많이 두둔하시고 저희 어머니를 구박하셔서 관계가 그다지 좋지 않아요.

상담자7: 부모님들의 형제분들은 몇 분이나 되시나요?

내담자7: 어머니는 2남 3녀 중 둘째십니다. 큰 이모는 어릴 때 돌아가셨다고 하고요. 둘째 이모가 63세, 첫째 외삼촌이 60세, 막내 외삼촌이 58세입니다. 아버지는 3남 4녀 중 둘째십니다. 유일하게 대학교를 나오셨지요. 기대했던 바가 컸는데, 알코올 문제로 거의 경제활동을 하지 못하고 평생 살아왔다고 할 수 있습니다. 큰아버지도 알코올 문제가 있으셨다고 하고요. 일찍 돌아가셨습니다. 첫째 고모는 65세시고, 둘째 고모는 교통사고로 40대에 사망하셨어요. 셋째 고모는 60세, 바로 밑에 삼촌은 57세, 막내 고모는 55세십니다.

상담자8: 여기까지 제가 ○○ 님의 말씀을 듣고 그린 가계도를 다시 한번 보시고요. 혹시 고쳐야 할 부분이 있으면 말씀해 주세요.

내담자8: 고쳐야 할 부분은 없는 것 같네요. 제가 이야기한 그대로입니다.

상담자9: 부모님을 포함하여 ○○ 님에게 가장 영향력을 주신 분이 누구신가요?

내담자9: 어머니가 제게 영향을 가장 많이 주신 분입니다.

상담자10: 어머니시군요. 무슨 이유로 그러할까요?

내담자10: 외가에서 맏이로서 홀로 되신 외할머니에게 맏아들 역할을 해 오셨어요. 동생들을 키우시느라 학교도 제대로 다니지 못했고 고생 많이 하셨지요. 외할머니가 원하시는 남자에게 시집을 오셨는데, 아버지가 술을 많이 드시는 바람에 지금까지 고생이시지요. 그래도 어머니가 신앙심이 깊으셔서 지금까지 버티어 오신 것 같아요. 아버지 역시 둘째지만 큰아버지가 일찍 돌아가시는 바람에 집에서 맏이 역할을 하셨어요. 그리고 머리가 영리해서 친가에서 기대가 많았고 대학까지 나오셨는데 사업의 실패로 술에 의존하게 되셨다고 해요. 제 남동생이 아버지와 관계가 매우 좋지 않아서 집에 거의 오지 않고 단절한 상태입니다.

상담자11: 가족 관계를 보시면서 상담에서 어떤 변화를 얻고 싶으신가요?

〈가계도 예2〉

내담자2(남, 21세, 대학생)

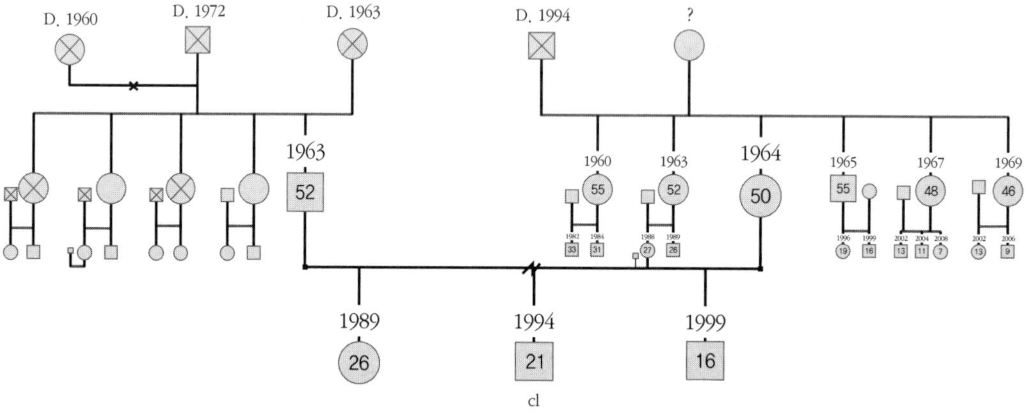

상담자1: 오늘은 함께 가계도를 그리려고 합니다. ◯◯ 님이 남성분이시니까, 네모로 그리고요. 여성분은 원으로 그립니다. 제가 A4 용지에 ◯◯ 님을 대신하여 그림으로 표시할 때, 고쳐야 할 부분이 있으면 말씀해 주세요.

내담자1: 알겠습니다.

상담자2: 가계도는 ◯◯ 님이 상담을 하면서 가족 관계를 소개해 주면 상담의 방향을 잘 정할 수 있도록 도움이 됩니다. 대학생활을 성공적으로 하는 데 가족원들의 지지체계가 큰 영향을 줄 수 있지요. ◯◯ 님이 부모, 형제들을 소개해 주면 제가 원과 네모로 표시하여 그림을 그려 볼게요. 기본적으로 각각 개인의 나이를 함께 말씀해 주세요. 우선 형제가 어떻게 되나요?

내담자2: 저는 2남 1녀 중 둘째입니다. 누나는 26세고, 고등학교 졸업한 후 회사에서 일하고 있어요. 제 밑으로 남동생이 하나 있는데, 16세고 중학교 3학년입니다. 저는 지금 자취하고 있고, 누나도 회사 근처에서 자취하고 있어요. 집에는 어머니와 동생, 그리고 80세 된 외할머니가 계십니다.

상담자3: 아버지는 어디에 누구와 함께 살고 계시나요?

내담자3: 부모님은 제가 초등학교 2학년 때 별거하시고 법적으로는 고등학교 2학년 때 이혼하셨어요. 아버지는 혼자 살고 계십니다.

상담자4: 많이 힘드셨겠군요. 부모님은 어떤 이유로 이혼하셨나요?

내담자4: 저는 자세히는 잘 모르겠지만, 제 기억으로 제가 어릴 적부터 두 분은 자주 다투셨습니다. 아버지가 어머니를 때리기도 하시고요. 그럴 때마다 어머니는 저와 어린 동생을 데리고 외할머니 댁으로 가셨어요. 며칠씩 있다가 다시 집으로 왔던 기억이 나요.

상담자5: 그런 일이 있을 때마다 많이 혼란스럽고 놀라셨겠네요. 외할머니가 어머니와 함께 살고 계시는데, 외가 쪽은 어떻게 되나요?

내담자5: 외할아버지는 어머니가 어릴 때 돌아가셨어요. 어머니는 1남 5녀 중에 셋째입니다. 모두 결혼하셨고요. 저는 외가 쪽으로 사촌들과 가깝게 지내요. 명절이나 생신 때가 되면 친척들이 저희 집으로 모이지요. 어머니만 이혼하셨고 다른 분들은 결혼해서 잘 살고 계십니다. 외삼촌이 어머니 바로 밑에 남동생이신데, 경제적으로 많은 도움을 주고 계세요. 제가 대학에 올 때도 등록금을 마련해 주셨습니다.

상담자6: 외가로부터 많은 힘과 지지를 받고 계시네요. 아버지 쪽은 어떠신가요?

내담자6: 아버지는 1남 4녀 중 막내십니다. 현재 52세십니다. 첫째 고모와 셋째 고모는 돌아가셨어요. 사촌들과는 그렇게 가깝게 지내지는 않아요. 친할아버지와 친할머니 모두 돌아가셨는데요. 친할머니가 두 번째 부인이라고 들었어요.

상담자7: 여기까지 제가 ○○ 님의 말씀을 듣고 그린 가계도를 다시 한번 보시고요. 혹시 고쳐야 할 부분이 있으면 말씀해 주세요.

내담자7: 고쳐야 할 부분은 없는 것 같네요. 제가 이야기한 그대로입니다.

상담자8: ○○ 님의 가계도를 보면서 이번 상담에서 변화하고 싶거나 얻어 가고 싶은 것이 무엇인지 말씀해 주세요.

앞의 가계도 예제들에서 본 바와 같이, 가계도는 상담자와 내담자의 만남을 촉진하는 도구로 사용된다. 두 사람이 가족에 대한 이야기를 나누면서 많은 정보를 짧은 시간에 공유할 수 있다. 더 나아가 내담자의 상담목표, 즉 어떠한 관계 변화를 원하는지에 대해 대화를 이어갈 수 있다. 앞의 예제들에서 상담자가 어떻게 질문하여 목표 설정으로 움직여 가는지 살펴보도록 한다.

2. 가계도를 활용한 상담목표 설정하기

〈가계도를 활용한 상담의 예1〉

내담자1(여, 41세, 기혼)

상담자1: ○○님의 가계도를 보면서 이번 상담에서 변화하고 싶거나 얻어 가고 싶은 것이 무엇인지 말씀해 주세요.

내담자1: 사실 저는 38살에 늦게 결혼했습니다. 1년 정도 연애를 하고 결혼을 했지만 직장이 있는 남자라서 별다른 어려움이 없을 거라고 생각했었어요. 근데 주식에 계속 손을 대고 있었어요. 그리고 빚이 있다는 사실을 결혼하고 나서 알게 되었어요. 걱정이 되는 것은 남편의 무분별한 투자가 도박으로 이어지는 것은 아닌지 하는 겁니다. 주식을 하지 않아도 생활은 가능한데, 하지 않겠다고 말은 하면서도 어느새 주식으로 돈을 잃고 카드빚을 진 게 벌써 여러 차례입니다. 남편의 행동이 혹시 중독이 아닌지 염려가 되고요. 저의 아버지처럼 평생 중독으로 가족들을 힘들게 하고 경제적으로 무능력해져서 자녀와도 관계가 좋지 않고 그렇게 살다가 어떻게 될지 모르겠어요. 저의 남편도 제가 평생 짊어지고 가야 할 짐이 되는 것은 아닌지 두렵고 결혼이 후회가 되기도 하고 딸아이가 걱정도 되요. 저는 어머니가 아버지 때문에 속을 썩을 때마다 이혼을 왜 하지 않는지 묻곤 했는데, 제가 그 지경이 되는 건 아닌지 미래가 걱정돼요.

상담자2: 어머니와 같은 삶은 살고 싶지 않다는 거군요. 가족 관계에 대한 걱정이 염려에 대해 여러 가지 이야기를 해 주셨는데요. 저와의 상담에서 주로 어떤 내용으로 이야기를 나누고 싶은지 궁금합니다.

내담자2: 선생님과 도박 중독에 대해 이야기를 자세히 나누고 싶어요.

앞의 예제에서 상담자는 내담자의 염려가 아버지의 알코올 문제와 관련되어 있음을 볼 수 있다. 중독에 관한 정확한 이해를 위한 정보제공, 상담적 접근, 가용 자원들, 대처 방법 등에 대해 향후 회기들에서 다룰 수 있다.

〈가계도를 활용한 상담의 예2〉

내담자2(남, 21세, 대학생)

상담자1: ○○ 님의 가계도를 보면서 이번 상담에서 변화하고 싶거나 얻어가고 싶은 것이 무엇인지 말씀해 주세요.

내담자1: 저는 부모님의 관계 불화를 항상 보면서 성장했습니다. 큰 소리로 싸우고 물건을 던지고 욕하고 아버지가 어머니를 때리고 우리들은 불안해서 떨고 울고 한바탕 전쟁을 치르는 것 같은 경험을 하고 자랐어요. 오히려 아버지가 없었으면 좋겠다는 생각이 많았고요. 정작 아버지가 없으니 좋기는 하지만 어머니가 아버지를 그렇게 만들지 않았을까 하는 생각도 지울 수 없습니다. 대학에 와서 여러 명의 여자 친구를 사귀었어요. 사소한 일로 다투었는데 여자 친구들이 제 곁을 떠났어요. 제가 무엇을 잘못했는지 잘 모르겠어요. 좋은 관계를 오랫동안 잘 유지하고 싶은데 잘 안돼요. 제가 예민해지나 봐요. 곰곰이 생각하면 제가 참을 수 있었는데 그러지 않았던 경우가 많았던 것 같아요. 가끔씩 아버지가 떠오르곤 해요. 요즘은 제가 아버지랑 똑같아지는 게 아닌지 무섭기도 합니다. 교양 과목으로 심리학개론 과목을 들었는데, 자녀들은 부모의 행동을 똑같이 반복한다고 하더라고요. 닮고 싶지 않은데, 구체적으로 어떻게 해야 할지 모르겠어요. 그게 가능할까요?

상담자2: 사람들과 좋은 관계를 오랫동안 유지하면서 살고 싶으시군요. 특히 부모님의 불화로 가족들이 어려움을 겪었던 것처럼 살고 싶지 않으시군요.

내담자2: 맞아요. 저는 좀 다르게 살고 싶은데…… 생각보다 쉽지 않은 것 같아요.

상담자3: 부모님의 불화, 대인관계의 걱정과 염려에 대해 여러 가지 이야기를 해 주셨는데요. 저와의 상담에서 주로 어떤 내용으로 이야기를 나누고 싶은지 궁금합니다.

내담자3: 저는 좋은 대인관계 맺기에 대해 이야기를 나누고 싶어요. 특히 이성 친구와 잘 지내는 방법들을 찾았으면 좋겠습니다.

앞의 예시에서 상담자는 내담자의 염려가 부모의 불화, 이혼, 대인관계의 어려움과 관련되어 있음을 볼 수 있다. 감정 조절, 좋은 대인관계를 위한 방법, 의사소통 방법 등에 대해 향후 회기들에서 다룰 수 있다.

중요한 것은 내담자의 가계도에서 나타난 관계적 강점과 자원, 지지체계를 내담자에게 읽어 주고 확인을 받음으로써 내담자에 대한 이해가 통합될 수 있다는 점이다.

가계도를 '만남의 도구'로서의 심리검사로 활용하여 해석할 때 내담자 스스로 중요한 사항이나 특징, 이슈들을 찾도록 돕고 스스로 그 의미를 설명하도록 한다.

06 사회원자검사 적용하기

사회원자검사(Social Atom Test: SAT)는 가족을 포함해서 내담자에게 현재까지 영향을 주는 사람들을 그림으로 표시하도록 하는 검사다. 원자료는 1936년 J. L. Moreno가 개발한 사회원자 투사 검사(Social Atom Projective Test: SAPT)로 내담자의 사회적 지지체계를 상담자와 내담자가 현재 그리고 여기에서 탐색하는 데 도움을 주는 심리검사다.

Moreno는 사회측정학(sociometry)을 개발하여 개인이 집단 내 관계들을 어떻게 형성하고 있으며, 상호 어떠한 영향을 주고받는지 살펴보는 데 사용하였다. 사회측정학은 한 집단 내 인간관계를 측정하는 학문으로서 인간의 심리적 상호작용이나 집단 구조를 분석하고 측정하는 이론이다. 이 이론은 모호한 인간관계의 본질을 밝혀 주고, 인간 행동을 고찰하는 새로운 관점을 제공함으로써 사회적, 대인관계적 발전에 공헌하였다. 사회측정학은 대인관계 선호라고 하는 집단적 양식에 대해 집단 내 사람들에게 피드백을 제공하고 집단원들이 그들의 역동을 직접 다루고 갈등을 해결하여 집단이 규준이나 구조를 변경시키고 역할들을 재협상하여 소속감과 응집력을 최대화하는 방법을 찾는 데 도움을 준다. 다시 말하면, 사회측정학은 사람들의 대인관계적 선택에 관한 현상학적 연구라고 볼 수 있다.

Moreno는 사회측정학에서 사회원자(social atom)라고 하는 개념을 소개한다. 사회원자란 개인에게 안녕감, 완전성, 사회적 지위 혹은 사회적 안정감을 느끼게 해 주는 가장 작은 수의 중요한 타인들(또는 물건, 동물, 단체 등도 포함)을 의미한다. 다시 말해, 사회원자는 개인이 정서적으로 관여하고 있는 모든 사람에 대한 핵심을 나타내는 하나의 도해나 그림이다. 이 원자들과 내담자의 상호관계를 살펴보는 것은 내담자가 삶에서 의미 있는 사람들과 함께 하고 있는 그 관계들을 이해하는 데 중요하다. Moreno는 사회원자에 대해 "성격의 발달이 일어나는 대인관계 구조"라고 생각하였다. 내담자의 대인관계 접촉 패턴과 사회적 관계성의 패턴으로 내담자의 심리내적 특성을 더 잘 이해할 수 있다. 사회원자 또는 사회적 관계망 내에서 이루어지는 과정들을 더 잘 알게 될 때 내담자에게 걸림돌이 될 수 있는 이슈들과 문제들을 회복시키는 데 도움이 된다. 상담 초기에 상담자가 내담자와 사회원자검사를 함께 실시하면 관계 맺기에 유용할 뿐만 아니라 사회적 관계에서의 내담자의 자원, 장점, 걸림돌 등을 만나게 된다. 가계도에서는 가족 관계를 살펴보았고 사회원자검사에서는 가계도에서 나타난 사람들이 선별되는 것을 목격할 수 있다. 사회원자검사는 간단한 지시사항을 내담자에게 설명함으로써, 내담자가 부담 없이 실시 가능한 검사라는 점이 장점이 있다. 사회원자검사는 개인 및 집단상담에서 모두 활용 가능하다.

사회원자검사를 위한 준비물은 A4 용지 한 장, 연필과 지우개다. 이 검사의 지시사항은 다음과 같다.

> "지금 하려고 하는 검사는 사회원자검사라고 하는데, 현재 ○○ 님의 사회적 관계를 그림으로 그려 보는 것입니다. ○○ 님이 여성이니까 원으로 나타내고, 남성은 네모로 나타내면 됩니다. 이 종이에 ○○ 님을 그림으로 어딘가에 표시하세요. 원 안에 '나'라고 적으세요. 지금부터 ○○ 님에게 현재 긍정적이든, 부정적이든 어떠한 영향을 주고 있는 사람들을 떠올리세요. 살아 있는 사람일 수도 있고, 이미 사망한 사람일 수도 있습니다. 가족일 수도 있고 친구나 선후배, 지인들이 해당되겠지요. 안면만 있는 사람이나 연예인은 포함하지 않습니다. 가능한 한 많은 사람을 떠올려서 성별에 따라 이 종이에 그려 넣으면 되고 기호 안에 각 사람을 나

타내는 이름이나 별칭을 적으시면 됩니다. 사망한 경우라면, 기호에 × 표시를 하면 됩니다."

이때, 참고로 내담자가 다음과 같은 질문을 할 수 있다.

- 기호의 크기나 거리는 어떻게 해야 하나요?

  응답: ○○ 님이 그리고 싶은 대로 그리면 됩니다. 크기는 크게 그리든 작게 그리든 상관 없습니다. 거리도 ○○ 님이 그리고 싶은 대로 하면 됩니다.

- 동물이나 핸드폰 같은 것들을 그려도 되나요? 혹은 교회나 단체를 그려도 되나요?

  응답: (내담자가 자발적으로 물어보는 경우) 그릴 수 있습니다. 원과 네모를 제외하고 다른 기호나 표시를 사용하여 그리면 되고 그 안에 상징적 이름이나 약자를 표기하세요. (아동이나 청소년의 경우, "사람뿐 아니라 소중하게 생각하는 것들도 모두 표기할 수 있습니다."라고 지시할 수 있다.)

다음 단계로 상담자는 내담자에게 다음과 같이 지시사항을 한다.

"이제부터, ○○ 님을 중심으로 하여 각각의 사람들과의 관계가 어떤지 선으로 그리도록 합니다. 현재 느끼기에 긍정적이라면, 직선입니다. 예를 들어, 힘을 주고 기운을 내게 하고 함께 시간을 보내고 싶은 경우입니다. 만약 부정적이라면, 곡선으로 표시합니다. 예를 들어, 갈등이 있거나 맥이 빠지거나 함께 시간을 보내고 싶지 않은 경우입니다. 관계가 중립적이라면 점선으로 표시합니다. 인간관계는 서로 주고받는 것이지요. 따라서 내가 느끼는 대로 선으로 표시한 후 상대방이 나에게 대해 현재 느끼고 있을 것으로 생각되는 대로 선으로 표시하고 양방향으로 화살표를 넣으면 됩니다."

사회원자검사는 만남을 촉진하기 위해서 대화를 나눌 때 유용하게 사용할 수 있다.

〈**사회원자검사를 활용한 상담의 예1**〉

내담자1(여, 65세, 기혼)

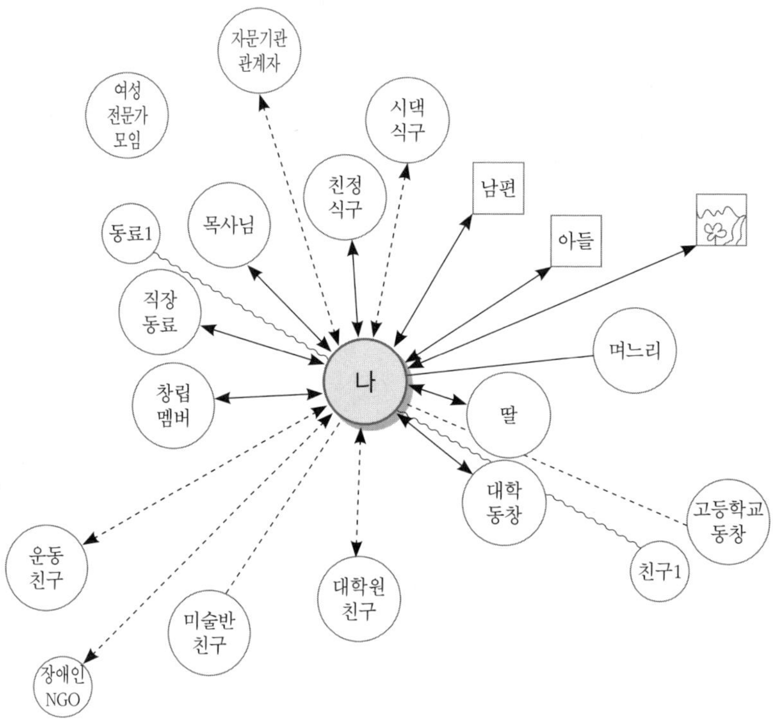

앞의 예시에서 보면 내담자는 남편과 아들, 딸, 며느리, 직장동료, 창립멤버, 목사님, 친정식구, 등산회원, 대학동창이 내담자에게 긍정적이고 지지적인 영향을 주는 관계로 그렸다. 상담자는 우선적으로 이러한 긍정적인 관계를 강조하여 대화를 나누는 것이 바람직하다.

상담자1: 사회원자검사를 다 하셨군요. 이제부터 저에게 각각에 나타난 선들에 대해서 소개해 주세요. 우선적으로 직선으로 연결된 사람들에 대해 말씀해 주세요.

내담자1: 제일 가까운 사람은 딸이에요. 저에게 늘 힘이 되고 친구가 되어 주지요. 최근에 결혼해서 손주를 낳았는데 그 이후부터 더욱 관계가 가까워진 것 같아요. 저를 잘 이해해 주고 저의 이야기를 잘 들어 줍니다. 남편이나 아들, 며느리도 딸만큼 가깝지는 않지만 큰 힘이 됩니다. 친정식구들도 그렇고요. 신앙적으로 저희 교회 목사님과 직장동료, 취미활동으로 만나는 등산회원들도 큰 위로와 격려가 되고 삶의 활력을 줍니다. 대학동창들도 저에게 힘이 됩니다.

상담자2: 가족들과 친정식구들, 그 밖에 직장과 교회, 취미생활과 대학 동창들이 ○○ 님에게 꼭 필요한 관계로 보이네요. 친정식구들에 비해 시댁식구들과는 거리가 멀고 중립적인 관계를 가지고 있군요.

내담자2: 네. 오랜 경험으로 볼 때 시댁 일에 너무 관여하지 않는 것이 서로에게 좋다는 것을 배우게 되었어요. 제가 해야 할 역할만 충실히 하고 불필요하게 간섭을 하거나 관여하지 않기로 한 지 오래되었습니다. 서로 상처받지 않는 이대로가 좋아요. 현재 곡선으로 그린 사람들이 두 명 있어요. 친구1과 직장동료1인데요. 만나지 않을 수 없는 사람들인데 성격 때문인지 매우 불편해요.

상담자3: 친구와 동료이기 때문에 더욱 불편할 수밖에 없겠네요. 두 사람 중에서 가장 먼저 관계 변화를 시작한다면 누가 될까요?

사회원자검사 결과를 보면서, 상담자는 내담자에게 한 가지 관계만 바꾼다면 누구와의 관계를 바꾸고 싶은지에 대해 질문한다. 이 질문은 사회원자검사 결과에서 곡선을 직선으로 바꾸어야 한다는 틀에서 상담자가 벗어나야 한다는 점을 전제로 한다. 곡선의 관계라고 해서 내담자에게 반드시 피해를 주는 관계가 아닐 수 있다. 그러한 관계에도 불구하고 그것을 통해 성장하고 있을 수 있기 때문이다. 반대로, 직선으로 나타난 관계라고 해서 반드시 내담자에게 건강을 촉진하고 있지만은 않다. 밀착된 관계, 즉 분화되지 않은 가족 관계가 내담자에게 해결해야 할 발달과제가 될 수 있기 때문이다. 예를 들어, 청소년 내담자가 비행문제로 의뢰되었다고 하

자. 사회원자검사 결과, 내담자에게 가장 친한 친구가 비행문제를 조장하는 관계일 수 있다. 직선으로 나타난 친구 관계는 내담자의 정신건강에 피해를 주고 있는 것이다. 따라서 관계에서 연결선의 유형의 의미에 대해 상담자가 대화를 통해 내담자로부터 충분히 설명을 들어야 한다. 어떤 경우는 사회원자검사에서 영원히 사라져야 하는 관계가 포함되어 있을 수 있다. 폭력을 행사하는 사람이 있다면 내담자는 이러한 관계로부터 스스로 단절시켜야 할 수도 있기 때문이다. 사회원자검사는 상담의 효과성을 검증하는 데도 매우 유용하다. 상담 초기에 그린 사회원자검사 결과와 종결 전에 그린 검사 결과를 비교하면 내담자의 변화 정도를 가늠하는 평가도구로 사용 가능하다. 따라서 사회원자검사 결과에 대해 이야기를 나눈 후에 "한 가지 관계를 바꾼다면 무엇이 될까요?"라는 질문을 반드시 추가하는 것이 상담목표 설정 및 사례 개념화에 유용하다.

〈사회원자검사를 활용한 상담의 예2〉

내담자2(여, 15세, 중학생)

상담자1: 그림을 다 그렸군요. 이제부터 각각에 나타난 선들에 대해서 소개해 주세요. 모두 직선이네요.

내담자1: 저는 좋은 관계만 그리는 걸로 생각했어요. 그래서 저에게 중요하면서 좋은 사람들이나 제가 좋아하는 것들을 그렸어요. 저는 엄마랑 친구1, 2, 학원1, 2, 3, 학교 선생님, 상담 선생님, 스마트폰, 책, 글쓰기를 좋아해요.

상담자2: 엄마랑 친하군요. 학교생활과 과외 학업에도 좋은 느낌을 가지고 있는 것 같아요. 책과 글쓰기를 좋아한다는 점이 강점이군요. '너무 가까워서 조금 멀어지는 것이 좋겠다.'라고 생각될 때가 있는 사람이나 활동이 있을까요?

또는 상담자는 다음과 같은 질문으로 내담자의 사회적 관계를 탐색하도록 촉진한다.

상담자: 지금 긍정적인 관계만 그렸군요. 혹시 불편하거나 부정적인 영향을 주는 사람이나 활동이 있다면 어떤 것이 있을까요?

또는

상담자: 지금 피하고 싶은 사람이나 활동으로 떠오르는 것이 있다면 그게 무엇일까요?

앞의 예제에서 스마트폰과 책과 글쓰기 간의 충돌이나 갈등이 있는지에 관한 탐색적인 질문이나 나눔도 유용하다. 가족 중에 드러나지 않은 가족원들, 예를 들어 아버지와 형제자매들에 대한 추가적인 질문들도 내담자와의 만남을 촉진해 줄 수 있다. '엄마와 나의 관계에 대해서 아빠는 어떻게 느낄까요?' 혹은 '만약 형제자매가 있다면 그들이 어떻게 느낄까요?' 등의 질문이다. 마지막으로, 상담자는 내담자에게 한 가지 관계만 바꾼다면 누구와의 관계를 바꾸고 싶은지에 대해 질문한다.

상담자: 지금 그림을 보면서 한 가지 선을 골라서 바꾸어 본다면 누구와의 선일까요? 그 이유는 무엇일까요?

사회원자검사를 집단에서 활용하는 경우도 가능한데, 집단원들에게 사회원자검사를 그리는 순서를 알려 주고 스스로 그리게 한 다음, 그림들을 한곳에 모으고 유사한 그림들을 따로 모으는 작업을 한다. 사회원자의 개수, 퍼져 있는 정도와 모양 등을 기준으로 집단원들이 그림들을 분류한다. 비슷한 그림들로 나누어지면 그림을 그린 내담자들끼리 소집단으로 모여서 각자의 사회원자를 소개한다. 또는 두 사람씩 짝이 되어 사회원자그림을 소개하면서 서로의 장점을 찾아주고 공통점과 차이점을 나누면서 성장을 도모할 수 있다. 여기에서 중요한 것은 사회원자검사 결과가 '현재 그리고 여기'에 초점을 맞추고 있다는 것이다. 관계는 늘 변화하는데 변화를 선택하는 사람은 내담자 자신이라는 점이 중요하다.

종합하면, 사회원자검사를 실시하고 나서 결과를 해석할 때, 기본적으로 강점 기반 해석을 하며 대화를 통해 내담자 스스로가 검사 결과의 의미를 찾아내도록 하는 것이 해석상담의 본질이다. 그 결과, 상담목표가 명료화되기도 한다.

07 지각된 사회적 지지 다차원 척도

사회원자검사와 더불어 내담자의 사회적 지지의 만족도를 알아볼 수 있는 객관적 검사가 있다. 상담자가 관계 맺기, 사례 개념화, 목표 설정 등에 용이하게 사용할 수 있는 검사로서 지각된 사회적 지지 다차원 척도(Multidimensional Scale of Perceived Social Support: MPSS)가 있다. 이 검사는 Dahlem, Zinet과 Walker(1991)가 사회적 지지의 지각된 만족을 측정하기 위하여 쉽고 빠르게 실시할 수 있도록 개발한 자기보고식 질문지 검사다. 이 검사는 세 가지 요인들(가족, 친구, 중요한 타자)로 나누어져 있는 12개 문항으로 구성되어 있다. 이 검사는 총점을 사용하기 때문에, 전반적인 지각된 만족도를 측정하여 사용하도록 만들어졌다. 내담자들은 '전혀 그렇지 않다.'에서부터 '매우 그렇다.'까지 7점 척도를 이용하여 각각의 문항에 답하도록 되어 있다. 이 검사의 내적 신뢰도는 .88로 높은 편이고, 피험자에 따른 내적 신뢰도도 높고 세 하위 척도의 구조를 확실하게 하는 요인타당도도 높은 것으로 드러났다. 이 검사는 총점이 높을수록 내담자의 사회적 지지 만족도가 높은 것으로 해석한다. 이 검사는 내담자가 스스로 할 수도 있고, 상담자가 내담자에게 12개의 문항을 불러 주고 즉각적으로 응답을 얻을 수도 있다. 지각된 사회적 지지 다차원 척도의 구체적인 문항 내용은 다음과 같다.

다음 문항들은 당신의 주위 사람들과의 관계에 관한 것입니다. 각 문항에 대해 평소에 당신이 생각하는 정도를 오른쪽 숫자에 ○로 표시해 주십시오.

문항	전혀 그렇지 않다			그저 그렇다			매우 그렇다
1. 내가 필요로 할 때 내 곁에 있어 줄 특별한 사람이 있다.	1	2	3	4	5	6	7
2. 나에게는 나의 즐거움과 슬픔을 함께 나누어 줄 특별한 사람이 있다.	1	2	3	4	5	6	7
3. 우리 가족은 나를 진심으로 도와주려 한다.	1	2	3	4	5	6	7
4. 나는 가족으로부터 내가 필요로 하는 정서적 도움과 지지를 받고 있다.	1	2	3	4	5	6	7
5. 나를 진정으로 편안하게 해 주는 특별한 사람을 알고 있다.	1	2	3	4	5	6	7
6. 내 친구들은 나를 진심으로 도와주려 한다.	1	2	3	4	5	6	7
7. 일이 잘못 되었을 때 나는 내 친구들에게 의지할 수 있다.	1	2	3	4	5	6	7
8. 나는 내 문제들을 가족과 의논할 수 있다.	1	2	3	4	5	6	7
9. 나에게는 나의 즐거움과 슬픔을 함께 나누어 줄 친구들이 있다.	1	2	3	4	5	6	7
10. 내 마음을 보살펴 줄 특별한 사람이 내 삶에 있다.	1	2	3	4	5	6	7
11. 내가 의사결정을 할 때 우리 가족은 나를 기꺼이 도와주려 한다.	1	2	3	4	5	6	7
12. 나는 내 문제들을 친구들과 의논할 수 있다.	1	2	3	4	5	6	7

참고로 앞의 질문지를 상담자가 직접 활용할 수 있다. 즉, 지필검사로 사용하는 대신, 상담자가 각 문항을 직접 내담자에게 질문하고, 내담자가 점수를 말하도록 한 후, 더 나아가 그 점수가 의미하는 바를 설명하도록 요청함으로써, 내담자의 사회적 지지 만족도에 관한 많은 정보를 공유할 수 있을 뿐 아니라 관계 맺기와 상담목표 설정으로 이어질 수 있다.

예를 들어,

상담자1: '내가 필요로 할 때 내 곁에 있어 줄 특별한 사람이 있다.'라는 문항에 7점은 '매우 그렇다'이고 1점은 '전혀 그렇지 않다'에서 몇 점을 주시겠습니까?

내담자1: 6점입니다.

상담자2: 중간 점수인 4점보다 높군요. 어떤 점에서 6점인지 이야기해 주세요.

내담자가 가지고 있는 사회적 지지체계를 상담자가 함께 탐색하면서 내담자의 심리적인 강점들을 이끌어 내며 대화를 진행할 필요가 있다. 즉, 강점 기반 원칙에 따라 상담자가 적절한 질문을 적시에 하는 경우 내담자 스스로가 필요한 부분들이나 개발하고 싶은 측면들을 이끌어 낼 수 있다. 상담목표로 초점을 맞출 수 있는 이슈들이 드러나곤 한다.

상담자1: '나는 내 문제들을 가족과 의논할 수 있다.'라는 문항에 7점은 '매우 그렇다'이고 1점은 '전혀 그렇지 않다'에서 몇 점을 주시겠습니까?

내담자1: 2점입니다.

상담자2: 1점 보다는 높은 점수네요. 어떤 면에서 2점을 주셨는지 궁금해요.

이와 같이, 지필 검사로만 실시했을 때 얻을 수 없는 귀중한 정보들을 상담자가 직접 질문하면서 대화로 얻을 수 있다는 점이 상담에서의 심리검사가 '만남의 도구'로 활용될 때 가져다주는 장점이다.

기본적으로 상담자는 강점 기반 해석상담을 하려는 태도를 가지고 내담자와 만나야 한다. 이유는 관계 맺기뿐 아니라 상담 참여 동기와 변화 동기를 증진하여 상담효과를 높이기 때문이다.

08 벤더 게슈탈트 검사

벤더 게슈탈트 검사(Bender Gestalt Test: BGT)는 병원 장면에서는 자주 활용되는 검사인데, 상담 현장에서는 그다지 활발하게 활용하고 있지 않는 것으로 보인다. 이 책에서는 상담자가 내담자를 만나면서 쉽게 BGT검사를 사용할 수 있는 방법 두 가지를 소개한다. 한 가지는 내담자가 기억력 저하 또는 알코올 사용 등의 문제가 있는 경우, 두뇌 손상 여부를 선별하는 스크리닝 검사로 사용할 수 있다. 두 번째는 투사적 검사로 BGT검사를 활용하여 관계 맺기를 하고 가족을 포함한 대인관계에서의 심층적인 내담자 욕구와 사고 및 정서를 만날 수 있다.

BGT검사에 대한 개략적인 소개는 다음과 같다.

1. BGT검사란 무엇인가

Bender Gestalt Test의 약자이며, 원명은 Bender Visual Motor Test(시지각 운동 테스트)다. 이 검사는 9개의 간단한 기하학적 도형으로 구성되어 있다. 이 검사는 Lauretta Bender에 의해 1938년 미국예방정신의학협회의 연구지 제3호에 "시각–

운동형태 검사 및 그 임상적 활용"이라는 논문을 발표하면서 개발되었다.

Bender는 지각과 그 소산(도형묘사)의 전체적 과정은 지각-운동 행동의 생리적 원인에 따라 결정되는 것이지만 개인의 성향이나 성숙수준 그리고 기질적이거나 기능적인 여러 병적 상태에 따라 크게 왜곡될 수 있다고 지적하면서 이 검사의 임상적 적용범위로서 기질적 뇌장애, 조현병, 신경증, 조울증 및 지적장애 등을 들고 있다. 다양한 채점과 해석 방식이 있는데, 이 책에서는 Lacks의 뇌기능 장애 감별 진단법과 Perticone의 질적 해석을 주로 소개하고자 한다. 아동의 경우 Kopitz의 해석 방식이 많이 이용된다.

이 검사는 완충적인 역할을 하는 검사로 유용하여 심리검사에서 라포 형성을 위한 검사로서의 기능을 할 수 있으며, 내담자에게 위협을 주지 않고 검사에 대한 동기를 유발할 수 있고, 뇌손상 유무를 감별하는 데 많이 이용된다. 그뿐만 아니라 인지, 정서, 성격 같은 내담자의 심리적 특성들에 대해서 분석하는 검사로 활용 가능하다.

2. BGT검사 도형

도형 A와 도형 1~8까지 총 9장으로 구성되어 있다. 15.1*10.4cm 크기의 카드에 각각 1개씩 그린 9장의 카드가 1세트로 이루어진다.

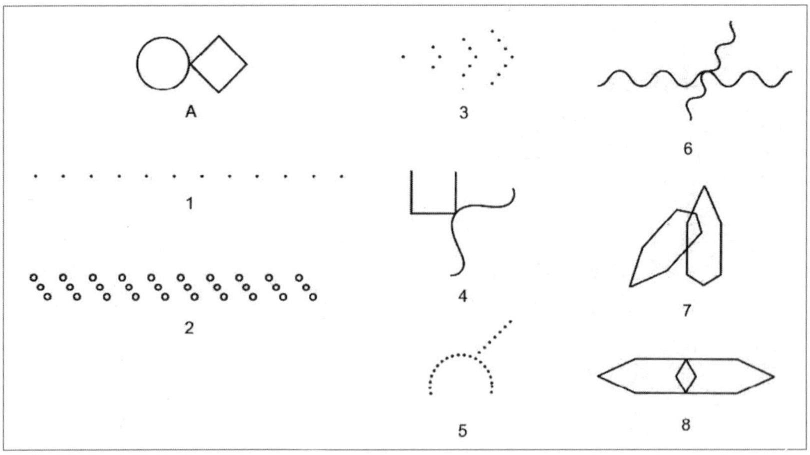

3. 이론적 배경

BGT검사는 기본적으로 지각 및 시각-운동 기능에 대한 검사로 형태심리학적 이론에 기초를 두고 있으며, 또한 역동심리학의 이론에 근거를 두고 개인의 심리적 과정에 대한 분석을 시도하고 있다.

형태심리학적 입장에 따르면, 자극 표상은 접근성(proximity), 유사성(similarity), 방향성(direction), 포괄성(inclusiveness) 등과 같은 지각적 원리에 따라 조직화되는데, 이런 원리는 자극들을 형태화하려는 경향에 의하여 나타난다고 한다. 즉, 우리에게는 자극을 하나로 통합하여 지각하려는 경향이 있다는 것이다. 이런 경향으로 인해 자극이 잘 통합된 것이든 통합되지 않은 것이든 간에, 우리들의 지각 양상은 일정한 법칙의 지배를 받게 된다. 즉, 전체로, 좋은 형태(good gestalt)로, 그리고 가장 간결하고도 규칙적인 방향으로 통합을 하는 경향이 있다.

그러나 지각의 성립에는 이와 같이 단순히 지각 자체의 형태성에 입각한 선택 작용만이 개입하는 것이 아니다. 지각에는 지각하는 개인의 경험과 욕구, 가치관, 성격 특성 같은 심리적인 요인이 큰 영향을 준다. 즉, 우리는 외부 대상을 인지하는 과정에서 자극 내용을 단순히 형태적인 특징에만 근거하여 지각하는 것이 아니라 받아들이는 개인 나름대로의 심리적 작용에 의하여 이해, 해석하고, 또는 상상을 하면서 받아들이게 된다. 이러한 점을 고려하여 형태심리학의 역동적인 면의 중요성을 강조하는 입장에서 나온 검사가 BGT검사다.

이상과 같은 원리들에 의하여 내담자가 BGT검사 도형들을 모사, 변형, 연상하는 과정에서 보이는 형태의 재구성이나 오류, 왜곡 등은 그 개인의 잘못된 지각이나 재생과정에서의 오류, 통합기능의 장애, 또는 이런 여러 요소의 복합에 의해서, 또는 지각과정에 개입되는 그 개인의 심리적인 특징과 심리적 과정에 의해서도 일어날 수 있다고 해석되고 있다.

4. BGT검사의 실시방법

• 준비물: BGT검사 카드 9개, 종이(A4 용지 2~3장), 연필, 지우개

• 유의 사항

① 상담자가 9장의 카드를 관리해야 하며 내담자에게 한 개씩 카드를 제시하고 보이는 대로 그리도록 한다.

② A4 용지에 가능하면 9장의 카드를 모두 모사하도록 한다.

③ 내담자가 여분의 종이를 요구하는 경우에는 여분의 종이를 사용하도록 허용한다.

④ A4 용지는 내담자 앞에 세로로 놓아 준다. 카드는 가로로 제시한다.

⑤ 카드나 A4 용지를 내담자가 회전시키는 경우 제시된 대로 그리도록 요청하고 그래도 회전하면 내담자가 원하는 대로 하도록 한 후 이에 대해 적어 둔다.

⑥ 다양한 질문에 대해서는 "보이는 대로 그리세요."라는 정도로만 대답한다.

⑦ 자나 기타 보조도구들을 사용할 수 있는지 묻는 경우 손으로 하도록 말해준다.

⑧ 안경이나 렌즈를 사용하는지 여부를 확인하고 안경이나 렌즈를 착용한 후 실시하도록 한다.

• 지시사항 및 실시방법

"여기 몇 장의 그림이 있는데, 하나씩 보면서 이 종이에 보이는 대로 그리세요."라고 한다. 용지 옆에 또는 용지 위쪽에 도형 A를 놓는다. 내담자가 도형 A를 그리고 나면 그 카드를 치우고 1번 카드를 놓는다. 지시사항을 매번 줄 필요는 없으며 내담자의 행동을 관찰하고 질문에 대해 적절하게 답한다. 대부분의 질문에 대해서는 "보이는 대로 그리면 됩니다."라는 답이 적합하다.

도형 A 카드에서부터 마지막 8번 카드를 모사하는 데 걸리는 시간을 알아 둔다.

BGT검사를 시행하는 동안 나타나는 내담자의 행동이나 질문은 우선적으로 장점으로 해석해야 한다. 즉, 장점 또는 강점 기반 해석상담의 태도를 말한다. 예를 들

어, Lacks에 따르면 BGT 모사 시간이 15분 이상 넘을 경우 유의미하게 해석하는데, 그 이유가 다양할 수 있으므로 상담자는 먼저 내담자의 긍정적인 면을 보도록 노력해야 한다. 시간이 오래 걸린 내담자라면 물론 두뇌 기능 손상 때문일 수도 있고 그 밖의 병리적인 심리상태 때문일 수도 있으나 해석상담을 하는 경우 상담자는 내담자가 매우 세밀하고 꼼꼼하며 주어진 역할과 업무를 잘 수행하려고 하는 경향이 있으며 실수하지 않으려고 노력하는 면, 완벽하게 업무를 달성하려는 경향성, 과제에 대해 검토 및 재검토를 하는 치밀한 일처리 스타일, 더 나아가 인정을 받고 싶은 욕구가 큰 것으로 일단 해석할 수 있다. 이러한 경향성이 지나치게 되는 경우에 있어서 일처리가 지연되는 어려움, 융통성 있는 작업 수행의 어려움, 대인관계에서의 갈등, 스스로 좌절할 가능성, 자존감의 저하 등의 위험성도 있을 수 있다.

만약 내담자가 도형에 그려진 점의 수를 반복해서 세거나 지우개를 자주 사용하는 경우에도 상담자는 긍정적인 면에서, 즉 장점이나 강점 측면에서 해석하려는 태도를 가져야 한다. 이후 이 행동이 지나치거나 과다할 경우 발생할 수 있는 걸림돌이나 어려움을 내담자 스스로 이야기할 수 있도록 적절한 질문을 하면서 해석상담을 진행할 필요가 있다.

내담자가 도형을 그릴 때 선의 굵기, 또는 종이의 활용 등에서 보이는 행동 관찰 역시, 내담자의 강점에서부터 보도록 할 필요가 있다. A4 용지에 9개의 도형을 어떠한 순서로 어떠한 위치에 배열을 하여 그리느냐는 것에 대해서도 상담자는 긍정적으로 먼저 해석하려고 노력해야 한다.

객관적으로 볼 때 매우 조직적이고 질서정연하게 그렸다면 내담자는 계획 능력 수준이 높고 미리 예측하려는 경향과 문제해결에 적극적인 면이 있음을 나타낼 수 있다. 또한 주어진 틀 속에서 자원을 최대한 활용하고자 하는 태도, 순응적이고 관습적인 것에 저항을 느끼지 않는 점이 강점이라고 볼 수 있다. 한편, 이러한 특징들이 지나치게 되면 틀에서 벗어나지 못하고 융통적이지 못한 사고 패턴으로 인해서 협동적인 작업수행에 갈등을 가질 수도 있다. 반면에, A4 용지에 그린 도형들이 도형 제시 순서와 상관없이 내담자가 작위적으로 그렸을 경우 내담자의 강점으로는 틀에 얽매이지 않고 자기 주도적이고 사고의 유연성, 창의성, 개성, 호기심 등이 풍부할 수 있다고 본다. 지나친 경우, 예측하기 어려운 반응 패턴으로 인해 갈등이 초래될 수도 있다. 이와 같이 상담자는 강점 기반 해석을 먼저 하고 나서 '지나치게 되는 경우' 어떠한 장애가 있을 수 있는지에 대해 내담자가 스스로 이야기할 수 있게 한다.

따라서 BGT검사 결과에 대한 해석상담은 사회원자검사의 해석상담에서와 동일하게 내담자가 스스로 의미를 찾고 문제점을 이야기하도록 돕는 것이 핵심이다.

내담자가 주어진 카드를 회전시키거나 주어진 A4 용지를 회전하여 사용하고자 하는 경우, 내담자의 장점을 먼저 읽는다면 호기심이 많고 자기 주도적이며 관습적이거나 틀에 얽매이지 않는 점을 보인다고 말할 수 있다. 그림에서 선의 굵기가 가늘고 희미하다면, 에너지가 덜 들어가 있다고 볼 수 있는데 장점 측면에서 볼 때는 섬세하고 조심성이 있으며 상대방이 자신에 대해 어떠한 생각을 하고 있을지에 대해 민감성을 가지고 있을 수 있다. 물론 이러한 특징들이 지나칠 경우, 자신감이 없어 보이고 우유부단해 보이며 의존적인 사람으로 보일 수 있어서 대인관계에서 걸림돌이 될 수도 있는데 이러한 걸림돌이나 문제들은 내담자가 스스로 이야기를 꺼낼 수 있도록 상담자가 해석상담을 진행할 필요가 있다.

내담자가 9개의 도형을 모두 그린 후에, 상담자는 Lacks의 기준에 따라 채점하고 두뇌 손상 여부를 매우 유용하게 선별할 수 있다.

Lacks의 12가지 채점 기준들은 다음과 같다. Lacks가 취하고 있는 채점 방법은 Hutt와 Briskin(1960)의 연구에서 처음으로 기술되었던 뇌손상의 12개 중요 감별인자 혹은 5개의 오류 요인 범주에서 연유하고 있다.

- 심한 회전(rotation: severe)
- 중복곤란(overlapping difficulty)
- 단순화(simplification)
- 단편화(fragmentation)
- 퇴영(retrogression)
- 고집화(perseveration)
- 중첩 혹은 중첩경향(collision or collision tendency)

- 무기력(impotence)
- 현저하고 지속적인 폐쇄곤란(closure difficulty: marked and persistent)
- 운동 불협응(motor incoordination)
- 심한 각의 곤란(angulation difficulty: severe)
- 고립된 큰 그림과 작은 그림(cohesion)

앞의 12가지 채점 기준에 대한 자세한 설명은 다음과 같다.

1) 심한 회전

이 오류는 도형의 주요 각의 방향이 80~180도 변화되었을 때 채점된다. 180도의 회전은 전도된 것이다. 자극 카드나 모사용지를 회전할 경우와 혼돈해서는 안 된다.

2) 중복곤란

이 오류는 중복되는 도형(도형 6과 7)의 부분을 그리는 데에 곤란을 나타낼 때 채점된다. 이러한 곤란의 형태를 보면 중복되는 도형의 두 부분을 제대로 못 그리거나 중복되는 지점에서 도형의 어느 한 부분의 그림을 단순화시키거나 도형의 중복되는 부분을 스케치 혹은 재묘사하거나 중복되는 도형을 왜곡시키는 경우다.

3) 단순화

이 오류는 도형의 부분이 달라졌거나 형태가 보다 단순화된 경우로서, 성숙의 견지에서 보다 유치한 것과는 구별되어야 한다. 만일 성숙적인 견지에서 보다 유치하게 모사하였다면, 이는 퇴영으로 보아야 한다. 도형 7에서 두 개의 육각형을 중복되게 모사하지 못했거나, 도형 A에서 원과 사각형이 접촉하지 못하고 인접하게 모사했을 때가 단순화에 해당한다.

4) 단편화

이 오류는 도형을 완전하게 모사하지 못하거나 도형이 깨져서 형태가 파괴된 경우다.

5) 퇴영

이 오류는 자극카드의 도형을 보다 원시적으로(예: 원 대신 고리모양, 점 대신 대시 등) 모사한 경우다. 보다 성숙된 형태로 그릴 수 있는 사람이라는 것이 명백할 때만 이러한 오류가 발생하면 채점한다.

6) 고집화

이 오류는 두 유형이 있다. A 유형은 이전 도형의 요소를 계속해서 부적절하게 대체하는 것이다. 예를 들어, 도형 2에서 도형 1의 점을 그리고 도형 3 혹은 도형 5에서 도형 2의 원을 계속해서 사용하는 경우다. B 유형은 자극도형에서 요구하는 한계를 넘어서서 도형의 요소를 부적절하게 계속해서 그리는 것이다. 도형 1(12개)에서 14개 이상의 점을 그리거나, 도형 2(11개)에서 13개 이상 그린 경우다. 가끔 사람에 따라서는 모사용지의 가장 자리에 도달할 때까지 자극도형을 계속해서 그린다.

7) 중첩 혹은 중첩경향

이 오류는 도형들을 실제로 중첩 혹은 충돌되도록 그린 경우다. 중첩 경향은 한 도형이 다른 도형에서 너무 접근해서(1/4 인치 이내) 그린 경우다.

8) 무기력

이 오류는 도형을 부정확하게 그려 놓고는 이러한 사실을 인정하지만 그 오류를 교정할 수 없고, 다시 그리려고 시도하지만 도형 모사의 개선을 성공적으로 가져오지 못하는 경우다. 이러한 시도는 보통 도형이 연속적인 그림의 형태를 취하거나 오류의 반복과 함께 지운 흔적이 많은 형태를 취한다.

9) 현저하고 지속적인 폐쇄곤란

이 오류는 내담자가 결합되어야 할 도형의 부분을 결합시키는 데 반복해서 곤란을 보일 때 채점된다. 예를 들어, 원과 육각형을 닫히게 하거나, 도형 A의 원과 사각형을 접촉시키는 데에 곤란을 보이는 경우다. 이러한 곤란은 도형이 결합되는 지점에 간격, 지움, 진한 선, 가중 묘사가 나타날 때 두드러진다.

10) 운동 불협응

이 오류는 도형의 선이 떨린 것을 가리키는 것으로서 도형의 선이 부드럽게 흘러가기보다는 불규칙적인 경우다.

11) 심한 각의 곤란

이 오류는 도형의 각을 모사하는 데에 곤란을 보이는 것으로, 요구되는 각도보다 크게 혹은 작게 그린 경우다.

12) 고립된 큰 그림과 작은 그림

이 오류는 한 도형이 다른 도형에 비해 상대적으로 1/3 이상 크거나 작은 것, 또한 한 도형의 일부가 다른 부분보다 상대적으로 1/3 이상 크거나 작은 것을 말한다.

상담자가 활용할 수 있는 Lacks의 12가지 기준의 채점지는 다음과 같다.

이름: ______________________

연령: ______________________

성별: ______________________

교육 정도: ________________

직업: ______________________

행동 관찰

___ 피로를 보임

___ 자극에 대한 불충분한 주의

___ 매우 빠르고 주의하지 않고 실행함

___ 지나치게 주의를 기울이고 신중함

___ 빈약하게 수행한 그림 혹은 오류를 교정하기 위한 반복적인 시도에도 불구하고 실패함에 대한 불만의 표시

___ 빈약한 운동협응이나 손 떨림

___ 회전(도형: ______________________________)

___ 도형을 보는 데에 어려움을 보임(예: 인경이 필요하다고 함)

___ 기타 사항: (_____________________________)

___ 시간: (_________________________________)

채점 체크리스트

___ 1. 회전

___ 2. 중복곤란

___ 3. 단순화

___ 4. 단편화

___ 5. 퇴영

___ 6. 고립화

___ 7. 중첩 혹은 중첩경향

___ 8. 무기력

___ 9. 폐쇄곤란

___ 10. 운동 불협응

___ 11. 각의 곤란

___ 12. 고립된 큰 그림과 작은 그림

___ 15분 이상 시간 소요

총점: (______________________________)

앞의 12가지 채점 기준에 따라서 해당되는 기준의 개수를 합하여 5점 이상이 되면 유의미하게 왜곡된 검사 결과를 나타내는 것이다. 상담자는 5점 이상의 검사 결과를 보이는 내담자와 심층적인 면담을 진행하면서 두뇌 기능의 손상 여부를 어느 정도 구분해 낼 수는 있다. 하지만 최근에 정서적으로 심한 트라우마를 경험한 내담자에게도 유의미한 왜곡된 검사 결과를 보일 수 있으므로 심리적 측면에서도 면담을 할 필요가 있다. 상담자가 임상적 경험을 바탕으로 하여 보다 세밀한 두뇌 기능 검사가 필요하다고 본다면 MRI검사를 의뢰하는 것에 대해 내담자와 이야기를 나눌 수 있다. 만약 MRI검사 결과 특이사항이 없는 것으로 나타난다면 기질적인 면에서 내담자가 문제가 있는 것이 아니므로 상담자는 보다 자신 있게 심리적인 관점에서 내담자에게 다가가고 사고, 감정, 성격 측면에서 해석상담을 해 나갈 수 있다.

상담자가 BGT검사를 투사적 검사로 사용하는 경우는 다음과 같다.

내담자가 9개의 도형을 그리고 난 후에 투사적 검사로 활용할 수 있다. Perticone이 제시한 바대로, 9개의 도형을 3개씩 3줄로 내담자 앞에 놓아 준다. 카드의 위치는 내담자 관점에서 상하가 일치되어야 한다. 상담자는 다음과 같이 질문한다.

> 상담자1: 조금 전에 그렸던 9개의 카드입니다. 이 카드들 중에서 ○○ 님이 가장 좋아하는 것 하나를 고르시고 어떤 면에서 좋은지 말씀해 주세요.
>
> 내담자1: (6번 도형을 가리키며) 이 도형이 좋아요. 물결치는 모습이 바다를 연상시키는 것 같아요. 지난 방학 동안에 제주도 여행을 갔었는데, 그때 기억이 많이 떠오르네요. 가족과 함께했던 시간들이 처음이어서 매우 행복했어요. 오랜만에 한 가족이라고 하는 것을 느꼈고 아버지도 우리들에게 신경 써 주려고 노력하는 모습을 볼 수 있었어요. 특히 어머니가 행복해하는 모습이 보기 좋았어요.

상담자는 앞의 내담자가 한 반응에 대해 얼마든지 심층적인 만남의 시간을 가질 수 있다. 이 외에 여러 가지 질문이 주어질 수 있다.

- 가장 좋아하는 카드를 골라서 어떤 면에서 그런지 말씀해 주세요.
- 어머니를 가장 생각나게 하는 카드를 골라서 어떤 면에서 그런지 말씀해 주세요.
- 아버지를 가장 생각나게 하는 카드를 골라서 어떤 면에서 그런지 말씀해 주세요.
- 자기 자신을 가장 생각나게 하는 카드를 골라서 어떤 면에서 그런지 말씀해 주세요.
- 기혼자인 경우 배우자나 자녀를 연상시키는 카드를 골라서 어떤 면에서 그런지 말씀해 주세요.
- 가계도에 나온 형제자매를 연상시키는 카드들을 골라서 어떤 면에서 그런지 말씀해 주세요.
- 그 밖에도 내담자의 삶에 관련 있다고 언급되었던 사람들을 연상시키는 카드를 골라서 어떤 면에서 그런지 말씀해 주세요.

상담자1: 이번에는 ○○ 님이 가장 덜 좋아하는 것 하나를 골라서 어떤 면에서 그런지 말씀해 주세요.

내담자1: (7번 도형을 가리키며) 매우 날카롭게 보이네요. 마치 방패 두 개가 서로 부딪치고 있는 것 같고 소리가 크게 나는 것 같아요. 싸우는 것같이 느껴져요. 계속해서 서로 이기려고 안간힘을 쓰고 있는 것 같아요.

상담자2: 어떤 것이 떠오르는지 조금 더 설명해 주세요.

내담자2: 저와 아내가 끊임없이 다투는 모습을 연상시켜요. 결혼 초부터 지금까지 평화로운 시간을 가져 본 적이 없는 것 같아요.

대화에서 나타난 내담자의 몸동작, 얼굴 표정, 목소리 톤 등의 비언어적 표현에 관심을 가지고 대화를 나누는 것은 필수다. 해석상담과정 역시, 일련의 상담의 연속성이라는 관점에서 진행하는 것이 추후 회기에 매우 유용하다.

상담자1: 어머니를 가장 생각나게 하는 카드를 골라서 어떤 면에서 그런지 말씀해 주세요.

내담자1: (도형 A를 가리키며) 저희 어머니가 부드러우면서도 단호한 면을 가지고 계세요. 그래서 여기 동그라미는 어머니가 저희 형제들을 무조건적으로 받아 주시고 격려해 주시는 면을 생각나게 해요. 마름모같이 생긴 것은 어머니가 상당히 엄격하고 차갑게 느껴질 때가 있어요. 그래서 종종 저와 부딪히곤 하지요.

상담자2: 최근에 어머니의 이러한 면들이 ○○ 님과의 갈등을 가져온 경우가 있었는지 말씀해 주세요.

상담자1: 아버지를 가장 생각나게 하는 카드를 골라서 어떤 면에서 그런지 말씀해 주세요.

내담자1: (도형 7을 가리키며) 뾰족뾰족하게 모나게 상처를 주는 것 같은 그림이 아버지를 떠오르게 합니다. 한 번도 칭찬을 해 주는 적이 없어요. 늘 뭔가 부족한 것과 잘못한 것이 있으면 놓치지 않고 지적하는 면이 있어요. 그래서 요즘은 아버지를 피하고 있어요. 명절에도 집에 가지 않으려고 핑계를 대서 자취방에서 하루 종일 게임이나 하고 지내고 있어요.

상담자2: 아버지로부터 인정받고 싶은데 알아주지 않는 부분이 많이 섭섭하시겠어요. 아버지의 말 중에서 가장 기억에 남는 말이 무엇인지 이야기해 주세요.

상담자는 내담자의 반응을 심층적으로 이끌어 가면서 내면의 욕구와 채워지지 않는 상실감에 대해 만날 수 있다.

상담자1: ○○ 님 자기 자신을 생각나게 하는 카드를 골라서 어떤 면에서 그런지 말씀해 주세요.

내담자1: (도형 3을 가리키며) 현재 저의 상태를 말하는 것 같아요. 처음에는 한 가지 생각으로 시작을 하다가 꼬리에 꼬리를 물면서 수많은 생각이 자꾸 떠올라서 힘들어져요. 그러다 보니 밤에 잠이 안 와서 핸드폰을 들여다보다가 이것저것 돌아다니다 보면 3~4시가 되어 버리곤 해요.

상담자2: 특별히 요즘에 반복해서 염려되거나 떨쳐버리기 어려운 생각이 무엇이 있을까요?

Hutt의 채점 체계에서는 시간요인이 중요하지는 않으나, 지나치게 길거나 짧은 반응 시간에 대해서는 주의 깊게 검토해 보아야 한다. 지나치게 긴 반응시간은 섬세함뿐 아니라 정신 운동 속도의 지연을 나타내는 지표가 되며 여러 가지 정신적인 문제를 반영하고 있을 수 있다. 반대로 지나치게 빨리 그리는 것은 추진력뿐 아니라 불안이나 회피, 강한 반항적 경향등과 같은 태도의 지표가 될 수 있다.

5. 도형의 상징적 의미와 해석적 가정

BGT검사의 각 도형별로 투사적 중요성을 가진다고 여겨지는 특정한 차원적, 공간적 특징을 언급하고 내담자의 도형 모사에서 발견되는 독특한 특징의 유형을 기술하고, 관련 있다고 믿는 심리적 해석을 언급하는 것이 유용하다. 각 도형의 상징적 의미에 대한 해석적 가정을 살펴보면 다음과 같다.

● 도형 A

도형 A는 경험된 어머니와의 관계가 어떠한지를 나타낸다. 더러는 도형 A가 이성과의 관계 혹은 일반적인 대인관계를 상징하는 것으로 해석되기도 한다. 주관적으로 이 자극은 동전처럼 이원성(twoness)의 성질을 가진 것 같다. 즉, 원과 정사각형은 비록 구별되는 모양이지만 한 쌍으로 구성되어 있는 것처럼 보인다. 원과 정사각형은 서로 접촉되어 있기 때문에 어떤 관계를 함께하고 있는 것 같다. 대체로 먼저 그려지는 원은 어머니 혹은 여성을 나타내는 것으로 가정한다. 따라서 정사각형과 원의 접촉 지점이 어떻게 처리되는가 하는 것은 상징적 표현을 위한 하나의 초점으로서 특별히 중요한 것이다.

접촉 지점에 가중 묘사가 나타날 때, 내담자는 관계에 있어서 자신의 긴장에 대한 경험을 투사할 수 있다. 도형 A에서 정사각형이 접촉하고 있는 지점에서 원의 영역에 재차 그려지고 있는 것은 마치 원에 의해 대표되는 사람이 침투할 수 없도록, 즉 정서적으로 접근할 수 없도록 장벽을 치고 있는 것처럼 두 사람 사이에 어떤 장벽이 존재하고 있다고 느끼고 있음을 시사해 준다.

이 외에도 내담자가 어머니 혹은 중요한 타인과의 관계 곤란을 경험하고 있을 가능성을 시사하는 많은 그림이 있다. 그러한 그림 중의 하나가 두 요소의 상대적 크기다. 원이 정사각형보다 훨씬 더 큰 것으로 모사했을 때, 이는 어머니, 여성 혹은 다른 중요한 사람이 내담자와의 관계에 있어서 지배적인 것으로 지각되고 있음을 시사한다. 도형 A의 정사각형이 원보다 훨씬 크게 그려졌을 때, 반대의 가정이 성립된다. 즉, 어머니 혹은 다른 중요한 사람이 내담자와의 관계에 있어서 복종적이거나 덜 지배적인 것으로 생각될 수 있다.

이와 같이 대인곤란을 가지고 있는 내담자의 기록에서 발생할 수 있는 또 다른 특징은 도형 A의 정사각형 요소의 그림에서 간혹 볼 수 있는 평평함이다. 이러한 평평함은 정사각형이 수직 혹은 수평 방향으로 길게 늘어나는 데서 연유한 것일 수 있다. 평평함이 나타날 때 고려되어야 할 가정은 어머니 혹은 중요한 타인관의 관계를 유지하기 위해서 내담자는 자신의 성질이나 행동의 어떤 측면을 억제하거나 변경해야만 한다는 것이다. 이러한 개인은 전형적으로 다른 사람들의 요구와 기대를 충족하기 위한 상당한 압박감을 갖고 있고 그 요구와 기대에 미치지 못하면 어떻게 하는가에 때한 두려움을 가지고 있다.

이와 비슷한 양상은 정사각형의 한 부분만이 평평하거나 늘어진 경우다. 정사각형의 왼쪽 반이 마치 원과 접촉하기 위해서 '쭉 펼쳐야만' 하는 것처럼 길게 늘어져 있다. 이것은 내담자가 어머니 혹은 그에 상응하는 다른 대상과의 상호작용의 가능성에 직면했을 때 상당한 저항을 경험하고 있음을 가리키는 것일 수 있다. 추측하건대, 원으로부터 가장 먼 정사각형의 부분이 훨씬 더 충실하게 재생되어 있다는 사실에서 시사되는 것처럼 내담자는 상호작용이 절박할 때까지 보다 적절하게 기능을 한다. 원과 접촉하고 있는 정사각형의 반이 적절하게 그려져 있고, 대신 원으로부터 가장 먼 정사각형의 부분이 늘어져 있거나 '쭉 펼쳐져' 있을 때, 내담자는 처음엔 어머니와 직면하거나 상호작용하는 것에 매우 저항적이지만, 결과적으로는 자아자원을 동원하거나 잘 적응을 하고 그리하여 대인접촉을 하게 될 때 통합된 방식으로 기능할 수 있다.

대인갈등 혹은 대인곤란은 또한 도형 A의 두 요소를 잘못 배치할 때 존재하는 것으로 가정될 수 있다. 이것은 원과 정사각형이 실제로 서로 접촉되지 않거나, 정사각형이 원의 영역에 침투하거나 원과 접촉하고 있는 정사각형의 모퉁이가 열려 있는 형태로 표현될 수 있다.

정사각형이 원에 침투하는 것은 어머니나 중요한 타인에 대한 적대감을 강하게 시사하는 것이며, 더러는 기본적인 성적 문제가 있음을 암시할 수 있다. 반면에 원과 접촉하는 지점의 정사각형의 모퉁이가 열려 있는 것은 내담자의 관계 경험에 구강 의존적 측면이 있음을 시사한다. 그 열려 있는 정도가 크면 클수록 더욱더 내담자의 인성 패턴에 존재하는 것으로 가정되는 의존욕구가 지배적임을 시사한다.

〈BGT 도형 A를 활용한 해석상담의 예〉

내담자 정보: 40대, 남성

상담자1: 9개의 그림을 그리셨습니다. 전반적으로 선이 굵고 힘이 있어 보여서 에너지 수준이 높아 보입니다. 그림이 제시된 순서에 따라서 질서 정연하게 그려진 것을 보면 계획성이 있으시고 일처리가 꼼꼼하신 분일 수 있겠네요. 도형 A는 일반적으로 이성과의 관계, 예를 들어 어머니, 아내 또는 딸과의 관계를 의미한다고들 합니다. 원의 크기에 비해서 정사각형의 크기가 작게 그려져 있고 선의 굵기가 가늘어 보이네요. 이성과의 관계에서 배려가 많으시고 상대방이 어떻게 생각하는지에 대해 민감하신 부분이 있어 보입니다. 저의 이야기를 들으시면서 어떤 생각이 드시나요?

내담자1: 제가 보기에는 저의 생각을 잘 표현하고 관계 면에서도 선을 잘 그을 것 같아 보인다고들 말합니다. 그런데 제 아내와의 관계에서는 그러지 못하는 것 같아요. 선생님 말씀대로 원이 여성이라면 아내의 자기주장성이 저에 비해서 더 강하다고 볼 수 있겠네요. 늘 그래 왔던 것처럼, 아이들 교육이나 저의 가족, 친척 관계에서 아내의 목소리가 더 크지요. 저는 주로 따라가는 편입니다.

상담자2: ○○ 님이 말씀하신 내용으로 보아, 지나친 수용과 배려가 관계에서 어려움을 가져올 수도 있겠네요. 어떠한 어려움이 있었는지 궁금하네요. 이런 점들이 ○○ 님의 상담에서 함께 다루고자 하는 이슈가 될 수도 있겠어요. 어떻게 생각하시나요?

(2) 도형 1

도형 1에 대한 가정은 한 개인이 누구 한 사람과의 관계에서 보이는 정의적, 행동적 성향을 반영한다는 것이다. 원래 점을 그려야 하는데, 내담자가 원을 그렸다면, 개별적인 상황에서 성숙하지 않은 방식으로 반응할 것임을 시사한다. 점 대신, 사선으로 그렸다면 충동적인 반응 성향을 나타낼 수 있음을 시사한다. 점 대신, 사선, 직선 등이 충동성, 부적절성과 관련이 있다고 본다. 오른쪽으로 갈수록 위쪽 또는 아래쪽으로 경사를 지게 그릴 수 있다. 내담자가 아래 방향으로 경사를 지으며 그림을 그리는 경우, 정서적으로 불행함을 암시한다고 본다. 점으로 그리다가 원으로 바꾸면서 위쪽으로 경사를 지게 그림을 그렸을 경우, 내담자는 대인관계에서 초기에는 만족스럽고 적응적인 패턴을 보이다가 점차 친숙하게 되면서 미성숙하고 충동적인 반응 패턴을 보일 수 있으며 이러한 패턴이 행동으로 표현될 수 있음을 시사한다. 행동화의 경향성과 관련된 경사로 보인다.

(3) 도형 2

도형 2는 개별적인 관계 상황보다는 집단 내 대인관계 상황과 관련된 것으로 보고된다. 예를 들어, 가족 관계, 직장 내 관계, 학교 내 학우 관계, 선후배 관계 등 집단 내에서의 내담자의 반응 패턴을 반영한다고 본다.

전체적으로 그림의 경사가 아래로 향하면 정서적으로 우울한 면을 시사하고, 위로 향하면 행동화 경향성을 시사한다. 원 대신에 사선을 사용한 경우라면 도형 1에서처럼 충동성, 행동화 패턴을 암시한다고 볼 수 있다. 여러 개의 열이 생략되어 그려졌다면, 내담자는 집단에 참여하는 것을 피하고 싶거나, 참여하도록 요구받을 경우 불편감을 느끼는 것으로 시사된다.

(4) 도형 3

도형 3에 대한 가정은 내담자의 욕구를 상징하는 것이며, 내담자의 동기, 집념, 자기표현 경향성의 지표라고 본다. 점 대신 원을 사용하는 경우, 내담자는 자신의 욕구나 동기를 명명하거나 표현하는 데 성숙하지 못함을 나타낼 수 있다. 점 대신 사선을 사용하는 경우, 내담자가 자신의 욕구를 충동적으로 표현하기 쉬움을 시사한다. 원 대신 사선이나 직선으로 그리는 경우 대인관계 문제를 유발할 수 있는 강한 충동성의 지표로 여겨지며, 경사가 위로 올라갈수록 이러한 충동 경향성이 행동화될 가능성이 높아진다고 본다.

도형 3의 그림은 전체적으로 각을 이루는데, 내담자가 각을 뾰족하게 그리면 그릴수록 자신의 욕구를 더욱 고집하고 적대적 방식으로 표현할 가능성을 시사한다. 만약 내담자가 각의 일부를 그리지 않았거나 뾰족하지 않은 각으로 그렸다면 자기주장을 잘 하지 못하는 특성을 시사한다고 본다.

각들이 무디어져 있거나 둥글게 그려진 경우라면 대인관계 초기에는 자기주장적 행동을 주저하지만 점차적으로 자기주장을 할 가능성을 시사한다.

한편, 전혀 각이 나타나지 않은 경우, 자기주장성이 결여되어 있을 수 있고 결과적으로 타인들이 볼 때 매우 순응적이거나 수동적인 사람으로 보일 수 있다. 첫 번째와 두 번째 각이 예리하지만 마지막 각이 명확하게 무디어져 있을 경우, 내담자는 주장하고 싶은 욕구나 충동이 있으나 이러한 욕구나 충동을 억제하거나 억압하는 경향성을 나타낼 수 있다.

경사면에서 역시 위로 향할수록 내담자의 자기주장 욕구가 행동화될 가능성을 시사한다.

한편, 점 대신 원을 사용하여 그렸을 경우, 내담자의 자기 욕구 표현이 미성숙하고 퇴행되어 있을 수 있다. 점 대신 사선을 사용하였을 경우 충동성을 나타낸다고 본다.

(5) 도형 4

도형 4에 대한 가정은 내담자와 어머니와의 관계에 대한 것으로 보는 것이다. 도형 A와 상징적 의미가 유사한데, 어머니 외에 타 이성 관계에 대한 특성을 상징화할 수 있다.

도형에서 정사각형의 오른쪽 낮은 부분이 심하게 가중묘사되는 경우가 많은데, 이 경우 긴장감이 이성관계에서 유발되며 대상은 어머니 또는 중요한 이성 타자일 수 있다.

또는 접촉점에 가중묘사가 곡선에서 나타나기도 하는데, 이러한 긴장감은 내담자에게 원인이 있을 수 있다. 만약 가중묘사가 정사각형과 곡선 모두에서 나타난다면, 내담자의 긴장감, 저항, 적대감이 이성 대상과 내담자의 쌍방의 태도나 행동에서 유발되는 것으로 가정한다.

도형 A에서와 같이, 도형 4의 그림에서 정사각형과 곡선이 접촉을 하지 못하고 그려진 경우가 있다. 간격이 발생한 경우, 내담자와 어머니, 또는 내담자와 중요한 이성 타자가 상호 정서적 접촉을 형성하지 못하거나 유지하지 못하는 모습을 시사한다고 본다. 거리 간격이 있고 두 군데 모두 가중묘사가 동시에 나타나는 경우, 대인관계에서의 곤란이 내담자와 상대방에 모두에게 거리감과 긴장감을 야기한다고 본다.

간격이 있는 상태에서 내담자가 선으로 정사각형과 곡선을 이어 주었다면, 내담자는 상대방 이성과 관계 형성을 하고자 노력하는 것으로 볼 수 있다. 불만스럽지만 관계를 유지하고 싶거나, 적절하고 정상적인 관계를 이루고자 원하는 모습이다.

그림에서 정사각형과 곡선이 중첩될 경우, 내담자와 상대방은 서로에게 침투하여 쌍방 혹은 어느 한쪽이 적대감을 경험할 수 있음을 시사하며 두 사람의 대항이 예상된다. 그림의 경사가 위로 향할수록 이러한 적대감이 심해질 수 있다.

도형 4를 회전하여 그리는 경우, 정사각형이 뒤집어져 보일 때 마치 내용물이 떨어지거나 쏟아질 것 같은 모습을 시사하면서 강한 거부감과 관련될 수 있다. 정사각형은 용기, 곡선은 자궁으로 상징적 의미를 가진 것으로 보는 경우, 이러한 결합은 더욱 강한 거부감과 연관된다고 본다.

독특한 경우인데, 곡선이 평평하게 그려져 있는 경우, 어머니나 이성과 관련한 정서가 슬픔 또는 우울일 수 있다. 정사각형을 완전히 닫아서 그리는 경우, 관계 곤란을 시사하는 것으로서 어머니나 이성에게 정서적으로 접근하기 어려움을 시사한다고 본다. 이로 인해 내담자가 절망감을 겪고 있을 수 있다.

(6) 도형 5

도형 5는 내담자가 가족 혹은 가정환경에 대한 지각을 투사적으로 이끌어 내는 것으로 가정한다. 성인의 경우 이 도형은 아동기에 경험했던 정서적 분위기나 현재 경험하고 있는 가정 분위기를 나타내 주는 것과 관련된다. 도형 5는 또한 아동기의 정서적 분위기나 현재의 가정 분위기에 대한 의식적 혹은 무의식적 기억을 반영할 수 있다.

도형 5에서 점 대신 원의 사용은 아동, 청소년, 성인에서 자주 볼 수 있다. 이러한 특징은 가정환경에 대한 감정이나 반응이 미성숙함을 가리키는 것으로 가정된다. 성인 내담자의 경우, 이것은 퇴행을 의미할 수 있으며, 특히 과정에는 이러한 오류가 발생하지 않았는데 현재 이 같은 오류가 발생할 때 더욱 그러하다.

도형 5의 모사에서 가끔 점 대신 대시를 사용한 모사도 있다. 이것은 가정과 관련하여 적대감을 경험하고 있는 것으로 가정되며 적대적인 가정환경에서는 충동억제곤란이 발생할 수도 있다.

경사 또한 도형 5에서 종종 보인다. 다른 도형에서처럼 경사는 위의 방향으로 혹은 아래의 방향으로 나타날 수 있다. 경사가 위의 방향으로 나타나면 충동적 행동의 가능성을 시사하며 아래의 방향으로 나타나면 가정과 관련하여 경험된 정서가 불쾌 혹은 우울한 것으로 가정된다.

(7) 도형 6

도형 6은 내담자의 일시적 기분과 정서 등 정서적 상태를 반영하는 것으로 가정된다. 도형 6의 파선의 길이가 현저히 감소되어 있을 때, 내담자의 정서가 슬프거나 우울한 상태임을 시사한다. 파선의 폭이 평평해진 정도가 클수록 우울 상태가 심하다는 것을 가리킨다. 도형 6에서 자극 카드에 그려진 것보다 파선의 길이가 늘어났다면, 내담자의 정서가 주관적으로 경험된 것이든 밖으로 표출된 것이든 간에 고양되어 있을 것으로 예상된다. 폭의 정도 또한 고려되어야 한다. 만일 파선의 길이가 현저히 늘어났다면 신경증적 행동화의 가능성이 있다. 이런 가정은 선이 충동적으로 매우 신속하게 그려졌을 때 지지된다. 그리고 파선에 폭의 수가 적거나 많이 그려져 있으면 훨씬 더 신경증적 행동화의 경향이 시사된다.

(8) 도형 7

도형 7은 내담자의 아버지에 대한 관계의 특성을 암시하는 것으로 가정된다. 각이 많은 것은 남성 인물 혹은 남자다움과의 무의식적 연합을 촉진하는 것으로 믿고 있다. 이 도형을 모사하는 데에 어려움을 겪는 것은 10~11세 이하 연령의 내담자에게 흔하다. 도형 7의 복잡성은 확실히 성숙적 변인과 직접 관련되나, 내담자가 그려 보고자 하는 도전에 기여하는 상징적 중요성을 고려하는 것이 흥미롭다.

도형 7은 종종 내담자의 불안, 적대, 혼란을 야기하는 것으로 보인다. 이러한 정의적 혹은 인지적 경험의 지표는 이 도형을 모사하고자 시도할 때의 개인의 행위와 태도로부터 종종 추론될 수 있다. 예를 들어, 상담자는 때로 얼굴 표정의 변화, 자발적인 언어적 표현, 안절부절못하고 불필요하게 지우는 등의 행동적 표현에 주목할 수 있다.

도형 7은 '이원성', 즉 한 쌍의 성질을 전달한다는 점에서 도형 A, 도형 4와 유사하다. 도형 7의 경우에 쌍의 상징적 의미는 지배적인 남성 인물, 아마도 아버지나 그에 상응하는 인물에 대한 주관적인 연합을 포함하는 것으로 가정된다.

두 육각형이 겹치는 지점에서 가중 묘사가 빈번히 나타난다. 이러한 가중 묘사가 관찰될 때의 투사적 가정은 아버지 혹은 지배적인 남성과의 관계가 긴장이나 갈등으로 특징지어지기 쉽다는 것이다. 때로는 가중묘사가 어느 한 육각형에만 나타나기도 하는데, 이는 내담자가 관계 곤란을 지각하고 있는 것으로 해석된다.

도형 7에서 두 육각형이 접촉하지 않은 채 그려져 있으면, 이는 아버지와의 관계에 있어 정서적 거리감을 경험하고 있는 것으로 가정된다. 때로, 오른쪽 육각형과 왼쪽 육각형이 다소 평형된 상태로 나란히 있을 경우, 이는 아버지와 정서적 관계가 거의 없거나 표면적으로는 친화감이나 결합을 이끌고 싶은 욕구가 있는 것으로 가정된다.

〈BGT 도형 7을 활용한 해석상담의 예〉

내담자 정보: 여자 대학생

상담자1: ○○ 님이 그린 9개의 그림을 함께 보도록 하지요. 그림들이 종이의 왼쪽에 모두 그려져 있군요. 그림의 크기가 비교적 작게 그려진 것을 보면 ○○ 님의 일상이나 대인관계에서 조심성이 있고 타인을 배려하고 수용적인 면을 나타낸다고 할 수 있습니다. 이 그림을 보면(도형 7) 오른쪽에 있는 육각형이 왼쪽의 육각형에 비해서 상당히 커 보입니다. 일반적으로 도형 7은 아버지와 남성과의 관계에서 어떠한 태도를 가지고 있는지를 나타낸다고 합니다. 비슷한 크기라면 보다 평등적인 관계를 나타낸다고 할 수 있습니다. ○○ 님의 그림은 한쪽이 크고 다른 쪽이 작을 것을 볼 때보다 수용적이고 순응적인 관계를 원하거나 유지하고 있다는 것을 의미할 수 있겠어요. 혹시 떠오르는 대상이 있는지 궁금하군요.

내담자1: 제 남자 친구가 떠올라요. 관계에서 너무 집착하고 있는 것 같아요. 간혹 제 남자 친구는 표현하기를 "답답하다, 숨이 막히게 왜 그러냐?" 라는 말을 최근에 몇 차례 한 적이 있어요. 지금 보니까 저의 부모님이 그랬던 것 같아요. 어머니가 아버지에게 많은 것을 요구하고 의심을 했었어요.

(9) 도형 8

도형 8의 가정은 생활공간에서 내담자의 자아에 대한 지각의 투사를 촉진한다는 것이다. 다이아몬드가 육각형 내부의 중앙에 위치해 있기 때문에 다이아몬드는 무의식적으로 현상적 자아를 대표하는 것으로 가정된다. 육각형의 형태로 다이아몬드를 둘러싸고 있는 선은 자아가 작용하는 차원적 세계를 나타낸다.

육각형과 다이아몬드의 상대적 크기의 비율이 깨트러졌을 때는 자연적으로 두 가지 방향으로 나타난다. 하나는 육각형을 보다 크게 다이아몬드를 작게 그린 경우이고, 다른 하나는 육각형을 보다 작게 다이아몬드를 크게 그린 경우다.

다이아몬드를 본래 크기보다 작게 그린 것은 개인적 부적절감과 열등감을 시사한다. 도형 8에서 다이아몬드가 육각형 위의 선에 접촉하고 아래 선에는 접촉하지 않도록 작게 그린 경우는 개인의 환상적 경향, 아마도 자신의 상상적 단점을 보상하기 위한 수단인 것으로 가정한다. 육각형 아래 선에는 접촉하고 위의 선에는 접촉하지 않도록 작게 그린 경우는 부적절감이 현저한 의존적 특성이나 행동적 표현에 의해 수반되는 것임을 암시한다. 육각형 위와 아래 어느 선에도 접촉하지 않고 붕 떠 있는 것처럼 작게 그린 경우는 고립과 위축감을 시사하는 것이다.

도형 8에서 가중묘사가 나타난다면 육각형보다는 다이아몬드의 그림에서 보다 자주 나타날 것이다. 다이아몬드가 과장되어 있으면서 가중 묘사가 나타난다면, 이는 개인이 세상으로부터 압박을 받고 있을 뿐만 아니라 그런 압박에 대해서 상당히 긴장과 적대감을 갖고 있는 것으로 가정될 수 있다.

도형 8에서 육각형의 그림에서 각이 진 부분에 간격이 있거나, 선이 끊겼거나 선이 정해진 위치를 통과한 경우다. 이러한 모든 경우는 방어의 실패를 예고하는 것으로 가정되며 특별히 관심을 기울여야 한다. 또한 각이 끝나는 지점에 선이 멈추지 않고 통과되는 경우도 있다. 이러한 경우 자아 통합이 약화되었고 개인의 정서적 적응이 빈약할 수 있음을 가정한다. 여기에는 보통 자신이 통제할 수 없다고 지각하는 내적, 외적 힘에 대한 개인적 취약함에 대한 인식이 수반된다. 그러한 개인들은 '어떤 나쁜 일'이 생길 수 있다는 두려움이 있기 때문에 일상생활에 대처해 나갈 때 걱정이 많을 수 있다고 예상할 수 있다.

6. BGT검사를 활용한 해석상담

〈BGT검사를 활용한 해석상담의 예1〉

내담자 정보: 25세, 남자 대학생, 군필, 자신에 대한 무기력감을 느끼고, 대인관계에서 좋은 관계를 유지하고 싶어 하지만 지나치게 예민하고 관계형성의 긴장감과 불안감을 가지고 있다.

상담자1: ○○ 님이 그린 9개의 그림을 보도록 합시다. BGT검사 모사에서 보는 바와 같이 도형 A, 도형 1과 2가 겹쳐져서 그려져 있군요. 그리고 도형 7과 도형 8을 그릴 때 잘 그리려고 애쓴 모습이 보입니다. 한편, 원으로 그려진 도형을 짧은 선으로 나타내기도 하셨군요. 그림들의 크기는 원본에 비해서 도형 8이 크게 그려져 있습니다. 도형 A는 자신과 어머니와의 관계 또는 이성과의 관계를 상징한다고 합니다. 이 도형의 중간을 다른 도형으로 가로질러 그리셨습니다. 저의 이야기를 들으면서 어떤 생각이 드세요?

내담자1: 요즘 여자 친구를 사귀고는 싶은데 연애가 생각처럼 쉽지 않더라고요. 이성에 대해서 눈을 뜨고 관심을 가지게 되었던 것이 고3이니까 제 친구들과 비교해서는 늦었다고 생각이 드는데 당시 대입이라는 스트레스도 있고 전공 선택과 관련이 되어서 어머니와 갈등도 있어서 더욱 여자 친구에게 의존했던 것 같아요. 그런데 대학에 진학하면서 여자 친구와 사이가 멀어졌고 지금은 나의 단짝이던 친구와 크게 싸우면서 매우 불편한 시간을 보내고 있습니다. 그래서인지 우울하고 무기력하게 느낄 때가 종종 있어요.

상담자2: 기대만큼 대학생활이 행복하지는 않은 것 같네요. 어머니와 어느 정도 친밀하신지 궁금합니다.

내담자2: 초등학교 5학년까지 별다른 어려움 없이 살았는데 부채가 커지면서 부모님들이 부부 싸움을 자주 하게 되셨고 제가 너무 힘들어서 방황을 했던 것 같아요. 중학교 입학해서 일진 친구들과 어울리면서 학교도 빠지고 '삐딱선을 타면서' 부모님 속을 썩였어요. 고등학교 때는 집에서 멀리 떨어져서 학교 기숙사에 살면서 더욱 부모님과의 거리가 소원해진 거죠. 성적이 잘 안 나오니까 부모님들이 저에 대한 기대를 저버리셨던지 무관심해지시더라고요.

상담자3: 부모님과의 관계와 절친과의 관계의 어려움이 도형 7에서 나타났군요. 심리적인 상처를 받아서 긴장하고 있는 모습으로 보이네요. 도형 8이 원본보다 크게 그려지면서 덧칠을 한 것은 ○○ 님이 환경적인 압력을 느끼고 현재의 삶이 갑갑하다고 지각하는 것을 보여 주는데 어떻게 생각하세요?

내담자3: 네, 제 옆에 아무도 없는 것 같아요. 지금은 자취를 하면서 혼자 살고 있는데 학기 중에는 집에 가지 않고 그렇다고 선후배가 있는 것도 아니고 빨리 취업이나 해서 여기를 떠야겠다는 생각뿐이지요. 혼자 누워서 있노라면 내가 '왜 사는 걸까? 이렇게 살다가 내 삶이 끝이 나나?'라고 우울한 생각도 듭니다.

상담자4: 이 그림은 ○○ 님의 마음이 외롭고 힘들다는 것을 느끼게 해줍니다. 부모님, 절친, 이성 관계 욕구도 이야기 했어요. 그중에서 가장 먼저 상담을 통해서 달성하고 싶은 것은 무엇일까요?

〈BGT검사를 활용한 해석상담의 예2〉

내담자 정보: 38세, 여자, 미혼, 대졸, 만성 피로감을 호소하는 직장인으로 최근 남자 친구와 결별하여 무기력감과 우울감을 가지고 있다.

상담자1: ○○ 님이 그린 그림들을 함께 볼까요? 9개의 그림 모두가 종이에 상반부에 그려져 있군요. 도형들을 보고 그릴 때 겹쳐서 그리고 있는 점이 독특하네요. 흔히 있는 경우는 아니지만 ○○ 님의 개인적인 특징을 잘 보여 주고 있다고 생각됩니다. 우선 창의적이고 상상력이 풍부한 면이 도형 A와 도형 1과 2가 서로 아름답게 디자인을 만들어서 그린 것처럼 보입니다. 도형들이 꼬리에 꼬리를 물고 서로 연결되어 있는 듯한 모습으로 하나의 큰 그림을 그린 것 같아 보이네요. 한편, 대인관계에서 압박감을 느끼거나

지나치게 간섭을 받고 있다고 느낄 수도 있겠네요. 자립적으로 되기를 원하면서도 동시에 관계에서의 의존을 필요로 하고 있는 모습입니다. 최근에 많은 생각이 대인관계와 관련되어 힘들 수도 있겠다는 생각이 듭니다. 어떻습니까?

내담자1: 전 남자친구 생각으로 머리가 복잡해요. 결별한 지 얼마 되지 않아 더 그럴 수 있겠지요. 막상 헤어지고 나니 괜히 그랬나 하는 생각도 들고요. 좀 참을 걸 그랬단 생각도 듭니다. 후회가 많이 되는 거지요. 그래서 요즘에는 친구들과 만나서 수다를 떨거나 교회에 셀 모임에 열심히 참석을 하고 있어요.

상담자2: 전 남자친구와의 관계가 아직까지 정리되지 않은 것 같네요. 어떤 점이 전 남자친구와의 관계에서 힘들게 했을까요? 누군가를 떠올리게 되는 사람이 있는지요?

내담자2: 네, 사실 아버지와 관계가 좋지 않은데, 남자친구에게서 아버지의 싫은 점들이 보였던 것 같아요. 아버지는 항상 술기운을 빌려서 대화를 시작하셨어요. 하신 말씀은 거의 애정 표현이며 저의 미래에 대한 걱정이었으나 지금 생각하면 아버지가 진정 저에게 사랑을 표현하셨던 것은 아니었던 것 같아요. 곧잘 부모님들이 싸우셨고 폭력적이지는 않았지만 저는 늘 불안했던 것 같아요. 알코올 중독 가정이라고 할까요? 오빠가 있지만 별로 친하게 지내지 않아요. 오빠는 저를 집에 두고 밖에서 친구들과 돌아다니는 걸 더 좋아하고 절 귀찮아했지요. 그래서 저는 주로 집에서 인형을 가지고 놀거나 혼자서 꿈을 꾸면서 상상놀이를 많이 했던 것 같아요. 꼬리에 꼬리를 물고 환상적인 스토리들을 만들어 내면서 시간을 보냈던 걸로 기억해요. 실제 인물이라기보다는 동화나 전설적인 로맨스들을 가지고 놀면서 현실로부터 위로를 받은 것 같아요.

상담자3: 그러고 보니 ○○ 님이 대부분의 도형들을 종이의 상반부에 그린 것들이 어느 정도 일리가 있군요. 그리고 하늘의 별들처럼 서로 꼬리를 물면서 그림을 그린 것 같은 면도 그렇고요. 그러다 보면 효율적으로 시간을 활용하지 못해서 학교나 직장에서 어려움을 경험했던 적이 있는지요?

내담자3: 많이 있어요. 중고등학교 때에도 숙제를 하지 못해서 야단을 맞거나 준비물을 잊어버려서 지적을 받는 경우가 종종 있었어요. 대학 때도 그랬고요. 직장에서도 내 주장을 하지 못하고 뒤로 물러나 있는 제 모습을 보면서 어떤 때는 답답해요. 전 남자친구도 저에게 할 말을 하지 않고 있다가 한꺼번에 화를 낸다고 여러 차례 이야기한 적이 있어요. 저는 간혹 사람들에게 어떻게 다가가야 될지 혼란스러울 때가 있어요. 혹시라도 갈등이나 긴장을 느낄까 봐 선불리 다가서지 못하는 것 같아요. 그러면서 문제가 생기면 빨리 합리화하고 변명하는 저를 보게 됩니다.

상담자4: ○○ 님이 현실적인 문제를 직면하는 데 어려움이 있다는 말이군요. 상상이나 공상 속에 있다 보면 문제는 해결되지 않고 오히려 눈덩이처럼 커질 수도 있지요. 상담 시간에 가장 얻어 가고 싶은 것이 있다면 무엇일까요?

〈BGT검사를 활용한 해석상담의 예3〉

내담자 정보: 43세, 남성, 기혼, 대졸, 무직, 어떤 음성이 들리고 자신을 해치는 느낌이 들고 밤에 자신의 방에 누군가가 있다는 느낌이 든다. 조현병 치료력 있음. 약물치료 중.

상담자1: ○○ 님이 그린 그림들을 함께 보도록 하지요. 몇 개의 그림들은 회전을 하여 그리셨네요. 흥미로운 것은 도형 A의 원 안에 도형 7과 8을 함께 그린 점입니다. 도형 A가 다른 도형에 비해 상당히 크게 그려졌네요. 도형 1도 역시 점 대신에 큰 원으로 그리셨고요. 이 도형들을 세로로 그리셨습니다. 요즘 많은 생각이 있으신 것 같은데, 주로 어떤 생각들을 하시는지 궁금하네요.

내담자1: 요즘 잠을 잘 못자요. 생각이 꼬리에 꼬리를 물고 계속 됩니다. 예전처럼 많이 그렇지는 않지만 누군가가 나를 따라오는 생각은 여전히 있습니다. 또 내 머릿속에 누군가가 생각을 집어넣는 느낌도 있고요. 반대로 저의 생

각을 누군가가 가져가는 느낌이 들기도 합니다. 그래서 약을 먹는 것이 도움이 되는지 알 수가 없어요. 간혹 이웃 사람들이 절 비웃는 것 같기도 하고요. 제가 약을 먹는 것을 알고 있는 것 같기도 해요. 집에서 아무것도 하지 않고 있으니 더 힘들어요.

상담자2: 많이 힘드신 것 같군요. ○○ 님의 생각을 가져가거나 뒤를 쫓아다니는 느낌은 상당히 불쾌할 것 같아요. 주로 언제 그런 생각이 드는지 자세히 말씀해 주세요.

내담자2: TV를 볼 때 특히 그런 것 같아요. 그리고 제 생각을 알아차려서 방송을 하고 있다는 느낌이 들어요. 그래서 TV를 보다 꺼요.

상담자3: 그런 생각이 들면 TV를 끄는 대처 방법을 잘 활용하고 계시는군요. 쫓아오는 듯한 느낌은 언제 주로 드시나요?

내담자3: 지하철을 타려고 할 때 특히 그런 것 같아요. 그래서 되도록 밖에 나가지 않아요. 그러다 보니 살이 찌는 것 같고 무기력하게 느껴지기도 해요.

상담자4: 이런 이야기를 나누어 주셔서 감사합니다. ○○ 님은 자신의 증상에 대해 어느 정도 인지를 하고 있고 어떻게 대처하는지에 대해서도 알고 계시는 분입니다. 상담을 통해서 무엇을 가장 얻어가고 싶은지 궁금합니다.

〈BGT검사를 활용한 해석상담의 예4〉

내담자 정보: 24세, 여자 대학생, 대인관계를 잘하고 싶은 욕구가 높다.

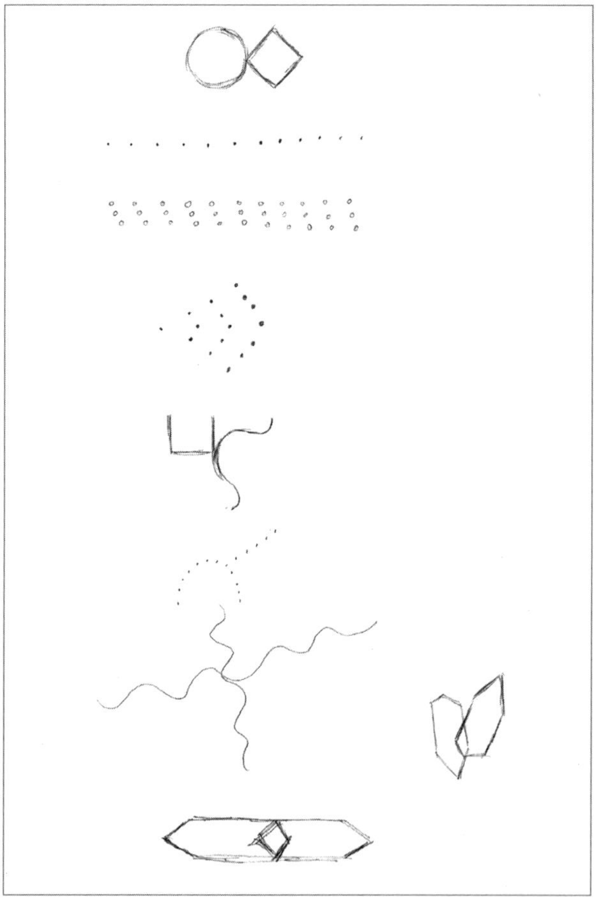

상담자1: ○○ 님이 그린 그림들을 보며 매우 세심하고 꼼꼼한 면이 있다고 보입니다. 여러 차례 시도를 해서 완성도를 높이려고 한 점이 특징적이네요. 특별히 노력을 한 도형들을 보면, 도형 A, 4, 7, 8을 볼 수 있습니다. 각 도형에서 보면 접촉 부분을 특별히 신경 써서 잘 그리려고 애쓴 모습이군요. 이런 점들은 대인관계에서 상대방이 나를 어떻게 보는지에 대해 예민하고 민감할 수 있음을 나타내기도 하고 자신의 삶 속에서 관계의 중요성을 잘 알고 있음을 보이기도 합니다. 한편, 관계에서 성공적이기 위해서 애쓰면 애쓸수록 스트레스가 되어 부메랑처럼 다가올 수도 있어서 염려하는 모습이군요. 최근에 특별히 신경을 쓰는 대인관계가 있다면 어떤 것들이 있는지 궁금합니다.

내담자1: 룸메이트나 동아리 선후배 관계에서도 저는 제가 원하는 만큼 적극적이지 못해서 속상할 때가 있어요. 그러다 보니 룸메이트가 경계선을 넘어올 때 조차도 아무 이야기도 하지 못하고 있다가 시간이 지난 후에 오해가 생기고 서로 껄끄러워지는 경우가 있어요. 갈등의 초기에 이야기를 하지 못하고 시간이 흐른 다음에 제 목소리를 내자니 엉뚱하게 표현이 되기도 하고 오히려 잠자코 있는 편이 더 나았을 걸 하는 후회도 종종 있었어요. 동아리에서도 저는 주로 팔로워예요. 내 주장을 하거나 나서는 것에 익숙치가 않아요. 그러다 보니 여러 가지 잡동사니 일을 제가 맡아서 하게 되더군요. 누구도 중요하지 않게 생각하는 일들인데 사실 누군가는 해야 하는 일들 말입니다.

상담자2: 그러한 자신의 모습을 보면서 떠오르는 관계가 있을까요?

내담자2: 어머니가 떠올라요. 어머니가 매우 순종적이고 따뜻하기는 한데 자기주장을 전혀 하지 않으세요. 아버지는 직업 군인이신데, 어릴 때 이사를 자주 했던 것이 기억나요. 매우 권위적이고 강하신 분이세요. 집념의 사나이라고 할까……. 자상할 때는 자상하다가도 사소한 잘못인데 그걸 참지 못하고 반드시 지적하고 거기에 책임을 묻고 벌을 주곤 하셨어요. 매우 엄격한 규칙주의자라고 할까요. 가혹할 정도로 벌을 줄 때도 가끔 있었어요.

아버지가 잘 이해하지 못하고 벌을 줄 때가 그럴 때였죠. 어머니는 아버지가 벌을 주는 동안 늘 가만히 계셨어요. 가만히 있는 것이 너희를 도와주는 것이라고 말한 적이 있었어요. 이해가 되지 않았습니다. 저는 그런 어머니가 되고 싶지 않았어요. 그런데 지금의 저를 보면 어머니처럼 사는 것 같아서 답답해요. 최근에 동아리에 제가 좋아하는 선배가 복학을 했어요. 처음으로 느껴 보는 좋은 감정이었는데 어떻게 표현을 해야 할지 몰라서 마음 앓이만 한 거죠. 선후배 관계가 틀어지는 것을 원하지 않았어요. 제 감정을 알게 되면 동아리에서조차 같이 있는 것을 껄끄러워질 것 같아서요. 저의 모습에서 또 어머니의 모습이 있는데 인정받고 싶은 욕구가 커 보여요. 순종적이고 착한 아이 신드롬이라고나 할까요.

상담자3: 그림에서 나타난 것 같이 대인관계에서 소심하면서 또한 완벽하려고 애쓰는 분이군요. 혹시 어머니에게 느끼는 자신의 감정이나 생각을 직접 어머니에게 이야기해 본 적이 있는지요?

내담자3: 그러고 싶을 때가 있었지만 어머니에게 상처를 주고 싶지는 않아요. 그래서 그대로 두는 편이지요.

상담자4: 만약 어머니에게 나의 마음 있는 그대로를 표현한다면 어떤 이야기를 할 거라고 생각이 드십니까? 늘 하고 싶었던 말을 하다면 어떤 말일까요? 지금 제가 어머니라고 생각하고 이야기해 보세요.

〈BGT검사를 활용한 해석상담의 예5〉

내담자 정보: 50대 주부, 자녀 1남 1녀를 둠, 남편은 직장인, 자녀와의 관계에서 따뜻하고 수용적인 어머니가 되고 싶어 함.

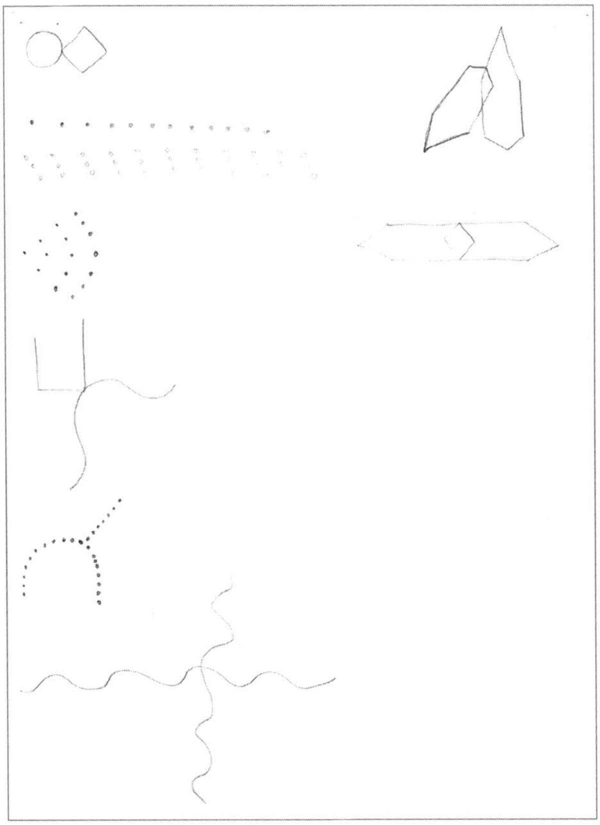

상담자1: ○○ 님이 그린 9개의 도형들을 보면 매우 질서정연하게 순서에 따라서 섬세하게 그려져 있군요. 순서와 질서 또는 규칙을 매우 중시 여기는 면이 있으신가 봅니다. 한편, 도형 6이 다른 도형들에 비해 조금 크게 그려져 있네요. 이런 점은 정서적으로 다소 슬프거나 우울감을 시사한다고 말합니다. 어떤 생각이 드시나요?

내담자1: 제가 완벽주의적인 경향이 있어요. 규칙이나 규범은 반드시 지켜야 한다고 믿지요. 가정에서도 아이들에게 엄한 편이라고 제 스스로 생각하고 있어요. 아이들이 해야 할 일을 우선적으로 하고 나서 밖에 나가 놀거나 친구들을 집에 데리고 오라고 합니다. 공부는 혼자 해야 한다고 생각해요. 아이들이 자기의 물건을 정리하고 방을 치우는 것은 기본적인 책임이고 일의 순서에서 가족이 함께하는 일이 가장 우선이라고 가르치고 있습니다.

그러니까 가족 여행이 우선이고 친인척과의 모임이 우선이고 명절에는 반드시 가족들과 일을 나누어서 도와야 하는 것이 먼저입니다.

상담자2: 가족 중심의 양육관을 가지고 계시는군요. 사춘기에 접어드는 자녀들이 이에 대해 반항을 하거나 이의를 제기하여 갈등이 생기지는 않았는지 궁금합니다.

내담자2: 저는 아이들을 바르게 양육하고 있다고 굳게 믿어요. 하지만 아이들은 간혹 저에게 심한 반항으로 소리를 지르거나 '어머니는 10대 시절 없었어?'라고 되묻곤 합니다. 저는 아무리 생각해도 저의 방식이 틀리지 않고 바른 것 같아요. 아이들이 그걸 전부 잔소리로 들어서 문제지요. 제가 아이들을 똑바르고 예의 있고 가족을 사랑하는 사람으로 키우려고 애써 왔는데, 아이들은 점점 제 생각과는 다르게 성장하는 것 같아요. 점점 더 제 통제권에서 벗어나는 것만 같아서 저는 요즘 아이들을 보면 혼란스러울 때도 있어요.

상담자3: 그동안 남편과 아이들을 헌신적으로 뒷바라지 하고 바르게 양육하려고 많은 노력을 해 오셨네요.

내담자3: 네, 맞습니다. 헌신적으로 아이들을 대했다고 생각해요. 하지만 아이들도 남편도 제가 무슨 이야기만 하면 잔소리처럼 여겨요. 귓등으로 듣는 거죠.

상담자4: 아이들이 점점 더 커 가면서 ○○ 님의 뜻대로 가족이 되지 않고 점점 더 멀어져만 가고 있는 것 같으시네요. 그리고 가족 관계가 ○○ 님의 맘대로 되지 않아 요즘 힘드시고 외롭고 우울하시네요.

내담자4: 맞습니다. 제가 따뜻한 어머니가 아닌 것 같이 느껴져요.

상담자5: 따뜻한 어머니가 되고 싶으시군요. 그러면 어떤 어머니가 따뜻한 어머니라고 생각하시나요?

09 미네소타 다면적 인성검사-2

상담자들은 미네소타 다면적 인성검사-2(Minnesota Multiphasic Personality Inventory-2: MMPI-2)와 문장완성검사(Sentence Completion Test: SCT)를 조합하여 내담자에게 실시하고 해석상담을 하는 경우가 매우 흔하다. 객관적인 검사인 MMPI-2검사를 투사적 검사인 문장완성검사로 보완하여 내담자의 욕구, 사고, 감정, 성격 패턴 등의 심리적 상태를 살펴보고 해석상담회기에서 통합적으로 결과를 해석하여 내담자와 나눈다.

MMPI-2검사가 처음 개발된 곳은 병원 장면이어서 각각의 임상척도명이 정신병리와 관련되어 불리는데 많은 상담자가 이러한 척도명을 내담자에게 직접 언급하는 것이 흔하다. 이러한 척도명이 내담자에게 주는 영향에 대해 상담자가 익히 알고 있기는 하나 상담자에게는 익숙한 척도명이여서 숫자 1, 2, 3으로 부르기보다는 우울증 척도, 반사회적 척도, 편집증 척도, 경조증 척도 등으로 무심결에 언급하고 있다. 이로 인해 내담자들이 위약감을 느끼거나 상담자와의 관계 맺기에 도움을 주지 못하고 만다.

MMPI-2검사를 해석하여 보고서를 작성하는 경우, 상담자들이 내담자의 긍정적인 면이나 강점을 언급하기보다는 정신병리적 측면을 강조하여 작성함으로써 내담자의 문제 이슈를 진단적 측면에서 단정 짓는 것을 종종 볼 수 있다. 내담자가 정신과적 문제로 치료를 받은 적이 있거나, 정신병리가 심한 상태인 경우라면 매우 적절한 해석이 될 수 있기는 하나 많은 경우 상담장면에서 만나는 내담자들은 그러한 범주에 속하지 않는 경우가 많다. 따라서 상담자는 정신병리적인 해석을 하기 전에 우선 내담자의 강점들을 읽으려고 노력할 필요가 있다. 어떠한 강점이나 장점도 지나칠 경우에는 단점이 되고 취약점이 될 수 있기 때문에 MMPI-2검사 결과를 해석할 때도 상담자는 강점 기반 해석을 먼저 하고 나서 이러한 점들이 내담자에게 지나쳐서 어떠한 어려움이나 부정적 영향을 준 적이 있는지 질문하여 내담자 스스로 문제 이슈들을 언급할 수 있도록 대화를 해 나가야 할 필요가 있다.

일반적으로 MMPI-2검사 결과에서 척도의 T점수가 낮게 나타나는 경우는 긍정적인 의미로 해석된다. 척도 1 점수가 낮으면 건강에 대한 걱정이 없고 낙천적이며, 척도 2 점수가 낮으면 우울이나 걱정이 없으며, 비관적이지 않고 편안한 삶을 살아가는 모습으로 보이고, 효율적으로 기능한 활동적인 면을 시사한다. 척도 3 점수가 낮으면 욕구를 억압하거나 부인하지 않고 대인관계에서 잘 어울리는 것으로 보인다. 척도 4 점수가 낮으면 도덕적이고 윤리적이며 사회적 규칙에 수용적이고 대인관계에서 진지하고 신뢰할 수 있다. 척도 5 점수는 남성이 낮으면 남성다움에 대한 문화적 고정관념에 충실하고 전통적으로 남성적 행동을 강조하는 경향이 있으며, 여성의 경우 점수가 낮으면 순종적이고 겸손하며 여성성에 대한 문화적 고정관념에 충실한 것으로 해석하고 있다. 척도 6 점수가 낮으면 사회적으로 유능하고 균형이 잡혀 있으며 관습적이다. 척도 7 점수가 낮으면 걱정이나 불안이 없고 자신감이 없고 유능하고 성공 지향적이고 일처리에 효율적이고 사회적 상황에서 적응력이 뛰어난 것으로 해석된다. 척도 8 점수가 낮으면 사회적 규칙을 잘 준수하고 관습적이며 권위적인 대상에 순종적이고 현실적인 면이 있는 것으로 해석된다. 척도 9 점수가 낮으면 신뢰성이 있고 겸손해 보이며 진지해 보일 수 있다. 척도 0 점수가 낮은 경우 외향적이고 사교적이며 활발하고 유쾌하고 적극적이고 도전적인 면이 있는 것으로 해석한다.

상담자들은 MMPI-2검사의 낮은 T점수에서 나타나는 강점을 읽기보다도 상승한 T점수에 관심을 더 가지고 염려하며 해석을 하는 경향이 있다. MMPI-2검사가 본질적으로 T점수의 상승이 정신병리와 밀접한 관계가 있으나 상담자는 여전히 높은 점수가 가지는 강점들을 보고 나서 기저에 흐르는 정신병리의 가능성도 볼 수 있는 통찰이 필요하다. MMPI-2검사의 각 척도가 상승되어 있을 때 언어적으로 어떻게 내담자에게 특징을 표현하고 전달하는가가 관계 형성에 매우 중요하다. 내담자가 이해하기 쉽게 일상적인 언어로 해석을 하는 것이 매우 유용하며 삶의 구체적인 예들을 들어서 내담자를 이해시키는 것도 매우 유용하다. 다음에는 MMPI-2검사의 일반적인 소개와 실시상의 유의 사항, 각 척도별 해석 지침을 소개하였다.

1. MMPI-2검사의 일반적인 소개

미네소타 다면적 인성검사(Minnesota Multiphasic Personality Inventory)는 1943년 미국 미네소타 대학의 Starke Hathaway와 Jovian McKinley에 의해 처음 발표된 이후, 진단적 도구로서의 유용성과 다양한 장면에서의 적용 가능성이 인정되었고 (Lubin, Larsen, & Matarazzo, 1984), 현재 세계적으로 가장 널리 사용되고 광범위한 연구가 이루어진 구조화된 성격검사다. 근래에 MBTI검사, PAI검사 등 몇 가지 다른 성격검사들의 사용이 활발해지고, 이러한 검사들이 가지는 장점이 인정되고는 있지만, 여전히 MMPI검사는 임상장면에서 독보적인 위치를 차지하고 있다.

원래 MMPI검사는 정신질환자들을 평가하고 진단함에 있어서 보다 효율적이고 신뢰로운 심리검사를 개발하려는 목적으로 제작된 검사다. 따라서 MMPI검사는 정신과적 진단분류가 일차적인 목적이며 일반적 성격특성을 측정하기 위한 것은 아니다. 그러나 정상적인 성격 경향성과 정신병리적 증상이 질적 차이라기보다는 양적인 차이라는 전제하에서, 오늘날에는 정신병리에 대한 평가뿐 아니라 임상집단과 정상인 집단 모두에 대해서 성격 경향성을 평가하는 데도 널리 사용되고 있다.

MMPI검사가 대표적인 자기보고식 검사로 자리 잡게 된 이유는 검사 실시와 채점의 용이성, 시간과 노력의 절약, 객관적 규준에 의한 비교적 간편한 해석방식 등을 들 수 있다. 이러한 특징들로 인하여 비교적 덜 숙련된 임상가라 할지라도 투사적 검사에 비해서 보다 쉽고 정확하게 결과를 해석할 수 있는 것으로 흔히 알려져 있다. 그러나 실제 임상장면에서는 기계적인 해석은 가능하지 않으며, 올바르고 풍부한 해석을 위해서는 여타의 검사들과 마찬가지로 임상가의 수련과 경험을 필요로 한다.

또한 MMPI검사가 이 검사 하나만으로 내담자의 모든 것을 알 수 있게 해 주는 만능의 검사인 것은 아니다. 이 때문에 앞서 언급된 바와 같이, 많은 경우 내담자에 대한 올바른 방향의 풍부한 가설을 얻기 위해서는 다양한 심리검사를 총집(full battery)으로 실시해야 할 뿐 아니라 철저한 면담과 관찰도 요구된다. 또한 이런 여러 가지 방법으로 얻어진 정보를 의미 있는 전체로 통합시키는 데 바탕이 되는 정신병리 및 성격에 대한 지식들을 필요로 한다.

그러나 적절한 실시와 체계적인 해석적 접근에 의한 MMPI검사는 그 자체만으로도 내담자에 대한 많은 정보와 의미 있는 가설을 제공해 줄 수 있다.

따라서 상담자는 MMPI검사에 대한 기본적인 바탕을 충실히 하여, 상담에 있어서 이 검사가 줄 수 있는 이점을 충분히 살릴 수 있도록 하는 것이 필요하다.

2. MMPI검사의 제작 과정

심리검사를 제작하는 방법에는 크게 이론적인 방법과 경험적인 방법이 있다. 이론적 근거에 의한 제작방법은 특정한 이론적 틀에 기초하여 검사 제작자가 미리 개개 문항과 채점방향을 선정하는 방식을 말한다. 예를 들어, '꿈을 많이 꿉니까?'라는 질문에 대해 '그렇다'라고 대답하는 것이 우울한 속성을 반영한다고 제작자가 생각한다면 그 문항을 우울증 척도에 포함시키게 된다.

20세기 초반의 심리검사들은 주로 이런 이성적 혹은 이론적 제작방법에 의해 만들어졌다. 그런데 이런 방법에 의하여 제작된 검사들은 논리적으로 이론에 근거하여 분류한 반응과 실제 환자들의 반응이 일치하지 않는다는 문제점을 가지고 있었다. 이러한 문제점을 해결하기 위한 시도에서 경험적인 제작방법의 필요성이 대두되었는데, MMPI검사는 이런 경험적인 방법에 의해 제작된 검사다(Hathaway & McKinley, 1940).

경험적인 방식에 의해 제작된 검사는 이론적 근거를 전제로 하지 않고, 단지 그 검사가 변별해 내고자 목표하는 집단에 속한 사람들이 통제집단에 속한 사람들과는 '다르게' 대답하였기 때문에 그 문항을 선택하는 방식으로 만들어진다. 검사 제작의 초기 단계에서는 검사개발에 필요한 문항들을 얻기 위하여 이론적 접근을 통해 문항들을 뽑아 두기는 하지만(item pool 구성), 최종 단계에서 그 문항을 질문에 포함시키느냐의 여부는 목표집단과 통제집단에서 반응에 차이가 있었는지의 여부에 따라 결정된다. 예를 들어, 검사 제작자가 "때때로 나는 아침에 일어날 수가 없다."와 같은 문항이 이론적, 논리적으로 생각할 때 우울증을 평가하는 데 사용할 수 있는 그럴듯한 진술문이라고 보았더라도, 우울한 환자들의 표본집단이 그 질문에 대해서 통제집단과 다르게 반응하지 않았다면 그 문항은 포함되지 않는 것이다.

Hathaway와 McKinley는 이런 방법을 사용하여, 최초의 문항표본을 이전에 개발된 여러 척도를 포함하는 다양한 자료로부터 뽑아낸 1,000여 개 이상의 진술문으로 구성하였다. 그들은 이 중에서 중복되는 문항이나 검사목적에 별로 중요치 않다고 여겨지는 문항들은 제거하고 504개의 최종 문항들을 표집하였다. 다음 단계로 이 문항들을 검증해 보기 위하여 정상집단과 정신과적 환자집단(임상집단)을 구성하였는데, 정상인 집단은 미국 미네소타 대학병원에 입원해 있는 환자들의 친구나 친척들 중에서 채택된 724명으로 구성하였으며, 임상집단은 그 당시 미네소타 대학 병원에서 치료를 받고 있던 환자들 중에서 각 진단별로 50명 정도를 뽑아서 구성하였다. 진단이 확실하지 않거나 복합진단을 받은 환자는 연구에서 제외되었다.

이렇게 임상집단과 정상집단이 결정된 다음에, 각 집단의 응답방식을 비교하여 두 집단을 완벽하게 구별하는 항목들을 골라내는 문항선택 작업이 실시되었다. 임상집단과 정상집단별로 각 문항에 대한 "그렇다" 반응과 "아니다" 반응의 빈도를 계산하여, 기준집단과 규준집단간의 반응빈도 차이가 통계적으로 유의미할 경우 그 항목을 임상척도에 포함시켰다.

이와 같은 방법으로 문항을 선택한 후, 새로운 정상 집단들을 선발하여 다른 임상 환자 집단의 반응과 비교해 봄으로써 교차타당도를 검증하였다. 이렇게 한 이유는 단지 724명의 정상인들이 임상집단들과 문항에 다르게 반응했다고 해서 그 문항이 임상적인 감별을 위한 목적에 성공적으로 사용될 수 있다는 것을 확증해 주는 것은 아니기 때문이다. 교차타당화 실시 결과, 정상집단과 임상집단 간에 유의미한 차이가 계속해서 나타나는 문항들만으로 최종 척도들이 구성되었다.

척도 1(Hypochondriasis)이 맨 처음 제작되었으며 그 이후에 척도 2(Depression; Hathaway & McKinley, 1942), 척도 7(Psychasthenia; McKinley & Hathaway, 1942), 그리고 척도 3(Hysteria), 척도 4(Psychopathic Deviate)와 척도 9(Hypomania; McKinley & Hathaway, 1944)가 제작되었다.

다른 세 개의 임상척도들－척도 5(Masculinity-Feminity), 척도 6(Paranoia) 및 척도 8(Schizophrenia)－은 1956년까지 정식 출판되지는 않았으나, 실제로는 그 이전부터 10년 이상이나 상례적으로 사용되어 왔다.

척도 5(Masculinity-Feminity)와 척도 0(Social Introversion)은 다른 임상척도들과는 다른 방식으로 제작되었다. 척도 5는 원래 동성애적인 성적 지향을 가지고 있는 남자와 이성애적인 성적 지향을 가지고 있는 남자를 구별하기 위한 의도에서 만들어졌으나 이런 기능을 효과적으로 수행할 수 있는 문항이 거의 없다는 것이 발견되었다. 그 후 이 척도는 사회적으로 '남성들이 가지고 있는 것' 또는 '여성들이 가지고 있는 것'으로 여겨지는 특징들을 구별하는 문항들로 확장되었다.

마지막으로 척도 0이 추가됨으로써 표준 MMPI검사의 임상척도들이 완성되었는데, 이는 1946년에 Drake에 의해 개발되었다. Drake는 Minnesota T－S－E 검사에서 사회적인 내향성－외향성 영역에만 한정하여, 상위 65퍼센타일 이상에 속하는 50명의 대학생들과 하위 35퍼센타일 이하에 속하는 50명의 학생들을 구별해 주는 문항들을 선별하여 이 척도를 개발한 뒤, 표준 MMPI검사에 합병시켰다.

3. MMPI검사의 임상척도

MMPI－2검사는 567개의 문항으로 구성되어 있으며 각 문항에 대해 "그렇다"와 "아니다"로 대답하게 되어 있는 질문지형 검사다. 10개의 임상척도의 명칭은 MMPI가 제작되었던 시기인 1940년대에 사용되었던 정신과적 진단명이다. 이 명칭들은 그 의미나 내용이 오늘날의 진단명과는 다소 차이가 있다. 또한 실제 임상장면에서 이 검사를 사용해 오면서 특정 하위 임상척도에서 높은 점수를 받더라도 그 척도명과 일치하지 않는 진단이 내려지는 경우가 빈번하게 나타났기 때문에, 현재는 임상척도명을 직접 사용하는 대신 10개 임상척도에 일련번호를 붙여서 Hs 척도부터 차례로 척도 1, 척도 2 등으로 명명하여 사용하고 있다.

한편, MMPI검사가 실시에 있어 문항수가 너무 많고 방대하여 시간이 많이 걸린다는 문제점들이 제기되었기 때문에, 지난 30여 년간 단축형 MMPI검사에 대한 관심과 연구가 꾸준히 있어 왔다(Stevens & Reilley, 1980). 단축형은 요인분석, 문항분석, 다중회귀분석 등의 통계기법을 통해 만들어졌는데, 이러한 방식으로 척도를 구성할 경우 척도들이 원래의 척도보다 문항수는 적을지라도 타당도나 신뢰도와 같은 심리측정적인 특성들은 달라지지 않는다는 전제하에 제작되었다. 13개 정도의 단축형 MMPI검사가 제안되었는데, 여러 연구에서 검사문항수가 200여 개 이하로 지나치게 적을 경우 타당도와 신뢰도에서 많은 문제가 있음이 밝혀졌다. 현재 임상 장면에서 가장 널리 사용되고 있는 MMPI-2-RF검사는 338문항으로 구성되어 있는 단축형으로, 집단 실시하여 컴퓨터 채점 및 해석이 제공되고 있기 때문에 대학에서 자주 사용되고 있다.

4. MMPI검사의 실시 시 유의 사항

1) 독해력

가장 중요한 요소로, 적어도 초등학교 6학년 수준 이상의 독해력이 필요하다. 6년 내지 8년간의 정규교육을 받은 사람이라면 MMPI검사를 수행하는 데 별 어려움은 없을 것이다.

2) 연령

연령의 하한선은 원래 16세로 제작되었으나, 독해력이 가능하다면 12세 이상이면 수행 가능하다고 본다. 우리나라의 경우 중학생 이상이면 가능하며, 해당 규준이 마련되어 있다. 또한 독해력이 가능하다면 연령의 상한선은 없다고 할 수 있다.

3) 지능

지적 기능은 다소 낮아도 가능하나, 표준화된 지능검사로 측정되는 IQ가 적어도 80 이상은 되어야 적절한 수행이 가능한 것으로 본다.

4) 내담자의 정신상태

심하게 혼란되어 있거나 동요되어 있는 경우를 제외하면 정신적인 손상이 수행에 방해가 되는 것은 아니다. 그러나 내담자의 인지적, 심리적 상태에 따라 검사수행에 걸리는 시간이 달라질 수 있으므로 검사소요시간을 기록하는 것이 필요하다. 너무 긴 시간(우울증 환자나 강박적인 성격을 가진 사람)이나 너무 짧은 시간(충동적이거나 비협조적인 사람)은 진단적으로 유의미할 수 있다. 보통 검사수행에 소요되는 시간은 1시간에서 1시간 30분으로 다양한데, 읽기능력이 제한되어 있거나 비협조적인 태도를 가진 내담자의 경우에는 상당히 오래 걸릴 수도 있다.

앞에 제시된 요건들이 충족되면 검사를 실시하게 된다. 그런데 MMPI검사는 투사적 검사에 비해 상대적으로 실시하기가 쉽기 때문에, 많은 상담자는 상담자가 내담자의 검사 수행 태도에 미치는 영향과 그로 인해 왜곡된 결과가 초래될 수 있다는 사실을 간과하곤 한다. MMPI검사를 건네주고 실시요강을 말해 주는 의례적이고 단순한 과정에서부터 상담자와 내담자 사이에는 관계가 형성되며 이러한 관계형성이 MMPI검사뿐 아니라 다른 검사에도 많은 영향을 미치게 된다.

상담자는 진지하고 성실한 태도로 검사의 목적과 결과의 비밀보장 등에 관하여 설명하여 주고, 이 검사에서 얻어지는 정보가 내담자와 상담자에게 매우 중요한 자료가 됨을 강조할 필요가 있다.

답안지를 수거하는 과정에서도 상담자는 신중을 기해야 하는데, 채점을 하기 전에 상담자는 내담자가 완성한 답안지를 전체적으로 검토해야 한다. 내담자가 응답을 하지 않은 문항이 얼마나 되는지, 끝까지 완성하였는지, 알아보기 힘들 정도로 기입하지는 않았는지, 응답 내용을 반복적으로 지우지는 않았는지 등을 검토한다. 적절하게 응답되지 않았다면 검사에 재응답할 것을 권유해야 한다. 이러한 사항에 대한 검토는 검사의 타당성을 평가해 줄 수 있을 뿐 아니라 내담자의 행동특징을 파악하는 데도 유용하게 사용된다.

검사에 대한 지시사항은 다음과 같다.

"이 질문지는 일상생활에서 당면하는 여러 가지 문제를 문항들로 만들어 두었습니다. 문항들을 하나하나 읽어 가면서 그 문항이 ○○ 님을 잘 나타내고 있거나 ○○ 님 생각과 같으면 답안지의 '그렇다'에 해당하는 칸에 빗금 표시를 하시고 그렇지 않으면 '아니다'에 해당하는 칸에 빗금 표시를 하십시오."

내담자들이 가장 자주 하는 질문 중 하나는 "내가 요즘 느끼는 대로 대답해야 하나요, 아니면 과거의 일을 생각해서 대답해야 되나요?"에 관한 것이다. 보통 상담자들은 "현재의 상태를 기준으로 하세요."라고 말해 준다. 때로는 자신이 경험하지 않은 것이기 때문에 대답하기 어렵다고 말하는 경우가 있는데 이때는 "어떤 사실 자체보다 그 문항에 대해 ○○ 님이 어떻게 생각하고 느끼는가 하는 것이 더 중요하다"고 말해 준다.

내담자의 불안을 경감시키거나 혼동되는 것을 막기 위해 몇 가지 덧붙여서 얘기해 줄 수도 있는데, 예를 들면 "가능한 솔직하게 대답하라"는 것과 "답을 쓸 때 두 번 표기하지 않도록 주의하라"는 것, "'그렇다' '아니다'로 대답하기 어려운 경우 가장 비슷하다고 느껴지는 방향으로 응답하라"는 것 등이 있다.

5. MMPI검사의 해석 시 유의 사항

MMPI검사 결과에 대한 해석시 가장 유의해야 할 점은 다른 모든 검사의 경우도 그러하지만, 면담이나 다른 정보 없이 MMPI검사 하나만으로 '무정보 해석(blind interpretation)'을 해서는 안 된다는 것이다. MMPI검사는 내담자에 대한 가설을 제공하는 것이지 내담자에 대한 확실하고 완전한 특성 파악이나 구체적인 행동을 예언하는 것이 아니다.

이와 같은 점을 단적으로 지지해 주는 예로 우리나라에서 행해진 MMPI검사의 진단 기능에 관한 연구 중 김영환(1981)의 연구를 들 수 있겠다. 그는 '정상인' '신경증 환자' '정신증 환자' '성격 장애자' 네 집단에게 MMPI검사를 실시하고 진단변별력을 측정하였다. 그 결과, 전체집단의 정확한 진단 분류 예언율은 56% 정도였고, 장애 집단 전체에 대한 예언율은 50% 수준에 불과하였다. 집단별 측정치를 보면, 정상인과 성격장애자는 80% 이상의 예언율을, 신경증 집단은 70%, 조현병 집단은 37.9%의 예언율을 나타내었다.

이러한 결과에서 시사되듯이 MMPI검사만으로 진단적 평가를 내리는 것은 위험한 일이며, 여러 가지 진단적 준거들 가운데 하나의 지표로 보는 것이 바람직함을 알 수 있다. 따라서 면담 및 다른 검사들을 통해 얻은 정보들과 통합하여 가설들을 추론해 가는 과정이 반드시 필요하다.

MMPI검사나 여러 검사를 종합적으로 평가할 때 상담자는 나름대로의 틀을 가지고 해석을 시도하고 가설을 검증해 나가게 된다. 여기서는 임상장면에서 자주 쓰이는 절차들을 총 7단계로 나누어 소개하기로 하겠다. 각 단계는 다음과 같이 요약할 수 있다.

6. MMPI검사의 일반적인 해석 단계

1단계: 내담자의 검사태도를 검토한다.

2단계: 척도별 점수를 검토한다.

3단계: 척도들 간 연관성(혹은 인과성)에 대한 분석을 한다.

4단계: 척도들 간의 응집 혹은 분산을 찾아보고 그에 따른 해석적 가설을 세운다.

5단계: 낮은 T점수를 보이는 임상척도에 대해서 검토한다.

6단계: 형태적 분석을 한다.

7단계: 전체 프로파일 형태에 대한 분석을 한다.

각 단계에 대해서 보다 자세히 살펴보기로 한다. 검사태도는 크게 양적, 질적 두 가지 측면에서 평가하게 된다. 양적 측면은 ?, L, F, K 등의 타당도 척도 점수에 기초하여 검토하게 되는데, 여기에 대해서는 뒤에 자세히 기술하도록 하겠다.

검사태도의 질적인 면에 대한 고려는, 검사 완료에 소요되는 시간, 검사를 수행하는 구체적인 행동을 근거로 판단하게 된다. 이러한 검사수행 행동은 앞에서 언급한 바 있으나 해석적인 측면과 관련하여 좀 더 자세히 보자.

앞서 지적된 바와 같이 일반적으로 검사에 소요되는 시간은 1시간에서 1시간 30분 정도다. 2시간 이상 소요되는 내담자는 강박증이 심하여 우유부단하거나, 우울증으로 인하여 정신-운동 기능이 지체되어 있거나, 정신병적 증후들로 인해 혼란되어 있거나, 검사에 저항을 보이는 것으로 종종 해석된다. 반대로 검사를 한 시간 이내로 지나치게 빨리 끝내는 내담자는 충동적인 사람이거나, 검사에 성의 없는 태도를 보이는 것으로 종종 해석된다.

여기서 상담자가 유의해야 할 사항은 부정적인 해석에 앞서 내담자의 긍정적인 측면을 우선적으로 보아야 한다는 점이다.

외현적으로 관찰되는 검사 수행 태도도 중요하다. 검사와 관련하여 불필요한 질문을 지나치게 하거나, 한자리에 오랫동안 앉아 있지 못하고 이동을 하거나 주변 자극에 주의가 분산되거나 하는 등의 행동을 보일 수 있는데, 이런 다양한 행동특징을 놓치지 말고 검토하여 해석의 보조적 자료로 삼아야 한다.

각 척도의 상승 정도를 파악하고 그것이 해당 내담자에 대하여 어떠한 의미로 해석될 수 있는지를 검토해 본다. 각 척도의 점수가 이 내담자에게 있어서 정상범위에 속하는지, 비정상범위에 속하는지, 또한 성별, 연령, 교육수준, 내담자의 증상이나 상황을 고려할 때 가장 가능성 있는 해석은 어떤 것인지에 대한 가설들을 만들어 본다.

개별 척도의 상승은 척도가 나타내는 특징들을 내담자가 얼마나 가지고 있는지를 알려 준다. 척도점수가 상승할수록 해당 척도가 대표하는 "문제"들의 심각도가 보다 커지는 것으로 해석된다.

어떤 특정 개별 척도의 점수가 의미하는 바와 그로부터 유추할 수 있는 가설들을 종합한 뒤 그것을 근거로 다른 척도들의 상승, 하락 여부에 대한 예측을 해 볼 수 있다. 예를 들어, 척도 2(Depression)가 상승한 경우 상담자는 척도 9(Hypomania)의 점수가 낮을 것으로 예측할 수 있다. 예측이 맞아 들어가는 경우 상담자는 자신의 가설에 보다 자신감을 가지게 될 것이고, 불일치하는 경우 새로운 의문을 가지고 이러한 문제들을 해결해 가면서 구체적인 내담자의 모습을 그려 나가도록 한다.

일관적인 내용을 나타내 주는 프로파일은 매우 드물다고 할 수 있다. 따라서 결과에서 얻어지는 상반된 가설들을 해결하는 과정이 전체 프로파일 해석에서 매우 중요하다. 내담자의 신상자료와 일치하지 않는 척도들의 정보를 잘 검토할 필요가 있다.

그러나 무엇보다도 해석상담에서 중요한 점은 상담자가 내담자의 MMPI검사 결과에 대해 강점 기반 해석상담을 제공해야 한다는 점이다. 앞에서 사회원자검사와

BGT검사의 해석상담에서 강조해 왔던 것처럼, MMPI검사 역시 내담자와의 만남의 도구로서 활용되기 위해서는 내담자의 장점, 잠재력, 탄력성 측면에서 우선적으로 해석해야 한다. 이러한 특징들이 지나칠 경우 내담자는 대인관계, 학업, 업무 등에서 걸림돌을 경험하고 있을 가능성이 높다.

1) 척도 간 응집 및 분산에 대한 분석

이것은 가장 보편적인 해석방법으로서, 보통 가장 높이 상승되어 있는 두 개의 임상척도 간의 관계를 대상으로, 이것과 타당도 척도와의 연관성을 고려하여 해석하게 된다.

MMPI검사 해석체계의 핵심인 상승척도 쌍의 분석을 하기 위해서는 두 개의 임상척도가 T점수 70 이상으로 상승하는 것을 원칙으로 한다. 그러나 때로는 한 개의 척도만 T점수 70 이상으로 상승하는 단독상승 프로파일도 있다.

척도의 동반상승뿐 아니라 척도의 분산도 중요하다. 척도 간 분산이 크면 클수록 상승된 척도들이 나타내는 특징이 보다 뚜렷해진다고 해석된다. 예를 들어, 척도 2-4 코드가 다른 척도들에 비해 T점수 10점 이상 차이가 나는 경우는 다른 척도와의 점수 차이가 크게 나지 않는 경우에 비해 임상적인 구별이 더욱 확실해진다.

2) 낮은 임상척도에 대한 검토

해석을 처음 시작하는 초보자들은 흔히 상승척도 쌍이나 높이 상승된 척도에만 주의를 기울일 뿐 점수가 낮은 척도에 대해서는 등한시하는 경향이 있다.

낮은 점수가 반드시 높은 점수가 의미하는 것과 반대되는 측면만을 나타내는 것은 아니고 낮은 점수 나름대로의 특별한 의미가 있는 경우가 종종 있으므로, 상담자는 프로파일의 낮은 점수에도 충분한 주의를 기울여 이를 해석에 포함시키도록 한다.

3) 형태적 분석

이것은 척도를 집단으로 묶어서 검토하는 것이다. 대표적인 방법으로는 세 쌍을 동시에 고찰하는 방법이 있다. 이때에는 세 쌍의 전반적인 상승도뿐만 아니라 세 쌍 내에서 각 척도의 상대적인 상승 정도도 고려해야 하므로 그 분석이 더욱 복잡해진다.

먼저 척도 형태 내에서 각 척도의 상승 정도에 따른 행동 및 임상적 특성을 면밀히 고찰한 후, 얻어진 정보들을 전체적인 척도 형태의 해석으로 종합시키도록 한다. 최종적으로는 형태 분석으로부터 얻어진 추론들이 지금까지 알려진 다른 정보들과 일치하는가 일치하지 않는가를 검토하여 일치하는 추론을 내담자의 중요한 특징으로 간주한다.

4) 전체 프로파일 형태에 대한 분석

전체적 형태 분석에서 주로 고려하게 되는 프로파일의 특징은 척도들의 상승도, 기울기 및 굴곡이다. 임상척도의 전반적인 상승도는 그 내담자가 얼마나 고통을 심하게 겪고 있는가 하는 것과 그 내담자가 시인하고 있는 증상들이 얼마나 자아 수용적이냐 혹은 자아 비수용적이냐 하는 것을 나타낸다.

MMPI검사 프로파일의 기울기에 대한 해석은 주로 신경증 세 척도(척도 1, 2, 3)와 정신병 네 척도(척도 6, 7, 8, 9) 간의 관계를 근거로 한다. '정적 기울기'는 정신병 네 척도가 신경증 세 척도보다 더 높이 상승한 상태를 말하는데, 이는 대개 내담자의 충동통제력이 제한되어 있거나, 현실과의 관계가 손상되어 있거나, 지남력의 상실 및 혼란상태를 수반한 심리적 장애가 있을 때 잘 나타난다. '부적 기울기'는 정적 기울기의 반대 형태로, 불안, 우울, 사기저하 및 여러 가지 신체적 증상을 주로 보이면서 정신병적 왜곡현상이 없는 다양한 신경증적 상태에서 나타난다.

여기서도 역시 상담자가 기억해야 할 점은 척도 점수의 상승과 저하 모두 내담자의 긍정적인 측면을 시사할 수 있다는 점이다.

7. 개별 척도에 대한 해석

MMPI검사를 구성하고 있는 각각의 개별 척도들이 평가하고자 하는 바에 대해서 살펴보기로 한다. 각 척도별로 가지는 해석적 의미와 해당 점수별로 추론 가능한 가설들에 대해서도 함께 살펴볼 것이다.

자기보고식 검사는 시간과 노력이 절약되며 객관적인 표준화가 용이하고 실시가 간편하다는 면에서 많은 장점을 가지고 있다. 이러한 자기보고식 검사가 효과적인 성격평가 방법이 되기 위해서는 내담자가 자신의 행동이나 마음상태를 정확히 알고 있어야 한다는 것과 왜곡 없이 솔직하게 검사에 반응해야 한다는 전제조건이 있어야 한다.

그러나 자신의 심리상태를 정확히 파악하고 있는 사람은 드물고 자기보고식 검사는 자신이 원하는 방향으로의 조정이 가능하기 때문에, 자기의 상태를 솔직하게 보고하지 않고 지나치게 좋은 측면만을 나타내려고 하거나 혹은 경우에 따라서는 부정적인 측면을 과장하여 보고할 가능성이 많게 된다. 내담자가 자신의 상태에 대한 인식이 부족하여 제대로 된 대답을 하지 못하였든지, 아니면 고의로 올바른 대답을 하지 않았든지 간에 상담자는 내담자가 올바르게 반응하지 않았을 가능성에 대해서 알고 있는 것이 중요하다.

MMPI검사는 이와 같은 문제들을 고려하기 위하여 내담자가 취한 검사태도에 대해서까지 측정할 수 있도록 한 최초의 검사다. Meehl과 Hathaway는 검사태도를 두 가지로 나누어, 좋게 보이려는 태도(faking-good)와 나쁘게 보이려는 태도(faking-bad)로 구분하고 이것들을 측정하기 위한 방법들을 고안하였다. 동일문항을 똑같은 형태로 반복하는 방법 혹은 긍정문을 부정문으로 바꾸어 제시하는 방법 등을 통해 내담자가 일관성 있게 반응하는지(반응경향성)를 보고자 하였다. 또한 좋게 보이는 방향으로 반응하거나 나쁘게 보이는 방향으로 반응할 수 있는 기회를 제공하는 문항들을 별도로 제작하여 검사에 포함시키고 내담자의 검사태도를 파악하고자 하였다.

이렇게 개발된 타당도 척도들은 ?, L, F, K 등의 척도들인데, 이들 타당도 척도들은 잘못된 검사태도를 탐지하게 해 줄 뿐 아니라, 임상척도와 함께 검사 장면 외에서의 행동에 대하여 유추할 수 있는 자료까지도 제공해 준다.

한편, MMPI검사가 MMPI-2검사로 수정 보완된 이후 타당도 척도들이 추가되었으므로 통합적 해석이 요구된다.

1) 타당도 척도

(1) ?척도

?척도(모르겠다, can not say)의 점수는 응답하지 않은 문항, 즉 답하지 않았거나 "네". "아니요" 모두에 답한 문항들의 총합이다.

① 원점수가 10 이하

정상 범위에 속한다고 볼 수 있으나, 누락된 문항들이 무작위적인가 아니면 어떤 패턴을 이루고 있는가 등 누락된 항목들의 내용을 검토해 보는 것이 바람직하다.

② 원점수가 10에서 30 미만

대개의 사람이 나타내는 것보다는 더 많은 문항을 빠뜨린 것이다. 임상적 프로파일의 전체적인 상승이 낮아져서 개인 특유의 성격특징을 정확하게 알 수 있는 가능성이 감소된다. 따라서 그것들이 속하는 척도를 알아볼 필요가 있으며 다시 한번 문항들을 완성하도록 격려할 필요가 있다.

③ 원점수가 30 이상

프로파일이 무효일 가능성이 높다. 다음과 같은 가능성을 살펴봐야 한다.

1. 문장을 읽고 이해하는 데 어려움이 있음.
2. 검사 및 상담자에 대한 강한 불신감이 존재함.
3. 검사 및 상담자에 대한 반항적이고 비협조적인 태도임.
4. 자신에 관한 정보를 누설시키지 않으려는 경향임.
5. 지나친 강박성으로 인해 어떤 것이 '바른' 답인지에 대한 결정을 내리기가 어려움.
6. 개인에게 특별히 민감한 부분에 대해서 개방하는 것을 꺼림.
7. 정신적 혼란으로 인하여 문항을 빠뜨린 사실조차 알지 못함.
8. 심한 우울증으로 인하여 문항에 대한 결정을 내리기가 어려움.

(2) L척도

L척도(Lie)는 자신을 양심적이고 사회적으로 바람직하며 모범적인 사람으로 보이려는 솔직하지 못한 태도를 파악하고자 구성되었다. 15개의 문항들로 구성되어 있는데, 이 문항들은 극히 양심적인 소수의 사람에게서나 찾아볼 수 있는 태도나 행동을 나타내는 항목들이다. 대개는 사소한 부정직이나 사소한 인간적인 결점과 같은 문항들로, 어떤 것이 비정상적인 반응인지를 쉽게 알아볼 수 있는 명백 문항들이기 때문에 교육 수준이 높고 심리적으로 자신을 세련되게 방어하는 사람들은 대체로 이러한 문항들에 반응하지 않는다. 따라서 교육배경이나 사회경제적 배경을 고려하여 판단하여야 하는데 그 사람의 교육수준이나 지능수준에서 기대된 수준보다 L척도 점수가 높다면 내담자가 자신을 긍정적인 모습으로 보이고자 지나치게 노력하며 자신의 문제를 부인(denial)하고 있을 가능성에 대해 고려해 보아야 한다.

L척도 문항의 예

- 언제나 참말만을 하지는 않는다. (아니다)
- 가끔 화를 낸다. (아니다)
- 놀이(또는 게임)에서 지기보다는 이기고 싶다. (아니다)
- 내가 아는 사람이라고 다 좋아하지는 않는다. (아니다)

① T점수 53 이하

내담자는 문항에 솔직하게 대답하였으며, 자신의 사소한 결점이나 문제점들을 인정할 수 있을 정도로 자신에 대한 신뢰감이나 자신감이 높다고 볼 수 있다.

② T점수 53~60일 경우

사회적으로 순응적이고 관습적이며, 자기 통제나 도덕적 가치문제에 대해 걱정이 많다. 부인(denial)의 방어기제를 주로 사용한다.

③ T점수 60~70일 경우

보편적인 인간적 결함까지 부인하면서 좋게 보이려는 욕구가 강한, 방어적인 사람이다. 매우 경직되어 있고 완고한 사람으로, 자신의 결점이나 수용할 수 없는 욕구를 억압(repression)하거나 부인하며 자신의 동기나 행동에 대한 통찰력이 부족하다. 자기의 생각만을 고집하고 자기중심적인 면이 있으며 스트레스에 대한 인내력도 부족하여 실제적인 문제해결력이 떨어진다.

④ T점수 70점 이상

삽화성 우울이나 불안을 가진 사람으로, 긴장되어 있고 불안해 보이며 수동적이고 고립되어 있다. 사람을 쉽게 사귀지 못하고 다른 사람이 자신을 어떻게 보고 있는가에 대해 잘 모르며 상황에 대해 느리고 자연스럽지 못한 반응을 보인다.

(3) F척도

F척도(Frequency)는 검사문항에 대해 개인이 보고하는 내용들이 대부분의 사람과 얼마나 다른가를 반영하는 64개의 문항들로 구성되어 있다. 보통 사람들과는 다른 생각(예 : 정신병을 가진 사람)이나 이상한 태도(예: 비행 청소년), 이상한 경험을 가진 사람들에게서 F척도가 상승한다. 또한 무작위적으로 대답하였거나, 문항내용을 이해하지 못한 사람, 의식적으로 자신을 부정적으로 보이려고 하는 사람에게서도 F척도가 상승한다. 극단적인 상승은 정신장애와 관련이 있으며 현실 검증력의 손상을 반영하기도 한다. 이 점수가 높을수록 정신병리가 심하다고도 볼 수 있다.

F척도 문항의 예

- 내 영혼이 가끔 내 육신을 떠난다. (그렇다)
- 누가 내 것을 빼앗으려고 한다. (그렇다)
- 나의 죄는 용서받을 수 없을 것 같다. (그렇다)
- 사람들은 남의 일에 별 관심을 갖지 않는다. (그렇다)
- 나는 혼자 있을 때가 가장 행복하다. (그렇다)
- 법은 엄격히 집행되어야 한다고 생각한다. (아니다)
- 내가 하는 일은 대개 성공할 것으로 본다. (아니다)
- 구역질이 나고 토해서 괴롭다. (그렇다)

• 술을 지나치게 많이 마신다. (그렇다)
• 나의 성생활이 만족스럽다. (아니다)
• 모든 것이 무미건조하다. (그렇다)
• 우리 아버지는 좋은 분이셨다. (아니다)

① T점수 50 이하

사회적인 순응성이 높고 특별한 괴로움이 없이 정상생활을 하는 사람으로 볼 수 있다. 그러나 20 이하의 지나치게 낮은 점수는 성실하지만 보수적이고 융통성이 없는 사람에게서 보일 수 있다. 또는 일부 정신과 환자에게서 나타날 수 있는데, 정상인처럼 보이기 위해 자신의 문제를 부인하거나 최소화하는 경우가 있을 수 있다.

② T점수 50~64

어떤 특정한 영역(가정문제, 종교문제, 건강문제 등)에 문제가 있을 가능성을 나타내기도 하고 사고의 독자성이나 완고함을 나타내기도 한다. 청소년이나 대학생 집단 또는 창의적인 사람들은 이 정도로 F척도가 상승하기도 한다. 정신병리를 가지고 있는 사람인 경우 자신이 가진 문제에 적응되어 심하게 괴로워하지 않는 상태일 수 있다.

③ T점수 65~79

이 범위에 속하는 F척도를 보이는 사람들은 심리적 고통이 심하거나 비정상적이고 비관습적인 사고나 태도를 가지고 있을 수 있다. 자아정체감이나 소속감에 문제가 있을 수 있다. 우울하고 불안하며 안정적이지 못한 상태에 있음을 나타낸다.

④ T점수 80 이상

고의적으로 자신의 문제를 과장하여 반응하였거나, 문맹 등의 이유로 문항을 이해하지 못하였거나, 비협조적인 태도로 인해 아무렇게나 문항에 기입하였을 가능성이 있다. 또는 망상적 사고나 현실검증능력의 장해와 같은 정신증적인 문제로 인해 심하게 혼란된 환자나 뇌손상 환자에게서도 나타날 수 있는데, 이런 경우 F척도는 매우 심한 정신병리를 의미한다. 만약 척도 2, 척도 7과 같은 정서적 고통감을 나타내는 척도가 정신증 상태를 나타내는 척도 6, 척도 8 또는 척도 9보다 높게 상승되었다면 내담자가 극도로 불안하여 도움을 요청하고 있음을 반영한다.

(4) K척도

▶ K척도 문항의 예

L척도에 비하여, 포착되기 어렵고 보다 효과적인 방어적 태도에 대해서 측정한다. 30개의 문항으로 구성되어 있다. K척도(Defensiveness)는 일차적으로 타당도 척도이지만 자아강도, 현실접촉, 대처능력, 검사태도 등과 같은 임상적 정보들도 알려준다. 방어심과 경계심을 측정한다는 점에서 L척도가 측정하는 행동과 유사한 부분이 있지만, L척도보다는 세련되고 간접적인 방식으로 자신을 방어한다는 점에서 차이가 있다. 그러나 적절한 수준으로 상승된 K점수는 자신의 심리적 문제를 다룰 수 있는 능력이 있으며 적절한 수준의 자아강도나 현실감각이 있음을 나타낸다.

▶ K척도 문항의 예

- 가끔 뭔가를 때려 부수고 싶은 때가 있다. (아니다)
- 사람들에게 진실을 납득시키려면 토론을 많이 해야 한다. (아니다)
- 나는 정말 쓸모없는 사람이라고 느낄 때가 있다. (아니다)
- 집안 사람들과 말다툼하는 일은 거의 없다. (그렇다)
- 나도 모르게 걱정하고 있을 때가 많다. (아니다)
- 가끔 어린아이로 되돌아갔으면 한다. (아니다)

① T점수 45 이하

이 점수에 속하는 K점수를 보이는 내담자는 자신의 심리적 문제를 기꺼이 인정하고 있으나, 대처능력이나 방어수준이 저하되어 있어 스스로의 힘으로는 자신의 문제를 해결할 자신이 없다고 생각하며 자기비판적인 경향이 있다.

35점 이하의 매우 낮은 T점수를 보이는 내담자는 자신의 문제점이나 단점을 과장해서 보이는 경향이 있거나, 극단적으로 자기비판적인 사람일 수 있다. 즉각적인 도움을 요청하거나 입원을 요하는 급성 정신증적 상태의 내담자가 아닌 경우라면 꾀병(malingering)을 의심해 볼 수 있다.

② T점수 45~60

자기노출과 자기보호 간에 적절한 균형을 유지하고 있으며 일반적으로는 자신의 생활을 잘 통제하고 있다고 느끼는 사람이다. 임상척도가 상승하더라도 합리적인 대처능력을 가진 편이어서 임상척도에서 나타나는 심리적 증상이 덜 극적이며 다른 사람들에게 명백하게 드러나지 않는 경향이 있다.

심리치료에도 충분히 견딜 수 있는 자원이 있어 치료에 잘 반응하며 예후도 좋은 편이다.

③ T점수 60~70

심리적 문제를 잘 인정하려 하지 않는 방어적인 사람으로 부인과 억압의 방어기제를 주로 사용한다. 정상인인 경우에는 독립적이며 활력 있고 융통성이 있으며 다양한 영역에 관심이 있고 자신의 삶을 잘 통제하고 이끌어 나가고 있다는 느낌을 반영하기도 한다.

④ T점수가 70 이상

매우 방어적이며 자신에게 문제가 있다거나 자신의 생활을 통제하는 데 어려움이 있음을 시인하는 것을 견디지 못하는 사람에게서 나타날 수 있다. 정서적 문제를 가진다는 것은 약한 모습이라고 생각하여 외부에 자기 자신의 적절성과 통제력을 과시하려고 지나치게 노력하며 외부의 평가에 민감하다. 자신의 문제에 대한 이해나 통찰력도 부족한 편으로, 심리치료에 대한 예후도 좋지 않다.

2) 타당도 척도의 여러 형태

- 삿갓형(∧형)
- V형
- 정적 기울기(／ 모양)

• 부적 기울기(＼ 모양)

이상의 세 가지 타당도 척도는 상대적인 상승도에 따라서 다음과 같은 유형들로 나타날 수 있다. 각 경우에 해당되는 해석적 가설에 대해서 살펴보기로 한다.

(1) 삿갓형(∧형)

① L척도와 K척도가 T점수 50 이하 / F척도는 T점수 60점 이상

임상장면에서 가장 자주 보게 되는 프로파일 형태로, 내담자가 자신의 신체적 · 정서적 곤란을 인정하고 이와 같은 문제들을 스스로 해결할 자신이 없어 도움을 요청하고 있는 상태다.

② L척도와 K척도는 T점수 55에서 60 사이 / F척도는 T점수 70 이상으로 상승

내담자가 자신의 문제를 인정하면서 동시에 이들 문제에 대하여 자신을 방어하고자 애쓰고 있지만, 이러한 방어가 비효율적이어서 실제로 자신의 문제를 해결하지 못하고 있는 상태이다. 만성적인 적응 곤란 환자들에게서 전형적으로 볼 수 있는 프로파일이다.

③ L척도가 T점수 50 이하 / F척도는 K척도와 같거나 이보다 큼 / K척도는 T점수 55 이상

오랫동안 지속되어 온 문제를 가지고 있으나 이제는 거기에 적응되어 별 불편을 느끼지 않는 상태. F척도가 70점 이상으로 상승하여도 이에 대한 심리적 고통을 거의 느끼지 않으며 단지 현재 증상이나 당면한 문제만을 처리할 수 있게 되기를 바란다. 현재의 스트레스가 경감되면 이에 만족하고 F척도도 감소하게 된다.

(2) V형

L척도와 K척도는 적어도 T점수 60 이상, 때로 T점수 70 가까이 상승하는 반면 F척도는 T점수 50 이하인 경우로, 바람직하지 못한 감정이나 충동 혹은 문제들을 부인하거나 회피하려고 하며 자신을 가능한 좋게 보이려고 애쓰는 상태를 반영한다. 방

어적인 정상인이나 입사지원자들에게서 흔히 나타나며 히스테리 환자 또는 건강염려증 환자 등에서도 자주 나타난다. 입원환자의 경우 만성적인 정신장애를 가지고 있을 경우에도 이러한 프로파일을 보일 수 있다. 이러한 패턴을 보이는 사람들은 부인과 억압의 방어기제를 많이 사용하며 치료에 자발적으로 응하는 경우는 거의 없다.

(3) 정적 기울기(╱ 모양)

L척도는 F척도보다 낮고, F척도는 K척도보다 낮은 형태는(일반적으로 L척도가 T점수 40 정도이며 F척도는 T점수 50~55 정도, K척도는 T점수 60~70에 속함) 일상생활에서 흔히 당면하는 여러 가지 문제들을 해결할 수 있는 적절한 능력이 있고 현재 어떠한 심한 갈등이나 스트레스 같은 것을 겪고 있지 않는 정상적인 사람에게서 흔히 볼 수 있다. 대졸 학력자나 입사지원자 또는 자신을 좋게 보이려는 경향을 가진 사람에게서도 나타날 수 있다. "세련된 방어 프로파일"이라고 부르기도 한다.

(4) 부적 기울기(╲ 모양)

L척도는 F척도보다 높고, F척도는 K척도보다 높은 경우이다(일반적으로 L척도는 T점수 60 정도이며 F척도는 T점수 50 정도를 보이고 K척도는 T점수 40~45에 위치함). 다소 유치한 방식으로 자신을 좋게 보이려고 애쓰는 사람들로, 대개는 교육수준이나 사회경제적 수준이 낮은 계층에서 많이 나타난다. 좋게 보이려는 시도는 미숙하여 대개는 실패하며, 신경증 세 척도(1, 2, 3)가 동반 상승하는 경우가 많다.

3) 임상척도

각 임상척도의 구성과 그 척도의 점수가 의미하는 내용에 대해서 기술하고자 한다. 높은 점수의 경우 장점을 우선적으로 기술하였다. 일반적으로 T점수가 70점 이상으로 상승되는 높은 척도와 지나치게 낮은 척도들에 대해서 해석을 하며 단일 척도 점수보다는 척도들의 형태들을 분석하는 것이 일반적이다. T점수가 30에서 70 사이에 있을 경우를 정상범위로 보고 이러한 프로파일에 대해서는 특별한 해석을 하지 않는 것이 통례지만, 다른 검사에서 나타나는 증후나 신상자료, 현 병력과 일치하지 않는다면 해석을 달리해야 할 것이다. 따라서 여러 다른 검사자료나 내담자의 정보들을 통합적으로 살펴봐야 하며 절대적인 점수뿐 아니라 전체 프로파일의 형태에서 나타나는 상대적인 점수 차이나 다른 척도와의 연관성도 함께 고려해야 한다.

(1) 척도 1: 건강염려증(Hypochondriasis: Hs)

척도 1은 신체기능에 대한 과도한 불안이나 집착 같은 신경증적인 걱정이 있는지를 알아보려는 것이다. 총 33문항으로 구성되어 있으며 실제로 기질적인 원인이 있는지 여부와는 관계없이 '신체적 증상에 대한 과도한 관심과 염려'를 나타낸다.

① 척도 1이 높은 경우

- 강점으로 양심적, 주의 깊은, 대인관계에서 사려 깊은 점
- 척도 1이 T점수 70 이상 높게 상승된 사람들은 자신의 신체적 증상에 과도하게 집착하며 다양한 신체증상을 호소한다.
- 신체적 호소는 대개 모호하지만, 대부분 위장계통의 장애를 호소하며 그다음으로는 만성적인 피로감, 통증 및 무력감 등을 호소한다.
- 자기중심적이고 자기도취적인 성격을 가지고 있다.
- 스스로에 대한 불만감이나 불행감이 심하고 주위 사람들까지 비참하게 만든다.
- 대인관계에서 불평이나 비난을 많이 하고 요구적이며 의존적인 태도를 보인다.
- 비관적이고 패배주의적이며 도움을 주려는 노력들에 대해 냉소적인 반응을 보인다.
- 타인에 대한 적개심을 간접적으로 표현한다.
- 타인을 지배하고 조종할 목적으로, 실제적이거나 혹은 상상적인 신체증상을 나타낸다.
- 불안이 많으나 이를 언어적으로 잘 표현하지 않는다.
- 신체적 증상은 의존욕구가 전치된 것이며 불안을 다루는 수단이 되기도 한다.
- 자신의 심리적 문제에 대한 통찰력이 부족하다.
- 심리적 및 신체적 치료에 대한 예후가 좋지 않다.
- 흔히 신체형 장애, 우울장애, 불안장애 진단이 내려진다.
- 실제로 신체적인 질병이 있는 개인에게 나타나기도 하는데, 이때는 중간 정도로 상승되는 점수를 보이는 경우가 많다.

- 정상인이 척도 1에서 60~65T 정도의 가벼운 상승 점수를 보일 경우에는 양심적이며 사려 깊고 신중한 태도를 반영한다.

② 척도 1이 낮은 경우

- 심각한 질병이 아닌 이상 어떠한 신체적 고통이나 아픔 정도는 무시할 정도로 건강에 대한 자부심을 갖고 있다.
- 보건직에 종사하는 사람이나 건강염려증 환자의 가족에게서도 나타난다.
- 병을 나약함과 동일시하여 부정적으로 생각하는 경향이 있을 수 있다.
- 일반적으로 이들은 일상생활에서 별 문제 없이 효율적으로 살아간다.
- 자신의 심리적 문제들에 대해 통찰력을 가지고 있고, 예민하고 기민하며 책임감과 지각이 있다.

(2) 척도 2: 우울증(Depression: D)

척도 2는 우울증상을 측정하기 위한 것으로 총 60개의 문항으로 구성되어 있다. 슬픔, 사기저하, 미래에 대한 비관적인 생각, 무기력 및 절망감 등을 나타낸다. 척도 2는 현재의 정서상태에 민감하고 단독상승하는 경우는 드물기 때문에 나머지 다른 프로파일의 형태를 고려해서 해석하도록 해야 한다.

① 척도 2가 높은 경우

- 강점으로 책임감이 강하고, 조심스러우며, 양심적인 면
- T점수 70 이상으로 높게 상승되었을 경우 우울 증상이 나타난다.
- 불행감과 우울한 기분을 느끼며 일상생활에 대한 흥미나 즐거움이 상실되어 있다.
- 불안하고 위축되어 있으며 자존감이 낮고 비관적이다.
- 지나치게 과민하고 걱정이 많으며 죄의식을 잘 느낀다.
- 자신이 무가치하고 일을 잘 해낼 수 없다고 느끼며 쉽게 포기한다.
- 어떤 일을 시작하거나 결정을 내리는 데 어려움을 느낀다.
- 잘 울며, 동작이 느리고 기운이 없으며 피로감을 자주 느낀다.
- 집중력이 감퇴되며 초조감을 자주 느낀다.

- 불면증이나 식욕감퇴 등의 신체증상을 나타내기도 한다.
- 타인과의 친밀한 관계를 회피하며 혼자 있고 싶어 한다.
- 흥미 범위가 좁아지며 과거 즐겨했던 활동들을 그만둔다.
- 불쾌한 일에 직면하기를 피하며 지나치게 자신을 억제하고 양보한다.
- 현재 상황에 대한 불만을 인정하며 주관적 고통을 느끼고 있으므로 심리치료에 반응적이다. 그러나 지나치게 높은 경우에는 무기력감 때문에 치료에 대한 의욕조차 결여되어 있다.
- 중간 정도로 높은 점수(60~70T)는 생활에 대한 가벼운 불만을 의미하며, 이 같은 불만이 아주 심하지 않으므로 크게 걱정할 정도가 아니든가 혹은 너무 오랫동안 지속되어 그것과 더불어 살고 있는 상태임을 나타낸다.

② 척도 2가 낮은 경우

- 자신감 있고 활동적이며 활기가 넘친다.
- 기민하고 재치가 있다.
- 정서적으로 안정되어 있으며 낙관적이다.
- 사회적인 상황에서 편하게 느끼며 외향적인 사람으로 보인다.
- 경쟁적이고 지도자의 역할을 맡고자 한다.
- 자제력이 부족하고 자기중심적이거나 자기과시적인 경우도 있는데, 특히 척도 K와 척도 9가 높을 때에 그러하다.
- 다른 사람들에게서 적대감을 불러일으킬 수 있고 가끔 권위자와 갈등상황에 놓일 수 있다.

(3) 척도 3: 히스테리(Hysteria: Hy)

이 척도는 60개의 문항으로 구성되어 있다. 심리적 고통을 회피하는 방법으로 부인을 사용하는 정도를 측정한다. 문항들은 서로 다른 두 가지 유형으로 구성되어 있는데, 하나는 특정한 신체적 증상을 나타내는 문항들이며, 다른 하나는 자신은 사회적으로 잘 적응하고 있고 어떠한 심리적 문제도 가지고 있지 않다고 주장하는 것을 나타내는 문항들이다. 부인을 많이 사용하는 사람들은 자신의 신체적 문제들은 인정하지만 심리적 혹은 정서적 문제들은 부인하려 한다. 또한 이 척도는 '표현'의 정도를 나타내주기도 하는데, 경미한 상승을 보이는 사람들의 긍정적인 특징으로 감정이 풍부하고, 예민하며, 정이 많고 우호적인 측면들을 들 수 있다. 그러나 이러한 장점들이 스트레스를 많이 받으면 심신장애나 부인방어를 나타내는 것으로 변모한다.

① 척도 3이 높은 경우

- 강점은 낙관적, 갈등을 피하고, 사려 깊은 점
- 현실적 어려움이나 심리적 문제를 다루는 방법으로 억압과 부인을 자주 사용한다.
- 주로 신체적 증상을 나타내어 책임을 회피하려 한다.
- 두통, 흉통, 위장불편, 무기력감, 심박항진 등을 호소하는데, 보통 스트레스를 받으면 갑자기 나타났다가 스트레스가 지나가면 사라진다.
- 긴장이나 불안감, 우울감 등의 정서적 고통은 잘 호소하지 않는다.
- 심리적으로 미성숙하고 어린애 같으며 감정기복이 심하다.
- 자기도취적이며 자기중심적이다.
- 타인으로부터 많은 주의와 애정을 요구한다.
- 타인으로부터 관심과 애정을 받으려고 간접적이고 부정한 수단을 동원하기도 한다.
- 적절한 관심을 받지 못하게 되면 적대감을 가지지만, 이와 같은 감정을 부인하며 직접적으로 분노를 표현하지 못한다.
- 외양적으로는 우호적이고 정서적 친밀감을 표현하지만, 실제로는 피상적이며 타인에 대한 공감능력이 부족하다.
- 타인에게 관심을 기울이는 것은 상대방에게 무엇을 얻기 위함이며 실제로는 무관심한 경우가 많다.
- 감정이나 동기에 대한 통찰력이 부족하다.
- 첫인상을 좋게 하기 위해 노력하므로 치료초기에는 순응적인 것처럼 보이지만, 행동 이면의 동기에 대해 통찰을 요구하게 되면 저항하며 심리치료에 잘 반응하지 않는다.
- 피암시성이 높다.
- 전환장애나 심인성 동통장애의 진단이 자주 내려진다.

- 경미한 상승(41~59T)을 보이는 경우 감정이 풍부하고 정이 많으며 낙천적이다.

② 척도 3이 낮은 경우

- 억압과 부인을 적게 사용한다.
- 관심범위가 좁고 현실적인 면에 치중하며 비모험적이다.
- 정서적으로 둔하며 냉정하다.
- 문제해결 방식이 현실적이고 논리적이다.
- 타인을 신뢰하지 않으며 다소 의심이 많고 세상을 냉혹한 것으로 지각한다.
- 대인관계에서 재치가 부족하고 지도적 책임을 회피한다.
- 타인에게 비우호적이고 사람을 싫어하는 경우가 흔하며 사회적으로 고립되어 있다.
- 단조롭고 재미없는 생활방식에 만족해한다.

(4) 척도 4: 반사회성(Psychopathic Deviate: Pd)

총 50개의 문항으로 구성되어 있으며 대표적으로 '공격성'의 정도를 나타낸다. 가족이나 권위적 대상에 대한 불만, 일탈행동, 성문제, 자신 및 사회와의 괴리, 일상생활에서의 권태 등이 이 척도에서 측정하는 주요 대상이다.

① 척도 4가 높은 경우

- 강점은 대담한, 진취적인, 자신감 있는, 독립적인 점
- 사회적 가치를 내면화하는 데 어려움이 있으며 규칙이나 법규에 저항적이다.
- 화를 자주 내고 다른 사람과 다투기를 잘한다.
- 주로 권위적인 인물과의 관계에 어려움이 있으며 반항적인 태도를 보인다.
- 가족과의 갈등이 있으며 자신의 문제에 대해 가족에게 원인을 돌리며 적대감을 표현한다.
- 계획성이나 판단력이 부족하고 충동적이며 좌절인내력이 낮다.
- 모험적이며 경험을 통해 배울 줄 모르고 동일한 문제를 되풀이하는 경향이 있다.
- 자기중심적이고 미성숙하며 이기적이다.

- 자기도취적이고 과시적인 경향이 있어 자기의 행동을 과대하게 표현한다.
- 외향적으로 활발하고 말을 잘하며 자신감이 있어 보이므로 타인에게 좋은 첫인상을 주지만, 오래 사귀기는 힘들다.
- 다른 사람의 욕구나 감정에 무감각하며 무책임하고 신뢰성이 결여되어 있다.
- 따뜻한 인간관계를 형성하지 못하며 대인관계가 피상적이다.
- 깊은 정서적 반응이 결여되어 있으며 이로 인한 권태감이나 공허감이 생기기도 한다.
- 외향화(externalization), 행동화(acting-out), 합리(rationalization) 및 주지화(intellectualization)의 방어기제를 자주 사용한다.
- 심리치료에 대한 예후가 불량하다.
- 임상적으로 반사회적 성격이나 수동-공격성 성격 장애의 진단이 흔하게 내려진다.
- 경미하게 상승된 정상인(56~64T)의 경우 자기 주장적이고 독립적이며 정력적, 활동적인 성향을 나타낸다.

② 척도 4가 낮은 경우

- 관습적이고 순응적이며 권위나 사회적인 규칙에 대하여 수용적이다.
- 수동적이고 비주장적이며 타인들이 자기에게 어떻게 반응할 것인가에 관심이 많다.
- 대인관계에서 진지하고 신뢰할 수 있다.
- 자기비판적이고 충고나 제안을 잘 받아들인다.
- 자기주장을 못하고 경쟁에 약하다.
- 흥미범위가 좁고 독창적이거나 자발적인 면이 적다.
- 욕구 수준이 낮을 수 있고 문제해결에 있어서 인내심이 강하다.
- 도덕적이고 엄격한 견해를 가지는 경향이 있다.
- 자신의 행동에 관한 책임을 받아들이는 것을 두려워한다.
- 치료에 있어서 지나치게 의존적이 되는 경향이 있다.

(5) 척도 5: 남성성-여성성(Masculity-Feminity: Mf)

이 척도는 총 60문항으로 구성되어 있으며, 직업과 취미에 대한 흥미, 심미적이고 종교적인 취향, 능동성과 수동성 그리고 대인관계에서의 감수성에 대한 내용을 포함하고 있다. 본래 남성성과 여성성의 이탈 정도를 알아보기 위해 제작된 것이긴 하나, 점수의 상승이 반드시 그 사람의 동성애적인 성향을 반영한다고 볼 수는 없다. 점수가 상승될 경우 남자는 수동-의존적 성향이 두드러지는 것으로 해석해 볼 수 있고 여자는 남성 성향이 보다 우위에 있다는 정도로 생각해 볼 수 있다. 척도 5의 문항들에 대한 반응은 남자들에게서는 여성 특성을, 여자들에게서는 남성 특성을 나타낼 때 비정상적으로 채점된다. 이 중에서 5개 문항은 비정상적인 성적 행동을 인정하는 문항이므로 같은 반응이 남녀 모두에서 비정상적으로 해석되고, 나머지 55개 문항에 대해서는 비정상반응에 대한 채점이 남녀에 따라 반대가 된다.

▶ 남자

① 척도 5가 높은 경우

- 강점은 공감적인, 배려적, 관대한, 온정적인 점
- 취미가 광범위하고 호기심이 많다.
- 사람들과의 관계에서 다른 사람에 대해 공감할 줄 알며 이해심이 많고 따뜻한 감정을 표현할 줄 안다.
- 관계형성에 관심이 많고 수동적이고 의존적이다.
- T점수 60 이상으로 상승할 경우 미술, 음악, 문학과 같은 심미론에 흥미가 많고 성역할에 대한 유연성을 갖추고 있다. 대학교육을 받은 남자들은 T점수 60에서 70 사이를 얻는 경우가 보편적이다.
- T점수 70 이상으로 상승할 경우 전통적인 남성적 역할에 동일시하지 않으며 자신의 남성적인 역할에 부적절감을 느낀다.
- 이 척도 점수의 상승은 척도 4번, 척도 6번, 척도 9번에서 보이는 외현적 공격성을 무력화시키는 경향이 있기 때문에 이들 척도와 함께 상승할 경우 수동-공격적인 행동을 보일 수 있다.

② 척도 5가 낮을 경우

- 전통적인 남성적 특성을 과시하려는 경향이 있고 따라서 신체적인 힘이나 정력을 지나치게 강조한다.
- 생각보다 행동이 앞서며, 공격적 충동성을 적절히 해소하는 데 어려움이 있다.
- 타인에게 공격적이고 거칠며 겁이 없는 사람으로 표현된다.
- 관심의 범위가 좁고 사고방식이나 문제해결 방식이 경직되어 있으며 융통성이나 독창성이 부족하다.
- 감정을 편안하게 다루기가 어렵다.
- 이들이 보이는 남성적 특징에 대한 지나친 과시는 자신의 남성성에 대한 의심을 은폐하기 위한 보상행동일 수 있다.

여자

① 척도 5가 높은 경우

- 강점은 자기주장적, 독립적, 활기찬, 자신감 있는 점
- 전통적인 여성적 역할에 거부감을 가지고 있으며 일과 관련되어 성취지향적인 특성을 보인다.
- 대인관계에서 자기 주장적이고 공격적이며 경쟁적이다. 특히 척도 4의 상승이 동반될 경우 이러한 특성이 더욱 두드러지게 나타난다.
- 능동적이고 자신감이 있으며 외향적이다.
- 합리적으로 행동하며 계산적이다.
- 감정적인 행동을 하지 않는다.

② 척도 5가 낮은 경우

- 전통적인 여성적 역할에 동일시하며 다른 사람들에게 의존적인 특성을 보인다.
- 복종적이고 수동적이며 유순하다.
- 수줍음이 많고 쉽게 양보하며 때로 스스로 무력감을 느끼기도 한다.
- 대인관계에서 관계가 멀어질 것에 대한 두려움으로 자기주장을 잘하지 못하는 경우가 많다.

- 교육수준이 높은 여성의 경우에는 여성적 역할에 대하여 균형 잡힌 견해를 갖고 있음을 의미하며, 유능하고 양심적이며 편견이 많지 않은 사람으로 비춰진다.
- 점수가 극단적으로 낮을 경우는 위축되어 있고 자기연민에 빠져 있으며 다른 사람의 흠잡기를 잘하고 자기 비하적이다.

(6) 척도 6: 편집증(Paranoia: Pa)

이 척도는 총 40개의 문항으로 구성되어 있다. 대인관계 예민성, 피해의식, 만연한 의심, 경직된 사고, 관계망상 등을 포함하는 편집증의 임상적 특징을 평가하는 것이 주된 목적이다. 척도 6은 크게 세 가지 특징을 나타낸다. 첫째로, 이 척도가 조금 상승(T점수 60~70)되었을 때는 대인관계에서의 민감성을 의미한다. 둘째로, 척도 6이 T점수 70점 이상으로 상승되었을 때는 민감성뿐 아니라 의심성도 반영되어, 타인이 악의적인 의도를 가지고 있다고 생각하여 경계를 하는 상태라고 볼 수 있다. 세 번째 특징은 자기정당성으로, 자신이 한 행동에 대해 타인이 정당한 대우를 하지 않는다고 생각하는 경향을 나타낸다.

① 척도 6이 높은 경우

- 강점은 합리적, 분석적, 공정한, 예민한 점
- 주위 환경에 경계심과 의심이 많다.
- 분노를 느끼기 쉽고 이런 분노는 특정인에게 집중되어 있다.
- 자주 다투거나 논쟁하기를 좋아한다.
- 대인관계에서 방어적이고 불신감이 많으며 경직되어 있어서 대인 접촉이 어렵다.
- 주위에서 일어나는 일이나 말들이 자신을 겨냥한 것이라 과해석하고 다른 사람들의 사소한 거부나 비판에도 민감하게 반응한다.
- 방어기제로 투사를 주로 사용하여 자신의 문제를 인정하기보다는 타인의 탓으로 돌린다.
- 감정적 문제에 대해서 이야기하려 하지 않으며 합리화(rationalization)를 잘한다.

- T점수 70 이상으로 상승되었을 경우 사고장애가 있을 수 있고 피해망상이나 과대망상, 관계망상을 보이며 조현병으로 진단될 수 있다.

② 척도 6이 낮은 경우

- 정신과 환자인 경우 대체로 고집이 세고 회피적이며 지나치게 조심스런 사람들일 수 있다.
- 관심의 범위가 협소하고 자기와 직접 관계가 있는 일이 아니면 관심을 갖지 않는다.
- 통찰이 부족하고 사회적 흥미나 융통성이 부족하다.
- 다른 사람들의 동기에 무감각하고 남을 쉽게 믿으며 잘 속는 경향이 있다.
- 정상인의 경우 사회적으로 유능하고 균형이 잡혀 있으며 관습적이다.
- 극단적으로 낮은 점수를 보이는 사람은 자신의 사고과정을 감추려 하는 편집증적인 경향이 있을 수 있으며 높은 점수를 보이는 사람과 유사한 양상을 가진다.

(7) 척도 7: 강박증(Psychasthenia: Pt)

이 척도는 48문항으로 구성되어 있다. 강박적 행동을 측정하는 것 외에 자기비판, 자신감의 저하, 주의집중 곤란, 우유부단 및 죄책감 등을 측정한다. 실제로 강박적인 환자들에게서 척도 7이 상승하지 않는 경우도 많이 있는데, 이는 그들의 강박적 사고와 행동이 불안을 경감시키는 효과가 있기 때문이다. 척도 7은 척도 K와 상관이 높고 척도 2와 함께 '정서적 고통감' 척도라고 알려져 있는데, 두 척도가 함께 상승하는 경우가 많다. '불안'을 가장 잘 측정하는 유일한 지표라고 할 수 있다. 경미하게 상승할 경우는 시간 약속을 잘 지키고 일을 잘 조직화하는 능력이 있으나, 높은 경우에는 지나치게 걱정을 하고 우유부단하며 사소한 일에 집착하는 등의 부적응적인 행동을 보일 수 있다.

① 척도 7이 높은 경우

- 강점은 세심한, 꼼꼼한, 분석적인 점
- 불안, 긴장, 초조하며 주의집중에 어려움이 있다.

- 불안에 대한 방어로 강박적인 생각, 강박적이고 의식적인 행동을 한다.
- 사소한 일에 대해서 걱정이나 두려움이 많고 과민하다.
- 완벽을 추구하고 높은 목표를 설정하며 자신이 정한 목표에 도달하지 못할 경우 종종 우울감을 느낀다.
- 자기비판적이고 자기비하적이며 죄책감을 많이 느낀다.
- 자신에 대한 회의감이 많고 자신감이 부족하다.
- 엄격하고 도덕적이며 사고의 유연성이나 독창성이 부족하다.
- 사회적 상황에서 수줍음이 많고 타인의 반응에 민감하며, 대인관계에서 서툰 행동을 한다.
- 방어기제로 주지화(intellectualization)를 주로 사용하며 합리화나 취소의식(undoing)의 기제도 나타난다.
- 자신의 신체적 장애에 관심을 보이고 특히 소화기나 비뇨기 계통의 장애를 보인다.
- 적당히 상승되면 약속이나 시간을 잘 지키고 자신에게 주어진 일을 성실하고 꼼꼼하게 처리하며 신뢰로운 사람으로 비춰질 수 있다.
- 척도 2가 같이 상승할 경우는 우유부단한 행동을 보이고 우울감이 동반된다.
- 척도 8이 같이 상승할 경우는 사고장애가 동반된다.

② 척도 7이 낮은 경우

- 걱정이나 불안이 없고 편안하게 이완된 상태를 유지한다.
- 자신감 있고 유능하며 성공지향적이다.
- 안정감을 느끼고 현실적이며 일처리에 효율적이다.
- 사회적 상황에서 적응력이 뛰어나며 성공이나 지위, 사회적 인정을 중요시한다.
- T점수가 40점 이하로 낮을 경우 정상적인 불안을 느끼지 못하고 타인의 감정에 둔감하며 관습적이다.

(8) 척도 8: 조현병(Schizophrenia: Sc)

이 척도는 78문항으로 구성되어 있다. 이 척도의 점수가 높을수록 정신적으로 혼란되어 있음을 반영한다. 그러나 이 척도가 유의한 상승을 보였다고 해서 반드시 조현병인 것은 아닌데, Hathaway(1956)는 척도 8이 조현병 환자의 약 60%만을 감별해 줄 수 있다고 보고한 바 있다. 이에 대해 Graham(1990)과 Ganellen(1996)은 척도 8이 내용상 이질적인 문항들로 구성되어 있기 때문이라고 제안하였다. Harris와 Lingoes(1955)가 제시했듯이 척도 8의 내용 영역은 사고, 감정, 행동들의 장애뿐 아니라 사회적 소외, 정서적 소외, 가족간의 갈등, 주의집중 및 충동억제의 곤란, 성생활 장애 등 다양한 영역을 포함하고 있다. 한편, 정상인에서는 상상력을 반영하는 것이기도 하여, 경미하게 상승된 경우(60~69T) 다른 사람들이 놀라고 받아들일 수 없는 전의식적인 사고나 감정도 잘 수용한다.

① 척도 8이 높은 경우

- 강점은 창의적, 예민한 점
- T점수 70점 이상으로 상승되었을 경우 사고와 의사소통에 곤란이 있고 사고장애를 가지고 있을 수 있다.
- 주의집중력에 어려움을 보이며 정신운동 지체 현상을 보일 수 있다.
- 현실을 회피하며 받아들일 수 없는 충동들을 환상이나 공상을 통해 대리 충족하려 한다.
- 현실과 공상을 구별하는 데 어려움이 있다.
- 분노, 적개심, 공격적 충동이 내재해 있으나 적절한 방식으로 표현할 줄 모른다.
- 정서적으로 무감동하고 냉담하며 자신이 처한 환경으로부터 소외감과 괴리감을 느낀다.
- 열등감과 부적절감, 불만족감을 느낀다.
- 사회적인 규범에 순응하지 못하고 사회적 적응에 필요한 지식이나 기술이 부족하다.
- 타인과의 접촉을 회피하며 사회적으로 고립되어 있다.
- 성적인 집착과 성적 역할의 혼란을 경험한다.
- T점수 80에 가깝거나 보다 높을수록 사물에 대한 지각적 왜곡이 심하고 지남력이 상실되며 판단력 장애가 있을 수 있다. 기괴하고 비현실적인 사고나 이상한 행동, 망상, 환각 등을 보일 수 있다.

- T점수 90 이상으로 상승되어 있을 경우 급성적인 정신적 혼란상태나 심한 불안상태를 반영하는 것일 수 있다. 심한 환경적인 스트레스가 존재하거나 자아정체감에 위기를 경험하여 나타날 수 있으며 조현병은 아닐 수 있다.
- 정상인으로 T점수 60~70의 범위에 있는 사람들은 자기불만감이 많고 화를 잘 내지만 창의적이고 개성이 있으며 상상력이 풍부한 사람으로 보일 수 있다.

② 척도 8이 낮은 경우

- 사회적 규칙을 잘 준수하고 관습적이며 권위적 대상에 순종적이다.
- 보수적이고 현실적인 사람으로, 사변적이고 철학적인 이론에는 관심이 없다.
- 상상력이나 창의력이 부족하며 사고의 유연성이나 융통성이 떨어진다.
- 자신과 다르게 지각하고 행동하는 사람을 이해하기 어려워하며 경직되어 있고 짜여진 생활을 좋아한다.
- 다른 사람과 깊은 감정적 관계를 맺기 어렵다.

(9) 척도 9: 경조증(Hypomania: Ma)

총 46개의 문항으로 구성되었다. 척도 9는 정신적 에너지를 측정하는 척도로서, 이 척도가 높은 사람들은 정력적이고 자신만만하며 자신을 과대평가한다. 예민성이나 부정적인 정서를 부인하는 특징을 보인다.

① 척도 9가 높은 사람

- 강점은 의욕적, 활기찬, 낙관적, 진취적인 점
- 이 척도가 높은 사람들의 세 가지 주요 특징은 과잉활동성, 정서적 흥분성 및 사고의 비약이다.
- 경쟁적이고 말이 많고 생각보다는 행동하기를 좋아하며 다양한 활동에 참여한다.
- 쉽게 권태나 싫증을 느끼며 욕구좌절에 대한 내성이 약하다.
- 힘이 넘치고 계획은 많으나 에너지를 효율적으로 사용하지 못하여 계획한 일들을 완성하는 일은 많지 않다.
- 비현실적이고 근거 없는 낙관성을 가지며 자기 자신의 가치나 중요성을 과

대평가한다.

- 기분이 고양되어 있고 행복감을 표현하나, 정서가 불안정하며 안절부절못하고 화를 잘 낸다.
- 충동통제력에 어려움이 있으며 주기적으로 초조감, 적개심, 공격적 충동의 폭발을 보인다.
- 외형상의 자신감과 안정에도 불구하고 자신이 인생에서 얻은 것에 대하여 불만감이 많고 신경질적이며 긴장되고 걱정이 많다고 말한다. 때로는 주기적인 우울 기간을 경험한다.
- 주위에 사람들이 있는 것을 좋아하지만 대인관계는 피상적이다.
- 이 척도가 높은 사람들이 자주 사용하는 방어기제는 부인과 행동화(acting-out)이며, 특히 척도 4가 함께 상승되어 있으면 행동화 경향이 더욱 현저하다.
- 다른 척도가 시사하는 행동이나 문제를 활성화하는 역할을 한다.
- 치료에 대한 예후는 좋지 못하여 조기에 치료를 중단하는 경우가 많다.
- 치료자를 적개심의 대상으로 삼는 경우가 많고, 문제를 반복하는 경향이 있다.
- T점수가 80점 이상으로 상승되면 조증 증상(사고의 비약, 과대망상, 기분의 변동성, 환각, 과잉활동성 등)을 보인다.
- 정상인의 경우 우호적이고 사교적이며 정력적이다.

② 척도 9가 낮은 경우

- 에너지 수준이나 활동성 수준이 낮다. 일시적인 피로나 병에 기인할 수 있으나 점수가 낮을수록 만성적으로 에너지가 부족할 가능성이 높다.
- 신뢰성 있고 남들이 보기에 겸손하고 진지하다.
- 자신감이 부족하고 감정이 억제되어 있다.
- 극단적으로 낮은 점수(T점수 40 이하)를 보일 경우 무감동적이고 기운이 없으며 의욕이 없고 만성적인 피로감이나 무력감을 호소한다. 척도 2의 점수가 높지 않더라도 우울한 것이 보통이며, 우울증상의 가능성을 고려해 봐야 한다.
- 다른 정신장애에 비해 예후가 좋다.

(10) 척도 0: 내향성(Social introversion: Si)

이 척도는 그 사람이 혼자 있는 것을 선호하는가(점수가 높을 때), 아니면 다른 사람들과 함께 있는 것을 선호하는가(점수가 낮을 때)를 측정하는 척도이다. 70개의 문항으로 되어 있으며, 대인관계 욕구, 대인관계 상황에서의 예민성 또는 수줍음, 사회적 불편감이나 회피, 자기비하 등의 내용으로 구성되어 있다.

척도 0을 해석할 때 주의할 점은, 현재 우리나라의 문화특성상 외향성이 더 좋다는 식의 해석을 하기 쉬운데 이와 같은 가치판단의 전제를 가지지 말아야 한다는 것이다. 어느 쪽이 더 좋다고 일반적으로 말할 수는 없는 일이다. 이런 내향성은 성격적인 성향일 수도 있고 증상의 일면일 수도 있다.

① 척도 0이 높은 경우

- 강점은 자립적, 독립적인 점
- 사회적으로 내향적이다.
- 사회적 상황에서 불안하고 불편해지며 특히 이성들 앞에서 더 불편해진다.
- 자기억제가 심하고 감정표현을 못한다.
- 관계형성에 냉담하고 자기 비하적이다.
- 혼자 또는 몇 명의 사람과 있는 것이 편하며, 여러 가지 사회적 활동에 참여하는 것을 싫어한다.
- 수줍음이 많고 소심하며 회피적이다.
- 자신감이 부족하고 남의 눈에 잘 띄려 하지 않는다.
- 마음을 잘 터놓지 않아 속마음을 알기가 어렵다.
- 다른 사람들이 자신을 어떻게 생각할까 매우 예민하다.
- 행동에 앞서 생각이 많고 문제해결 방식이 조심스럽다.
- 척도 0과 다른 척도들이 동반 상승된 경우 적응상의 문제를 나타낸다.
- 남들이 차갑고 거리가 있는 사람이라고들 말한다.
- 경미한 수준(60~69T)으로 상승된 경우에는 대인관계 형성의 능력은 있으나, 일반적으로 혼자 있는 것을 더 좋아한다. 자율성이나 독립성을 적절히 갖추고 있는 정상성인에게서도 척도 0의 점수가 어느 정도 상승되어 나타난다(내향형의 성격).

② 척도 0이 낮은 경우

- 외향적이고 사교적이다.
- 사람을 좋아하고 다양한 사람과 잘 어울린다.
- 활발하고 유쾌하고 말이 많은 편이다.
- 남 앞에 나서기 좋아하고 과시적이다.
- 적극적이고 정력적이며 경쟁적 상황을 찾아 나선다.
- 충동억제가 부족하고 만족을 지연시키기 어려우며 다소 미숙하다.
- 혼자 있는 것을 어려워한다.
- 나이가 들면 척도 0의 점수는 상승한다. 청소년들에게는 낮은 점수가 흔한 편이다.
- 극단적으로 낮으면(T점수 45 이하) 대인관계에서 의존적이며 피상적이고 진실한 친밀성이 결여되어 있다. 변덕스럽고 다른 사람을 조종하고 기회주의적인 경향이 있으며 특히 척도 3, 4가 상승하면 현저하다. 또한 다른 사람에게 매력적으로 보이는 데 과도하게 관심을 가지고 있다.

8. MMPI-2검사를 활용한 해석상담

사례를 소개하고 MMPI검사 결과를 강점 기반 해석상담으로 진행하는 예를 제시한다.

내담자1

- 내담자 기본 인적 사항은 심리검사 해석상담 신청서에 내담자가 기입한 내용을 토대로 한 것임.
- 20세, 여대생, 1남 1녀 중 둘째, 부모 이혼, 정신과적 치료 경력 없음, 시험불안이 높아 상담 의뢰됨.

〈**MMPI-2검사 프로파일**〉

타당도 척도 L(T=47), F(T=50), K(T=34)로 나타났고 임상척도 2(T=73), 0(T=62)번이 상승되어 있고 그 밖의 임상척도 점수들은 T=40~50 범위로 나타났다. 재구성 임상척도에서 RCd(T=61), 내용 척도에서 DEP(T=79), 보충 척도에서 Mt(T=66), PK(T=61), Ho(T=60), AAS(T=66)로 나타났다.

MMPI-2검사 프로파일에서 상승 척도들을 읽기 전에 낮은 점수를 보이고 있는 척도들이 나타내는 장점이나 강점을 먼저 해석한다. 예를 들어, 임상척도에서 척도 1, 3, 4, 5, 6, 7, 8, 9 점수는 낮은 편임으로 앞에서 설명한 대로 강점들로 이야기를 시작한다. 그리고 나서 상승된 척도, 예를 들어 척도 2는 우울감이 높아 있는 모습이고 척도 0은 대인관계에서 내향적인 성향을 나타낸다. 척도 RCd(T=61)는 의기소침해 있는 상태, 척도 DEP(T=79)는 우울감을 경험하는 상태, 보충 척도에서 Mt(T=66)는 대학생활의 부적응을 경험하는 상태, PK(T=61)는 외상후 스트레스장애와 관련된 상태, Ho(T=60)는 적대감을 경험하는 상태, AAS(T=66)는 중독 인정과 관련된 상태를 시사하고 있음을 상담자는 알 수 있다. 그러나 상승 척도가 의미하는 내용을 직면하거나 장애진단을 사용하여 설득하지 말아야 한다. 이 내담자는 이전의 정신과적인 문제나 증상을 경험한 적이 없으며 초등학교 때 별거하고 중학교 때 이혼한 부모로 인하여 겪은 후유증이 대학생활에 지속되고 있다는 점을 간과해서는 안 된다.

만약 상담자가 척도 2의 상승이 염려가 되어 우울 장애를 염두에 둔다면 우선적으로 간단하게 사용할 수 있는 BDI(Beck Depression Index)를 시행하도록 하여 우울 정도를 확인하고 극심한 우울 정도인지를 확인한다. 이어서 DSM-5의 주요우울 장애 진단기준에 따라서 증상과 기간이 해당되는지를 확인해야 한다. 현재 내담자가 DSM-5의 진단기준에 적합한 상태라면 상담자는 약물치료나 입원치료를 위해 해당 전문가나 기관으로 의뢰해야 한다.

DSM-5의 주요우울 장애(Major Depressive Disorder) 진단기준은 다음과 같다.

A. 다음의 증상 가운데 다섯가지(또는 그 이상)의 증상이 2주 연속으로 지속되며 이전의 기능 상태와 비교할 때 변화를 보이는 경우, 증상 가운데 적어도 하나

는 (1) 우울 기분이거나 (2) 흥미나 즐거움의 상실이어야 한다.

주의점: 명백한 다른 의학적 상태로 인한 증상은 포함되지 않아야 한다.

1. 하루 중 대부분 그리고 거의 매일 지속되는 우울 기분에 대해 주관적으로 보고(예: 슬픔, 공허감 또는 절망감)하거나 객관적으로 관찰됨(예: 눈물 흘림)(주의점: 아동 · 청소년의 경우는 과민한 기분으로 나타나기도 함)
2. 거의 매일, 하루 중 대부분, 거의 또는 모든 일상 활동에 대해 흥미나 즐거움이 뚜렷하게 저하됨.
3. 체중 조절을 하고 있지 않은 상태에서 의미 있는 체중의 감소(예: 1개월 동안 5% 이상의 체중 변화)나 체중의 증가, 거의 매일 나타나는 식욕의 감소나 증가가 있음(주의점: 아동에서는 체중 증가가 기대치에 미달되는 경우)
4. 거의 매일 나타나는 불면이나 과다수면
5. 거의 매일 나타나는 정신운동 초조나 지연(객관적으로 관찰 가능함. 단지 주관적인 좌불안석 또는 처지는 느낌뿐만이 아님)
6. 거의 매일 나타나는 피로나 활력의 상실
7. 거의 매일 무가치감 또는 과도하거나 부적절한 죄책감(망상적일 수도 있는)을 느낌(단순히 병이 있다는 데 대한 자책이나 죄책감이 아님)
8. 거의 매일 나타나는 사고력이나 집중력의 감소 또는 우유부단함(주관적인 호소나 객관적인 관찰 가능함)
9. 반복적인 죽음에 대한 생각(단지 죽음에 대한 두려움이 아닌), 구체적인 계획 없이 반복되는 자살 사고, 또는 자살 시도나 자살 수행에 대한 구체적인 계획

B. 증상이 사회적, 직업적, 또는 다른 중요한 기능 영역에서 임상적으로 현저한 고통이나 손상을 초래한다.

C. 삽화가 물질의 생리적 효과나 다른 의학적 상태로 인한 것이 아니다.

주의점: 진단기준 A부터 C까지는 주요우울 삽화를 구성하고 있다.

주의점: 중요한 상실(예: 사별, 재정적 파탄, 자연재해로 인한 상실, 심각한 질병이나 장애)에 대한 반응으로 진단기준 A에 기술된 극도의 슬픔, 상실에 대한 반추, 불면, 식욕 저하 그리고 체중의 감소가 나타날 수 있고 이는 우울 삽화와 유사하다. 비록 그러한 증상이 이해될 만하고 상실에 대해 적절하다고 판단된다 할지라도 정상적인 상실 반응 동안에 주요우울 삽화가 존재한다면 이는 주의 깊게 다루어져야 한다. 이

러한 결정을 하기 위해서는 개인의 과거력과 상실의 고통을 표현하는 각 문화적 특징을 근거로 한 임상적 판단이 필요하다.

D. 주요우울 삽화가 조현정동장애, 조현병, 조현양상장애, 망상장애, 달리 명시된 또는 명시되지 않는 조현병 스펙트럼 및 기타 정신병적 장애로 더 잘 설명되지 않는다.

E. 조증 삽화 혹은 경조증 삽화가 존재한 적이 없다.

주의점: 조증 유사 혹은 경조증 유사 삽화가 물질로 인한 것이거나 다른 의학적 상태의 직접적인 생리적 효과로 인한 경우라면 이 제외 기준을 적용하지 않는다.

부호화와 기록절차

주요우울 장애의 부호는 단일/재발성 삽화 여부, 심각도, 정신병적 양상의 여부 그리고 관해 상태에 따라 달라진다. 심각도와 정신병적 양상은 주요우울 삽화의 모든 진단기준을 만족시킬 때에만 사용할 수 있다. 관해 여부 세부 진단은 주요우울 삽화의 모든 진단기준을 만족시키지 않을 때에만 사용할 수 있다. 부호는 다음과 같다.

심각도	설명
경도	진단기준을 초과하는 최소한의 증상이 있으며, 증상의 강도가 고통스러우나 환자 스스로 다룰 수 있고 증상이 사회적 또는 직업적 기능에서 적은 손상을 야기한다.
중증도	증상의 개수 및 강도 또는 기능적 손상이 '경도'와 '고도' 사이이다.
고도	증상의 개수가 진단기준 요구량을 상당히 초과하고, 증상의 강도가 매우 고통스럽고 스스로 다룰 수 없으며, 증상이 사회적, 직업적 기능을 뚜렷이 방해한다.
정신병적 양상 동반	망상 또는 환각이 존재한다.
부분 관해 상태	직전 주요우울 삽화의 증상이 나타나지만 진단기준을 완전히 충족하지 않거나, 주요우울 삽화가 회복된 후 해당 삽화의 주요 증상이 없는 기간이 2개월 미만일 경우다.
완전 관해 상태	과거 2개월 동안 장애의 중요한 징후나 증상이 나타나지 않았다.
명시되지 않는 경우	심각도는 기준 증상의 개수 및 해당 증상의 심각도, 또한 기능적 장애의 정도에 근거한다.

〈MMPI-2검사 해석상담〉

상담자1: (MMPI-2검사 프로파일을 가지고 내담자를 처음 만나는 회기) 지난번에 ○○ 님이 작성했던 MMPI-2검사 결과를 함께 보도록 하지요. 괜찮겠지요? 먼저, 이와 같은 심리검사를 받아 본 적이 있는지 궁금합니다.

내담자1: 고등학교 때 진로 상담에서 적성 검사를 해 본 적은 있는데, 이번에 한 이런 검사는 처음입니다.

상담자2: 여기에서 보면 그래프 같이 그려져 있지요? 자세히 보면 굵은 선이 30점, 70점에 그려져 있는 것이 보이실 겁니다. 50점을 기준으로 하여 상하의 약간의 기폭을 보이는 척도들이 있고 그 중에서 두 척도는 기폭이 상승되어 있음을 볼 수 있지요.

내담자2: 네, 그렇군요.

상담자3: 우선 기폭이 좁은 척도들이 나타내는 것으로 척도 1, 3, 4, 5, 6, 7, 8, 9입니다. 이 척도들이 의미하는 것은 ○○ 님이 솔직하고 무엇을 원하는지에 대해서 잘 알고 있고 대인관계에서 진지하고 신뢰할 수 있는 사람이고 순종적이고 겸손한 사람임을 나타냅니다. 그리고 도움이 필요하면 도움을 찾으려고 노력하고, 변화가 필요하면 변화를 시도해야 한다는 것에서 스스로 인정하고 노력하는 면을 말합니다. 이 이야기를 들으면서 ○○ 님은 어떤 생각이 떠오르시나요?

내담자3: 네, 맞는 것도 같아요. 친구들이 많지는 않지만 친한 친구들과는 오랫동안 잘 지내면서 노래방도 가고 밤에는 카톡도 하고 있어요. 엄마에게는 착한 딸이라고 친척들이 이야기하는데 어떤 때는 내가 하고 싶은 것을 엄마를 생각하다보면 포기할 때도 있어요. 사실 저는 그림을 그리는 걸 좋아하고 캐릭터 디자인 쪽으로 공부를 하고 싶었는데 엄마는 4년제 대학교를 졸업해야 한다고 하셔서 성적에 맞게 오다 보니 그중 일본어를 조금 잘하는 편이라서 그 전공을 하게 되었어요.

상담자4: 하고 싶은 대로 못할 때가 있어서 후회되기도 하겠군요.

내담자4: 사실 전공이 맞지 않고 그렇다고 지금 그림을 그린다는 것이 과연 돈을 벌 수 있는 직업을 가질 수 있을지도 모르겠고요. 고등학교 때는 일본어를 조금 잘하는 것 같았는데 막상 대학에 와 보니 일본에서 살다 온 친구들도 많고 너무 많이 차이가 나서 전공 공부가 엄두가 안 나요. 시험 성적도 제대로 나오지 않아서 시험 보기가 두려워요. 엄마 친구들은 장학금 타는 아이들도 있다고 하면서 비교를 하고요. 그러다 보니 엄마가 저에게 공부에 대해서 스트레스를 받게 만들고 있어요.

상담자5: 전공이 적성에 맞지 않아서 걱정이 많군요. 엄마를 실망시키지 않고 싶어서 열심히 하려고 하는데 잘되지 않고요. 간혹 우울하고 불안할 수 있겠네요. 이것저것 생각하다 보면 혼자서 고민하는 시간도 많아질 것 같은데 어떤가요?

내담자5: 맞아요. 대학에 와서 더 그런 것 같아요.

상담자6: ○○ 님의 이러한 염려와 고민이 여기 척도 2와 0에서 나타나 보이네요. 혼자 있는 시간이 많고 말수나 대인관계에 보내는 시간이 줄어들고 한 가지 생각에 곰곰이 잠기다 보면 미래가 잘 풀릴 것 같지 않아 불안해 지고 또 함께 나눌 수 있는 사람이 없어서 우울해질 수도 있겠어요. 대학 생활에 적응하는 데 어려움도 있는 것으로 이야기하셨는데 이 검사 결과에서도 그런 점들이 나타나 있네요. 원하는 대로 되지 않아 화가 나기도 하고요. 한편, 혼자서 시간을 보내면서 이런 고민들이 풀리지 않아 다른 것에 에너지를 쏟는다든지 밤에 잠이 들지 못해서 시간을 보내게 되는 활동이 있다면 어떤 것이 있을까요?

내담자6: 저는 원래 잠이 많은 사람인데, 대학에 와서 부터는 새벽 3시까지 잠이 오지 않다가 잠이 들어 버리면 지각을 하거나 아예 결석을 할 때가 있었어요. 잠이 오지 않으면 핸드폰으로 여기저기 돌아다니다 보면 그렇게 되더라고요. '핸드폰이 없으면 오히려 잠을 더 잘 잘 수 있을까?' 생각했지만 불가능할 것 같아요.

상담자7: 불가능하다면 어떤 것이 불가능하다는 걸까요?

내담자7: 밤에 핸드폰을 꺼 놓고 있는 거요.

앞에서 언급한 바와 같이, 내담자1의 해석상담을 종료한 후에 상담자는 우울장애 여부를 판단해야 한다. 이 사례의 경우, 내담자1은 DSM-5 주요우울 장애 진단기준에 맞지 않아 우울장애를 배제하였다. 그러나 내담자1은 우울감이 지속되고 있으며 이러한 우울감이 가족 관계, 대학생활, 학업 성취 등에 영향을 주고 있는 것으로 보인다. 내담자1이 경험하는 우울감으로 약물치료나 입원치료가 필요한 상황은 아니지만 내담자의 원활한 적응과 바라는 삶을 위해서는 현재 내담자1이 경험하고 있는 우울감을 감소시켜야 할 것이다. 내담자1이 경험하고 있는 우울감에 대한 이슈는 내담자의 상담목표로 고려되어야 한다.

내담자2

- 내담자 기본 인적 사항은 심리검사 해석상담 신청서에 내담자가 기입한 내용을 토대로 한 것임.
- 남자, 35세, 기혼, 자녀는 딸 한 명, 기능직, 부부 갈등으로 상담을 의뢰함. 정신과 치료를 받은 경험이 있음. 현재 약물치료를 받고 있는 중임.

〈MMPI-2검사 프로파일〉

타당도 L(T=36), F(T=70), K(T=38)로 나타났고 임상척도 1(T=74), 2(T=73), 3(T=62), 6(T=84), 7(T=87), 8(T=82), 9(T=75), 0(T=77)이 상승되어 있고 그 밖의 척도 4(T=52), 5(T=41)가 낮아져 있는 것으로 나타났다. 재구성 임상척도에서 RCd(T=75), RC1(T=86), RC6(T=82), RC7(T=77), RC8(T=85)이 상승되어 있고, 성격병리 5요인 척도에서 PSYC(T=85), NEGE(T=72)로 나타났고, 내용 척도에서 ANX(T=78), FRS(T=70), DEP(T=79), HEA(T=83), BIZ(T=74), CYN(T=62), ASP(T=68), LSE(T=67), SOD(T=82)로 나타났고, 보충 척도에서 A(T=75), Mt(T=85), PK(T=87), Ho(T=67), MAC-R(T=62)로 나타났다.

MMPI-2검사 프로파일에서 상승 척도들을 읽기 전에 낮은 점수를 보이고 있는 척도가 나타내는 장점이나 강점을 먼저 해석한다. 예를 들어, 임상척도에서 척도 4와 5의 점수는 낮은 편임으로 앞에서 설명한 대로 강점들로 이야기를 시작한다. 낮은 척도 4는 사회적 규칙에 수용적이고 순응하려는 태도를 보이며 도덕적이고 윤리적인 기준에 대해 거부적이지 않다. 또한 대인관계를 진지하게 받아들일 줄 알고 신뢰로운 관계를 가지려는 욕구가 커 보인다. 낮은 척도 5는 내담자가 남성의 역할, 특히 가정의 가장으로서 역할을 하려는 욕구가 높음을 시사하고 이 역할에서 유능감과 역량을 발휘하고 인정받고 싶은 욕구가 있음을 반영한다. 그리고 나서 상승된 척도, 예를 들어 F(T=70), 1(T=74), 2(T=73), 3(T=62), 6(T=84), 7(T=87), 8(T=82), 9(T=75), 0(T=77)에 대해 언급한다. 타당도 척도 F의 상승은 내담자가 자신의 증상에 대해 솔직하게 보고하려고 했을 가능성을 시사한다. 척도 1은 신체적인 불편과 신체기능에 대한 염려가 있고, 척도 2는 우울감이 높아 있는 모습이고, 척도 3은 대인관계에서 요구적인 면이 있고, 척도 6은 상대방이 어떻게 생각하는지에 대해 예민해 있고 차별을 받고 있다는 느낌을 가질 수 있으며, 척도 7은 사소한 일에 지나치게 신경을 쓰고 결정을 잘 내리지 못하여 주저하는 모습을 보인다. 척도 8은 고립감과 현실에서 다소 벗어난 생각들이 많고, 척도 9는 자기 자신에 대해서 과대적인 평가를 할 수 있으며 주의집중이 저하되어 있는 상태이며, 척도 0은 대인관계에서 내향적인 성향을 나타낸다.

재구성 임상척도에서 RCd(T=75)는 의기소침한 상태고, RC1(T=86)은 신체증상을 호소하고 있으며, RC6(T=82)은 피해적인 생각, RC7(T=77)은 부정적인 정서, RC8(T=85)은 기태적인 경험을 하고 있다. 내용 척도에서 ANX(T=78), FRS(T=70), DEP(T=79), HEA(T=83), BIZ(T=74), CYN(T=62), ASP(T=68), LSE(T=67), SOD(T=82)로 나타났고, 보충 척도에서 A(T=75), Mt(T=85), PK(T=87), Ho(T=67), MAC−R(T=62)로 나타났다.

성격병리 5요인 척도에서 PSYC(T=85)는 정신증적 증상을 경험하고 있고, NEGE(T=72)는 부정적인 정서와 신경증적인 증상을 경험하는 상태를 시사한다. 내용 척도에서 ANX(T=78)는 불안, FRS(T=70)는 공포, DEP(T=79)는 우울, HEA(T=83)는 건강염려, BIZ(T=74)는 기태적 정신상태, CYN(T=62)은 냉소적 태도, ASP(T=68)는 반사회적 특성, LSE(T=67)는 낮은 자존감, SOD(T=82)는 사회적 불편감을 나타냈고, 보충 척도에서 A(T=75)는 불안, Mt(T=85)는 직장생활 부적응, PK(T=87)는 외상후 스트레스장애, Ho(T=67)는 적대감, MAC−R(T=62)은 알코올 중독을 경험하는 것으로 나타났다.

이 내담자는 약물치료를 자의적으로 중단하면서 자기 위생 관리, 양육, 직장생활 기능이 현저히 저하되어 이것이 아내와의 관계에 부정적인 영향을 주고 있다는 점과 증상으로 인해서 잠을 이루지 못해 술을 마시고 있으며 병식이 감소하여 아내의 권유에도 불구하고 약물치료를 지속하지 않으려고 고집하고 있다. 참고로 이 내담자의 이전 진단적 소견은 조현병이었다.

만약 상담자가 척도 6, 8 점수의 상승이 염려되어 정신장애, 특히 조현병을 염두에 둔다면 우선적으로 간단하게 사용할 수 있는 간편 정신상태 평정 척도(Brief Psychiatric Rating Scale: BPRS)를 시행하도록 하여 정신증적 심각도를 확인하고 정신장애 여부를 확인한다. 이어서 DSM-5의 조현병 진단기준에 따라서 증상과 기간이 해당되는지를 확인해야 한다. 현재 내담자가 DSM-5의 진단기준에 적합한 상태라면 상담자는 약물치료나 입원치료를 위해 해당 전문가나 기관으로 의뢰해야 한다.

DSM-5의 조현병(Schizophrenia) 진단기준은 다음과 같다.

A. 다음 증상 중 둘(혹은 그 이상)이 1개월의 기간(성공적으로 치료가 되면 그 이하) 동안의 상당 부분의 시간에 존재하고, 이들 중 최소한 하나는 (1) 내지 (2) 혹은 (3)이어야 한다.
   1. 망상
   2. 환각
   3. 와해된 언어(예: 빈번한 탈선 혹은 지리멸렬)
   4. 극도로 와해된 또는 긴장성 행동
   5. 음성 증상(예: 감퇴된 감정 표현 혹은 무의욕증)

B. 장애의 발병 이래 상당 부분의 시간 동안 일, 대인관계 혹은 자기관리 같은 주요 영역의 한 가지 이상에서 기능 수준이 발병 전 성취된 수준 이하로 현저하게 저하된다(혹은 아동기 또는 청소년기에 발병하는 경우, 기대 수준의 대인관계적, 학문적, 직업적 기능을 성취하지 못함).

C. 장애의 지속적 징후가 최소 6개월 동안 계속된다. 이러한 6개월의 기간은 진단기준 A에 해당하는 증상(예: 활성기 증상)이 있는 최소 1개월(성공적으로 치료되면 그 이하)을 포함해야 하고, 전구 증상이나 잔류 증상의 기간을 포함할 수

있다. 이러한 전구기나 잔류기 동안 장애의 징후는 단지 음성 증상으로 나타나거나, 진단기준 A에 열거된 증상의 두 가지 이상이 악화된 형태(예: 이상한 믿음, 흔치 않는 지가 경험)로 나타날 수 있다.

D. 조현정동장애와 정신병적 양상을 동반한 우울 또는 양극성 장애는 배제된다. 왜냐하면 ① 주요우울 또는 조증 삽화가 활성기 증상과 동시에 일어나지 않기 때문이거나, ② 기분 삽화가 활성기 증상 동안 일어난다고 해도 병의 활성기 및 잔류기 전체 지속 기간의 일부에만 존재하기 때문이다.

E. 장애가 물질(예: 남용약물, 치료약물)의 생리적 효과나 다른 의학적 상태로 인한 것이 아니다.

F. 자폐스펙트럼장애나 아동기 발병 의사소통장애의 병력이 있는 경우, 조현병의 추가 진단은 조현병의 다른 필요 증상에 더하여 뚜렷한 망상이나 환각이 최소 1개월(성공적으로 치료되면 그 이하) 동안 있을 때에만 내려진다.

다음의 경우 명시할 것:

다음의 경과 명시자들은 장애 지속기간이 1년이 지난 후에 그리고 진단적 경과 기준에 반대되지 않을 경우에만 사용되는 것이다.

첫 삽화, 현재 급성 삽화 상태: 정의된 진단적 증상과 시간 기준에 합당한 장애의 첫 발현, 급성 삽화란 증상 기준이 충족되는 시간적 기간을 일컫는다.

첫 삽화, 현재 부분 관해 상태: 부분 관해란 앞 삽화 이후 호전이 유지되고 정의된 장애 기준이 부분적으로만 충족되는 시간적 기간을 일컫는다.

첫 삽화, 현재 완전 관해 상태: 완전 관해란 앞 삽화 이후 더 이상 장애 특이적 증상이 존재하지 않는 시간적 기간을 일컫는다.

다중 삽화, 현재 급성 삽화 상태: 다중 삽화는 최소 2회의 삽화(예: 첫 삽화 이후 관해와 최소 1회의 재발) 이후에 결정될 수 있다.

다중 삽화, 현재 부분 관해 상태

다중 삽화, 현재 완전 관해 상태

지속적인 상태: 장애의 진단적 증상 기준을 충족하는 증상들이 질병 경과의 대부분에서 그대로 남아 있고, 역치 아래의 증상 기간은 전체 경과에 비해 매우 짧다.

명시되지 않는 경우

다음의 경우 명시할 것

긴장증 동반

현재의 심각도를 명시할 것

심각도는 망상, 환각, 와해된 언어, 비정상적 정신운동 행동, 음성증상 등과 같은 정신병의 일차 증상에 대한 양적 평가를 통해 등급화 된다. 이러한 증상 각각은 현재 심각도(지난 7일 중 가장 심한)에 대하여 0(증상 없음)부터 4(고도의 증상이 있음)까지의 5점 척도를 이용해 등급화될 수 있다[다음의 정신병 증상 심각도에 대한 임상가(상담자) 평정 차원 참조].

주의점: 조현병의 진단은 이러한 심각도 명시자의 사용 없이 내려질 수 있다.

정신병 증상 심각도에 대한 임상가(상담자) 평정 차원

(Clinician(Counsellor)—Rated Dimensions of Psychosis Symptom Severity)

정신병적 장애는 이질적이며 증상 심각도를 통해 인지적 그리고/또는 신경생물학적 결함의 정도와 같이 질병의 중요한 측면을 예측할 수 있다. 차원적 평가들은 증상의 심각도에서 유의한 변동을 탐지하며, 이는 치료 계획, 예후에 대한 의사결정, 그리고 병태생리학적 기제에 대한 연구에 도움이 될 수 있다. "정신병 증상 심각도에 대한 임상가(상담자) 평정 차원"은 환각, 망상, 와해된 언어, 비정상적 정신운동 행동, 음성 증상을 포함한 정신병의 주요 증상에 대한 차원적 평가를 위한 척도들을 제공한다. 또한 인지 손상에 대한 차원적 평가를 위한 척도도 포함되어 있다. 정신병적 장애를 지닌 많은 사람은 다양한 인지 영역에서 손상이 있으며 이는 기능적인 능력을 예측해 준다. 게다가 우울 및 조증의 차원적 평가를 위한 각도는 예후적인 가치를 지니고 있으며 치료와 상담에 지침이 된다.

정신병 증상 심각도에 대한 임상가(상담자) 평정 차원은 8개 문항으로 이루어진 척도이며, 임상 평가 시 임상가나 상담자에 의해 수행된다. 임상가나 상담자는 각각의 문항에 대해 지난 일주일 동안 개인이 경험한 증상의 심각도를 평정한다.

채점과 해석(Scoring and Interpretation)

척도에 포함된 개개의 문항은 각 평정 수준의 증상 특정적 정의에 따라 5점 척도 상에서 평정된다(0=증상 없음, 1=불분명함, 2=증상이 있으나 경도의 증상임, 3=중증도의 증상이 있음, 4=고도의 증상이 있음). 임상가나 상담자는 임상적 판단에 근거하여 환자나 내담자에게 이용 가능한 모든 정보를 검토하고, 환자나 내담자의 상태 심각도를 가장 정확하게 기술하는 수준에 대해 체크 표시한다. 그 후 임상가나 상담자는 척도의 "점수"란에 각 문항의 점수를 기입한다.

사용빈도(Frequency of use)

시간의 경과에 따른 내담자의 증상 심각도 변화를 추적하기 위해 증상의 안정성 및 치료 상태에 따라 임상적으로 권고되는 일정한 간격을 두고 평가가 수행될 수 있다. 특정 영역에서 일관적으로 높은 점수는 그 영역이 내담자에게 현저하고 문제가 되는 영역임을 나타내 주며 추가적인 평가와 치료, 후속 관찰이 필요함을 시사해 준다. 임상적인 판단에 입각해서 의사결정을 해야 한다.

정신병 증상 심각도에 대한 임상가(상담자) 평정 차원

이름: ____________ 연령: ____________ 성별: 남 / 여 실시일자:

지시문: 내담자에 대한 모든 정보에 근거한 임상적 판단하에 지난 7일 동안 환자가 경험한 증상 유무와 증상 심각도를 표시하시오.

영역	0	1	2	3	4	점수
Ⅰ. 환각	□ 증상 없음	□ 불분명함(정신병이 고려될 만큼 심각도나 증상 지속 기간이 충분하지 않음)	□ 증상이 있거나 경도의 증상임(환청에 대해 행동하려는 압력을 거의 받지 않으며, 환청으로 인해 심하게 고통을 받지 않음)	□ 중등도의 증상이 있음(환청에 반응해야 한다는 압력을 약간 받거나, 환청으로 인해 다소 고통을 받음)	□ 고도의 증상이 있음(환청에 반응해야 한다는 압력을 심하게 받고 있거나, 환청으로 인해 매우 고통을 받음)	
Ⅱ. 망상	□ 증상 없음	□ 불분명함(정신병이 고려될 만큼 심각도나 증상 지속 기간이 충분하지 않음)	□ 증상이 있으나 경도의 증상임(망상적 신념에 대해 행동하려는 압력을 거의 받지 않으며 그로 인해 심하게 고통을 받지 않음)	□ 중등도의 증상이 있음(망상적 신념에 대해 행동하려는 압력을 약간 받거나, 그로 인해 다소 고통을 받음)	□ 고도의 증상이 있음(망상적 신념에 대해 행동하려는 압력을 심하게 받고 있거나, 그로 인해 매우 고통을 받음)	
Ⅲ. 와해된 언어	□ 증상 없음	□ 불분명함(와해가 고려될 만큼 심각도나 증상 지속 기간이 충분하지 않음)	□ 증상이 있으나 경도의 증상임(말을 이해하기가 다소 어려움)	□ 중등증도 증상이 있음(말을 이해하기가 자주 어려움)	□ 고도의 증상이 있음(말을 이해하기가 거의 불가능함)	
Ⅳ. 비정상적 정신운동 행동	□ 증상 없음	□ 불분명함(비정상적 정신운동 행동이 고려될 만큼 심각도나 증상 지속 기간이 충분하지 않음)	□ 증상이 있으나 경도의 증상임(비정상적, 기태적 운동 행동 또는 긴장증을 가끔 보임)	□ 중등도의 증상이 있음(비정상적, 기태적 운동 행동 또는 긴장증을 빈번하게 보임)	□ 고도의 증상이 있음(비정상적, 기태적 운동 행동이나 긴장증을 거의 일관되게 보임)	
Ⅴ. 음성증상(제한된 감정 표현 또는 무욕증)	□ 증상 없음	□ 얼굴 표정, 운율, 몸짓 또는 자기 주도적 행동의 불분명한 감소	□ 얼굴 표정, 운율, 몸짓 또는 자기 주도적 행동의 경미한 감소	□ 얼굴 표정, 운율, 몸짓 또는 자기 주도적 행동의 중증도 감소	□ 얼굴 표정, 운율, 몸짓, 또는 자기주도적 행동의 심한 감소	

VI. 손상된 인지	□ 증상 없음	□ 불분명함 (연령 또는 사회경제적 지위에서 기대되는 범위를 명확하게 넘지 않음, ±0.5 이내)	□ 증상이 있으나 경도의 증상임(인지 기능이 다소 저하됨, 연령 또는 사회경제적 지위에서 기대되는 범위를 넘어섬, ±0.5~1 이내)	□ 중등도의 증상이 있음 (인지 기능의 분명한 저하, 연령 또는 사회경제적 지위에서 기대되는 범위를 넘어섬, ±1~2 이내)	□ 고도의 증상이 있음(인지 기능의 심한 저하, 연령 또는 사회경제적 지위에서 기대되는 범위를 넘어섬, 2 표준편차 이상)	
VII. 우울	□ 증상 없음	□ 불분명함 (간혹 슬프고 처지고 우울하거나 절망스러움, 누군가를 실망시키거나 무언가를 실패할지도 모른다고 걱정하지만 그러한 생각에 집착하지는 않음)	□ 증상이 있으나 경도의 증상임(매우 슬프고 처지고 중증도의 우울감 또는 절망감을 빈번하게 경험함, 누군가를 실망시키거나 무언가를 실패할지도 모른다는 생각에 다소 집착함)	□ 중등도의 증상이 있음 (깊은 우울, 절망감이 빈번함, 잘못한 일에 대한 죄책감에 집착함)	□ 고도의 증상이 있음(거의 매일 깊은 우울과 절망감, 망상적 죄책감, 비합리적 자기비난 경향이 광범위하게 나타남)	
VIII. 조증	□ 증상 없음	□ 불분명함 (간혹 고양되고 팽창되고 성마른 기분 또는 가만히 있지 못하고 안절부절못함)	□ 증상이 있으나 경도의 증상임(다소 고양되고 팽창되고 성마른 기분 또는 안절부절못함)	□ 중등도의 증상이 있음 (광범위하게 고양되고 팽창되고 성마른 기분과 안절부절못하는 행동을 빈번하게 보임)	□ 고도의 증상이 있음(매우 고양되고 팽창되고 성마른 기분 또는 안절부절못하는 행동을 매일 광범위하게 보임)	

〈MMPI-2검사 해석상담〉

상담자1: 아내와 잘 지내고 싶어서 심리검사와 상담을 신청하셨네요. 가족 관계를 소중히 여기시는 분이시군요. 지난번 작성했던 검사결과를 함께 살펴보도록 하지요. 먼저, 입원 치료를 받았던 경험이 있다고 적으셨는데, 이런 검사를 해 본 경험이 있으신지 궁금합니다.

내담자1: 네, 여러 차례 해 본 적 있어요. 문항이 너무 많아서 힘들었어요.

상담자2: 힘든 가운데서도 끝까지 작성해 주셔서 감사합니다.

내담자2: 네.

상담자3: 많은 척도가 높게 나타났는데요. 요즘 어떤 일로 힘드신지 말씀해 주세요.

내담자3: 직장에 있는 한 사람이 계속 제 험담을 많이 해요. 너무 힘이 듭니다. 그래서 직장에 가기 싫어요. 제가 출근하지 않아도 험담하는 소리가 계속 들려요. 근데 아내는 이런 제 어려운 상황이나 저의 심정을 전혀 알지 못합니다. 험담 때문에 너무 힘이 들어 요즘 직장을 좀 쉬고 있거든요. 근데 아내는 계속 직장에 나가라고 보챕니다. 저도 가장으로서 돈을 벌어야 한다는 걸 알지만 정말 너무 힘이 들어요. 이런 고민으로 밤에 잠도 잘 오지 않고 소주를 한두 잔 마셔야 잠을 잘 수 있어요. 집에만 있다 보니 몸도 많이 아프고 기분도 다운이 됩니다. 요즘 아무것도 하기 싫어요. 머리가 멍해요. 옆에서 딸이 보채면 짜증이 나요. 너무 힘이 들어요.

상담자4: 많이 힘든 상황이시군요. 검사 결과에서도 ○○ 님이 말씀하신 면들이 많이 드러나고 있네요. 다른 사람의 반응에 예민해지고, 생각이 많아지고, 잠이 잘 오지 않고, 몸이 아프고, 무기력해지고 쉽게 기분이 침체되기도 하시고요.

내담자4: 네, 맞아요. 아무것도 하기 싫어요. 가만히 있고 싶어요.

상담자5: 요즘 특히 더 무기력해지셨네요. 언제부터 직장도 귀찮고, 사람도 만나고 싶지 않고 집에만 가만히 있고 싶어지셨는지 궁금합니다.

내담자5: 두세 달 정도 된 것 같아요. 잘은 모르겠는데, 그때부터 아내의 잔소리가 심해진 것 같아요. 저는 아무 문제가 없는 것 같은데요. 아내에게 저는 '조금 쉬면 될 거야.'라고 하는데, 계속 약을 먹고 있는지만 물어요.

상담자6: 요즘 ○○ 님에게 여러 가지 고민이 생기셨네요. 아내가 약을 먹었는지 계속 확인하는 말을 하면 ○○ 님은 뭐라고 말씀하시나요?

내담자6: 제 병은 제가 제일 잘 알아요.

상담자7: MMPI-2검사 결과에서 나타나듯이, 현재 ○○ 님은 매우 힘드신 상황이시네요.

내담자7: 맞습니다.

상담자8: 약물치료를 하고 있을 때와 지금 상태의 차이가 있는지 궁금하네요.

내담자8: 차이가 있긴 있어요. 약을 먹을 때는 적어도 아내와는 덜 싸웠지요.

상담자9: 약물치료가 ○○ 님에게 도움이 되었네요. 적어도 아내와의 관계는 괜찮았네요. 직장에도 나가서 가장의 역할도 할 수 있으셨고요.

내담자9: 그렇지요.

앞에서 언급한 바와 같이, 내담자2의 해석상담을 종료한 후에 상담자는 정신장애 여부를 판단해야 한다. 이 사례의 경우, 내담자2가 DSM-5 조현병 진단기준에 맞는지 확인해야 한다. 현재 내담자2는 피해망상으로 대인관계가 어렵고, 간혹 환청이 들리는 등 지각장애가 유지되고 있어, DSM-5 조현병 진단기준에 맞는다. 또한 이전에 내담자2는 조현병 진단을 받은 경험이 있었고 그로 인해 약물치료를 지속하고 있었던 상태다. 내담자2가 경험하는 조현병 증상들로 인해 약물치료나 입원치료가 필요한 상황인지 상담자는 확인해야 한다. 적어도 내담자2는 이전부터 지속해 온 약물치료를 다시 시작해야 할 상황은 분명하므로 상담자는 내담자의 약물치료 경험과 동기에 대한 점검을 해야 한다. 내담자2의 약물치료 지속하기에 대한 이슈는 내담자2의 상담목표로 고려되어야 한다. 필요할 경우, 내담자2의 보호자인 아내와의 개별 면담을 시행하여 내담자2의 약물 혹은 입원치료의 필요 여부를 확인해야 한다.

내담자3

- 내담자 기본 인적 사항은 심리검사 해석상담 신청서에 내담자가 기입한 내용을 토대로 한 것임.
- 여자, 25세, 미혼, 대형 마트 직원, 정신과적 치료 경력 없음, 최근에 파혼을 하고 불면으로 의뢰됨.

〈MMPI-2검사 프로파일〉

타당도 척도 L(T=43), F(T=52), K(T=42)로 나타났고 임상척도 1(T=71), 2(T=64), 3(T=62), 6(T=62), 7(T=69), 8(T=62), 0(T=61)이 상승되어 있고 그 밖의 4(T=56), 5(T=30), 9(T=55) 척도가 낮아져 있는 것으로 나타났다. 재구성 임상척도에서 RCd(T=75), RC1(T=72)이 상승되어 있고, 내용 척도에서 ANX(T=61), DEP(T=70), HEA(T=74), SOD(T=61), WRK(T=61)로 나타났고, 보충 척도에서 A(T=64), Mt(T=71), PK(T=73), MDS(T=66)로 나타났다.

MMPI-2검사 프로파일에서 상승 척도들을 읽기 전에 낮은 점수를 보이고 있는 척도가 나타내는 장점이나 강점을 먼저 해석한다. 예를 들어, 임상척도에서 척도 4, 5, 9 점수는 낮은 편임으로 앞에서 설명한 대로 강점들로 이야기를 시작한다. 낮은 척도 4는 사회적 규칙에 수용적이고 순응하려는 태도를 보이며 도덕적이고 윤리적인 기준에 대해 거부적이지 않다. 또한 대인관계를 진지하게 받아들일 줄 알고 신뢰로운 관계를 가지려는 욕구가 커 보인다. 낮은 척도 5는 내담자가 여성의 역할, 특히 순종적이고 겸손하며 자기의 고집을 쉽게 포기하는 것으로 보인다. 낮은 척도 9는 신뢰성이 있고 겸손해 보이고 진지해 보일 수 있으며 조심스럽고 자신을 통제하는 모습으로 보이며 정서적 표현을 아끼는 태도를 보인다.

그리고 나서 상승된 척도, 예를 들어 1(T=71), 2(T=64), 3(T=62), 6(T=62), 7(T=69), 8(T=62), 0(T=61)에 대해 언급한다. 척도 1은 신체적인 불편과 신체기능에 대한 염려가 있고, 척도 2는 우울감이 높아 있는 모습이고, 척도 3은 대인관계에서 요구적인 면이 있고, 척도 6은 상대방이 어떻게 생각하는지에 대해 예민해 있고 차별을 받고 있다는 느낌을 가질 수 있으며, 척도 7은 사소한 일에 지나치게 신경을 쓰고 결정을 잘 내리지 못하여 주저하는 모습을 보인다. 척도 8은 고립감과 현실에서 다소 벗어난 생각들이 많고, 척도 0은 대인관계에서 내향적인 성향을 나타낸다.

재구성 임상척도에서 RCd(T=75)는 의기소침한 상태고, RC1(T=72)은 신체증상을 호소하고 있다. 내용 척도에서 ANX(T=61)는 불안, DEP(T=70)는 우울, HEA(T=74)는 건강염려, SOD(T=61)는 사회적 불편감, WRK(T=61)는 직업적 곤란을 보였다. 보충 척도에서 A(T=64)는 불안, Mt(T=71)는 일상생활 부적응, PK(T=73)는 외상후 스트레스장애, MDS(T=66)는 결혼생활 부적응으로 나타났다.

이 내담자3은 최근에 오랫동안 사귀어 온 남자 친구와의 결혼을 앞두고 있었는데 갑자기 남자 측으로부터 파혼을 당하였다. 파혼을 당한 이후에 내담자3은 직장과 일상생활에서 무기력함을 드러내고 사회적 관계를 회피하고 있으며 대부분의 시간 동안 혼자 은둔 생활을 하려고 하며 혼자 있을 때 자주 울고 지난 한 달 동안 체중이 10kg 정도 늘었다. 참고로 이 내담자3은 이전에 정신과적 치료 경력이 없었다.

만약 상담자가 MMPI－2검사의 중요한 임상척도들이 대부분 상승되어 있고, 객관적으로 확인일 될 수 있는 생활사건(예: 파혼 등)이 관찰되어 적응장애 또는 스트레스 관련 장애에 해당될 수 있을 경우, 내담자의 적응 곤란과 스트레스 관련 장애 여부를 파악해야 한다. 이어서 DSM－5의 적응장애 또는 스트레스 관련 장애에 따라서 증상과 기간이 해당되는지를 확인해야 한다. 현재 내담자가 DSM－5의 진단기준에 적합한 상태라면 상담자는 약물치료를 위해 해당 전문가나 기관으로 의뢰해야 한다. DSM－5의 외상후 스트레스장애(Posttraumatic Stress Disorder), 급성 스트레스장애(Acute Stress Disorder), 적응장애(Adiustment Disorders)의 진단기준은 다음과 같다.

외상후 스트레스장애(Posttraumatic Stress Disorder) 진단기준

주의점: 이 기준은 성인, 청소년 그리고 7세 이상의 아동에게 적용된다. 6세 또는 더 어린 아동을 위해서는 다음의 해당 기준을 보기 바란다.

A. 실제적이거나 위협적인 죽음, 심각한 부상 또는 성폭력에의 노출이 다음과 같은 방식 가운데 한 가지(또는 그 이상)에서 나타난다.

1. 외상성 사건(들)에 대한 직접적인 경험
2. 그 사건(들)이 다른 사람들에게 일어난 것을 생생하게 목격함
3. 외상성 사건(들)이 가족, 가까운 친척 또는 친한 친구에게 일어난 것을 알게 됨
   주의점: 가족, 친척 또는 친구에게 생긴 실제적이거나 위협적인 죽음은 그 사건(들)이 폭력적이거나 돌발적으로 발생한 것이어야만 한다.
4. 외상성 사건(들)의 혐오스러운 세부 사항에 대한 반복적이거나 지나친 노출의 경험(예: 변사체 처리의 최초 대처자, 아동학대의 세부 사항에 반복적으로 노출된 경찰관)
   주의점: 진단기준 A4는 노출이 일과 관계된 것이 아닌 한 전자 미디어, 텔레비전, 영화 또는 사진을 통해 노출된 경우는 적용되지 않는다.

B. 외상성 사건(들)이 일어난 후에 시작된 외상성 사건(들)과 관련이 있는 침습 증상의 존재가 다음 중 한 가지(또는 그 이상)에서 나타난다.
1. 외상성 사건(들)의 반복적, 불수의적이고, 침습적인 고통스러운 기억
   주의점: 7세 이상의 아동에서는 외상성 사건(들)의 주제 또는 양상이 표현되는 반복적인 놀이로 나타날 수 있다.
2. 꿈의 내용과 정동이 외상성 사건(들)과 관련되는 반복적으로 나타나는 고통스러운 꿈
   주의점: 아동에서는 내용을 알 수 없는 악몽으로 나타나기도 한다.
3. 외상성 사건(들)이 재생되는 것처럼 그 개인이 느끼고 행동하게 되는 해리성 반응(예: 플래시백) (그러한 반응은 연속선상에서 나타나며, 가장 극한 표현은 현재 주변 상황에 대한 인식의 완전한 소실일 수 있음)
   주의점: 아동에서는 외상의 특정한 재현이 놀이로 나타날 수 있다.
4. 외상성 사건(들)을 상징하거나 닮은 내부 또는 외부의 단서에 노출되었을 때 나타나는 극심하거나 장기적인 심리적 고통
5. 외상성 사건(들)을 상징하거나 닮은 내부 또는 외부의 단서에 대한 뚜렷한 생리적 반응

C. 외상성 사건(들)이 일어난 후에 시작된, 외상성 사건(들)과 관련이 있는 자극에 대한 지속적인 회피가 다음 중 한 가지 또는 두 가지 모두에서 명백하다.
1. 외상성 사건(들)에 대한 또는 밀접한 관련이 있는 고통스러운 기억, 생각 또

는 감정을 회피 또는 회피하려는 노력

2. 외상성 사건(들)에 대한 또는 밀접한 관련이 있는 고통스러운 기억, 생각 또는 감정을 불러일으키는 외부적 암시(사람, 장소, 대화, 행동, 사물, 상황)를 회피 또는 회피하려는 노력

D. 외상성 사건(들)이 일어난 후에 시작되거나 악화된, 외상성 사건(들)과 관련이 있는 인지와 감정의 부정적 변화가 다음 중 두 가지(또는 그 이상)에서 나타난다.

1. 외상성 사건(들)의 중요한 부분을 기억할 수 없는 무능력(두부 외상, 알코올 또는 약물 등의 이유가 아니며 전형적으로 해리성 기억상실에 기인)
2. 자신, 다른 사람 또는 세계에 대한 지속적이고 과장된 부정적인 믿음 또는 예상(예: '나는 나쁘다.' '누구도 믿을 수 없다.' '이 세계는 전적으로 위험하다.' '나의 전체 신경계는 영구적으로 파괴되었다.')
3. 외상성 사건(들)의 원인 또는 결과에 대하여 지속적으로 왜곡된 인지를 하여 자신 또는 다른 사람을 비난함
4. 지속적으로 부정적인 감정 상태(예: 공포, 경악, 화, 죄책감 또는 수치심)
5. 주요 활동에 대해 현저하게 저하된 흥미 또는 참여
6. 다른 사람과의 사이가 멀어지거나 소원해지는 느낌
7. 긍정적 감정을 경험할 수 없는 지속적인 무능력(예: 행복, 만족 또는 사랑의 느낌을 경험할 수 없는 무능력)

E. 외상성 사건(들)이 일어난 후에 시작되거나 악화된, 외상성 사건(들)과 관련이 있는 각성과 반응성의 뚜렷한 변화가 다음 중 두 가지(또는 그 이상)에서 현저하다.

1. (자극이 거의 없거나 아예 없이) 전형적으로 사람 또는 사물에 대한 언어적 또는 신체적 공격성으로 표현되는 민감한 행동과 분노폭발
2. 무모하거나 자기파괴적 행동
3. 과각성
4. 과장된 놀람 반응
5. 집중력의 문제
6. 수면 교란(예: 수면을 취하거나 유지하는 데 어려움 또는 불안정한 수면)

F. 장애(진단기준 B, C, D 그리고 E)의 기간이 1개월 이상이어야 한다.

G. 장애가 사회적, 직업적, 또는 다른 중요한 기능 영역에서 임상적으로 현저한 고통이나 손상을 초래한다.

H. 장애가 물질(예: 치료약물이나 알코올)의 생리적 효과나 다른 의학적 상태로 인

한 것이 아니다.

다음 중 하나를 명시할 것:

해리 증상 동반: 개인의 증상이 외상후 스트레스장애의 기준에 해당하고, 또한 스트레스에 반응하여 그 개인이 다음에 해당하는 증상을 지속적이거나 반복적으로 경험한다.

1. 이인증: 스스로의 정신 과정 또는 신체로부터 떨어져서 마치 외부 관찰자가 된 것 같은 지속적 또는 반복적 경험(예: 꿈속에 있는 느낌, 자신 또는 신체의 비현실감 또는 시간이 느리게 가는 감각을 느낌)
2. 비현실감: 주위 환경의 비현실성에 대한 지속적 또는 반복적 경험(예: 개인을 둘러싼 세계를 비현실적, 꿈속에 있는 듯한, 멀리 떨어져 있는, 또는 왜곡된 것처럼 경험)

주의점: 이 아형을 쓰려면 해리 증상은 물질의 생리적 효과(예: 알코올 중독 상태에서의 일시적 기억상실, 행동)이나 다른 의학적 상태(예: 복합 부분 발작)로 인한 것이 아니어야 한다.

다음의 경우 명시할 것:

지연되어 표현되는 경우: (어떤 증상의 시작과 표현은 사건 직후 나타날 수 있더라도) 사건 이후 최소 6개월이 지난 후에 모든 진단기준을 만족할 때

6세 이하 아동의 외상후 스트레스장애 포함

A. 6세 또는 그보다 더 어린 아동에서는 실제적이거나 위협적인 죽음, 심각한 부상 또는 성폭력에의 노출이 다음과 같은 방식 가운데 한 가지(또는 그 이상)에서 나타난다.
   1. 외상성 사건(들)에 대한 직접적인 경험
   2. 그 사건(들)이 다른 사람들, 특히 주 보호자에게 일어난 것을 생생하게 목격함
      주의점: 목격이 전자미디어, 텔레비전, 영화 또는 사진을 통한 경우는 포함되지 않는다.
   3. 외상성 사건(들)이 부모 또는 보호자에게 일어난 것을 알게 됨

B. 외상성 사건(들)이 일어난 후에 시작된 외상성 사건(들)과 관련이 있는 침습 증상의 존재가 다음 한 가지(또는 그 이상)에서 나타난다.
   1. 외상성 사건(들)의 반복적, 불수의적이고, 침습적인 고통스러운 기억

주의점: 자연발생적이고 침습적인 기억이 고통스럽게 나타나야만 하는 것은 아니며 놀이를 통한 재현으로 나타날 수도 있다.

2. 꿈의 내용과 정동이 외상성 사건(들)과 관련되는 반복적으로 나타나는 고통스러운 꿈

   주의점: 꿈의 무서운 내용이 외상성 사건과 연관이 있는지 아닌지 확신하는 것이 가능하지 않을 수 있다.

3. 외상성 사건(들)이 재생되는 것처럼 그 아동이 느끼고 행동하게 되는 해리성 반응(예: 플래시백)(그러한 반응은 연속선상에서 나타나며, 가장 극한 표현은 현재 주변 상황에 대한 인식의 완전한 소실일 수 있음) 그러한 외상의 특정한 재현은 놀이로 나타날 수 있다.
4. 외상성 사건(들)을 상징하거나 닮은 내부 또는 외부의 단서에 노출되었을 때 나타나는 극심하거나 장기적인 심리적 고통
5. 외상성 사건(들)을 상기하는 것에 대한 현저한 생리적 반응

C. 외상성 사건(들)이 일어난 후에 시작되거나 악화된, 외상성 사건(들)과 관련이 있는 자극의 지속적인 회피 또는 외상성 사건(들)과 관련이 있는 인지와 감정의 부정적 변화를 대변하는 다음 중 한 가지(또는 그 이상)의 증상이 있다.

자극의 지속적 회피

1. 외상상 사건(들)을 상기시키는 활동, 장소 또는 물리적 암시 등을 회피 또는 회피하려는 노력
2. 외상성 사건(들)을 상기시키는 사람, 대화 또는 대인관계 상황 등을 회피 또는 회피하려는 노력

인지의 지속적 회피

3. 부정적 감정 상태의 뚜렷한 빈도 증가(예: 공포, 죄책감, 슬픔, 수치심, 혼란)
4. 놀이의 축소를 포함하는, 주요 활동에 대해 현저하게 저하된 흥미 또는 참여
5. 사회적으로 위축된 행동
6. 긍정적인 감정 표현의 지속적인 감소

D. 외상성 사건(들)이 일어난 후에 시작되거나 악화된, 외상성 사건(들)과 관련이 있는 각성과 반응성의 변화가 다음 중 두 가지(또는 그 이상)에서 명백하다.

1. 전형적으로 사람 또는 사물에 대한 언어적 또는 신체적 공격성으로(극도의 분

노발작 포함) 표현되는 민감한 행동과 분노폭발(자극이 거의 없거나 아예 없이)

2. 과각성
3. 과장된 놀람 반응
4. 집중력의 문제
5. 수면 교란(예: 수면을 취하거나 유지하는 데 어려움 또는 불안정한 수면)

E. 장애의 기간이 1개월 이상이어야 한다.

F. 장애가 부모, 형제, 또래 또는 다른 보호자의 관계 또는 학교생활에서 임상적으로 현저한 고통이나 손상을 초래한다.

G. 장애가 물질(예: 치료약물이나 알코올)의 생리적 효과나 다른 의학적 상태로 인한 것이 아니다.

다음 중 하나를 명시할 것:

해리 증상 동반: 개인의 증상이 외상후 스트레스장애의 기준에 해당하고 그 개인이 다음에 해당하는 증상을 지속적이거나 반복적으로 경험한다.

1. 이인증: 스스로의 정신 과정 또는 신체로부터 떨어져서 마치 외부 관찰자가 된 것 같은 지속적 또는 반복적 경험(예: 꿈속에 있는 느낌, 자신 또는 신체의 비현실감 또는 시간이 느리게 가는 감각을 느낌)
2. 비현실감: 주위 환경의 비현실성에 대한 지속적 또는 반복적 경험(예: 개인을 둘러싼 세계를 비현실적, 꿈속에 있는 듯한, 멀리 떨어져 있는, 또는 왜곡된 것처럼 경험)

주의점: 이 아형을 쓰려면 해리 증상은 물질의 생리적 효과(예: 일시적 기억상실)나 다른 의학적 상태(예: 복합 부분 발작)로 인한 것이 아니어야 한다.

다음의 경우 명시할 것:

지연되어 표현되는 경우: 사건 이후 최소 6개월이 지난 후에 모든 진단기준을 만족할 때(어떤 증상의 시작과 표현은 사건 직후 나타날 수 있더라도)

급성 스트레스장애(Acute Stress Disorder)의 진단기준은 다음과 같다.

A. 실제적이거나 위협적인 죽음, 심각한 부상 또는 성폭력에의 노출이 다음과 같은 방식 가운데 한 가지(또는 그 이상)에서 나타난다.

1. 외상성 사건(들)에 대한 직접적인 경험

2. 그 사건(들)이 다른 사람들엑 일어난 것을 생생하게 목격함
3. 외상성 사건(들)이 가족, 가까운 친척 또는 친한 친구에게 일어난 것을 알게 됨
   주의점: 가족, 친척 또는 친구에게 생긴 실제적이거나 위협적인 죽음의 경우에는 그 사건(들)이 폭력적이거나 돌발적으로 발생한 것이어야만 한다.
4. 외상성 사건(들)의 혐오스러운 세부 사항에 대한 반복적이거나 지나친 노출의 경험(예: 변사체 처리의 최초 대처자, 아동학대의 세부 사항에 반복적으로 노출된 경찰관)
   주의점: 진단기준 A4는 노출이 일과 관계된 것이 아닌 한, 전자 미디어, 텔레비전, 영화 또는 사진을 통해 노출된 경우는 적용되지 않는다.

B. 외상성 사건이 일어난 후에 시작되거나 악화된 침습, 부정적 기분, 해리, 회피와 각성의 5개의 범주 중에서 어디서라도 다음 증상 중 아홉 가지(또는 그 이상)에서 존재한다.

침습증상

1. 외상성 사건(들)의 반복적, 불수의적이고 침숙적인 고통스러운 기억
   주의점: 아동에서는 외상성 사건(들)의 주제 또는 양상이 표현되는 반복적인 놀이가 나타날 수 있다.
2. 꿈의 내용과 정동이 외상성 사건(들)과 관련되는 반복적으로 나타나는 고통스러운 꿈
   주의점: 아동에서는 내용을 알 수 없는 악몽으로 나타나기도 한다.
3. 외상성 사건(들)이 재생되는 것처럼 그 개인이 느끼고 행동하게 되는 해리성 반응(예: 플래시백)(그러한 반응은 연속선상에서 나타나며, 가장 극한 표현은 현재 주변 상황에 대한 의식의 완전한 소실일 수 있음)
   주의점: 아동에서는 외상의 특정한 재현이 놀이로 나타날 수 있다.
4. 외상성 사건(들)을 상징하거나 닮은 내부 또는 외부의 단서에 노출되었을 때 나타나는 극심하거나 장기적인 심리적 고통 또는 현저한 생리적 반응

부정적 증상

5. 긍정적 감정을 경험할 수 없는 지속적인 무능력(예: 행복, 만족 또는 사랑의 느낌을 경험할 수 없는 무능력)

해리 증상

6. 주위 환경 또는 자기 자신에의 현실에 대한 변화된 감각(예: 스스로를 다른 사람의 시각에서 관찰, 혼란스러운 상태에 있는 것, 시간이 느리게 가는 것)
7. 외상성 사건(들)의 중요한 부분을 기억하는 데의 장애(두부 장애, 알코올 또는 약물 등의 이유가 아니며 전형적으로 해리성 기억상실에 기인)

회피 증상

8. 외상성 사건(들)에 대한 또는 밀접한 관련이 있는 고통스러운 기억, 생각 또는 감정을 회피하려는 노력
9. 외상성 사건(들)에 대한 또는 밀접한 관련이 있는 고통스러운 기억, 생각 또는 감정을 불러일으키는 외부적 암시(사람, 장소, 대화, 행동, 사물, 상황)를 회피하려는 노력

각성 증상

10. 수면 교란(예: 수면을 취하거나 유지하는 데 어려움 또는 불안한 수면)
11. 전형적으로 사람 또는 사물에 대한 언어적 또는 신체적 공격성으로 표현되는 민감한 행동과 분노폭발(자극이 거의 없거나 아예 없이)
12. 과각성
13. 집중력의 문제
14. 과장된 놀람 반응

C. 장애(진단기준 B의 증상)의 기간 외상 노출 후 3일에서 1개월까지다.

주의점: 증상은 전형적으로 외상 후 즉시 시작하지만 장애 기준을 만족하려면 최소 3일에서 1개월까지 증상이 지속되어야 한다.

D. 장애가 사회적, 직업적, 또는 다른 중요한 기능 영역에서 임상적으로 현저한 고통이나 손상을 초래한다.

E. 장애가 물질(예: 치료약물이나 알코올)의 생리적 효과나 다른 의학적 상태(예: 경도 외상성 뇌손상)로 인한 것이 아니며 단기 정신병적 장애로 더 잘 설명되지 않는다.

적응장애(Adiustment Disorders)의 진단기준

A. 인식 가능한 스트레스 요인(들)에 대한 반응으로 감정적 또는 행동적 증상이 스트레스 요인(들)이 시작한 지 3개월 이내에 발달

B. 이러한 증상 또는 행동은 임상적으로 현저하며, 다음 한 가지 또는 모두에서 명백하다.

  1. 증상의 심각도와 발현에 영향을 미치는 외적 맥락과 문화적 요인을 고려할 때 스트레스 요인의 심각도 또는 강도와 균형이 맞지 않는 현저한 고통
  2. 사회적, 직업적, 또는 다른 중요한 기능 영역에서 현저한 손상

C. 스트레스와 관련된 장애는 다른 정신질환의 기준을 만족하지 않으며 이미 존재하는 정신질환의 단순한 악화가 아니다.

D. 증상은 정상 애도 반응을 나타내는 것이 아니다.

E. 스트레스 요인 또는 그 결과가 종료된 후에 증상이 추가 6개월 이상 지속하지 않는다.

다음 중 하나를 명시할 것:

우울 기분 동반: 저하된 기분, 눈물이 남 또는 무망감이 두드러진다.

불안 동반: 신경과민, 걱정, 안절부절못함 또는 분리불안이 두드러진다.

불안 및 우울 기분 함께 동반: 우울과 불안의 조합이 두드러진다.

품행 장애 동반: 품행의 장애가 두드러진다.

정서 및 품행 장애 함께 동반: 정서 증상(예: 우울, 불안)과 품행의 장애가 모두 두드러진다.

명시되지 않는 경우: 적응장애의 특정한 아형의 하나로 분류할 수 없는 부적응 반응이 있는 것

다음의 경우 명시할 것:

급성: 장애가 6개월 미만일 경우

지속성(만성): 장애가 6개월 이상 지속될 경우

〈MMPI-2검사 해석상담〉

상담자1: 요즘 많이 힘드신 일이 있어서 상담에 오신 걸로 알고 있습니다. 지난번에 작성하신 MMPI-2검사 결과를 함께 나누어 보려고 합니다. 프로파일에 나타난 것처럼, 굵은 선이 30~70점에 표시되어 있습니다. 대부분의 척도가 높은 것으로 나타났고 그중 척도 5가 매우 낮고 척도 4와 9가 상대적으로 조금 낮아져 있군요. ○○ 님은 대인관계에서 매우 수용적이고 타인을 배려하고 자신의 주장을 앞세우기보다는 상대방의 의견을 듣고 따르려는 분이시네요. 화가 나더라도 상대방에게 상처가 되면 어쩌나 하는 생각으로 자제를 많이 하시는 편으로 보이네요. 아마도 ○○ 님은 주변 사람들로부터 여성스럽고 편안한 사람으로 보일 수 있겠어요.

내담자1: 네, 사실 그래서 속상할 때가 많아요. 사람들에게 상냥한 편인 것 같아요.

상담자2: 최근에 힘드셨던 일은 무엇인가요?

내담자2: 화를 내야 하는데 제대로 못 내고 마치 제가 모든 잘못을 한 것 같은 생각이 들어서 괴롭습니다. 그래서 잊어버리려고 수면 유도제를 먹고 잠을 많이 자는 편입니다. 겨우 직장에 갔다가 오면 집에 혼자 있는 게 제일 편해요. 집에서는 별로 하는 일이 없어요. 그냥 먹고 자요. 친구들이 위로한답시고 나와서 놀자고 하는데 다 귀찮아요. 제가 미워질 때가 있어요.

상담자3: 최근에 어려운 일을 겪으시고 생활의 변화가 있으셨네요. 프로파일을 보니, 정작 괴로운 일을 나눌 사람이 없어서 혼자 꾹꾹 참고 있는 모습이군요. 겉으로는 괜찮은 것처럼 보이고 말하고 있지만 속은 검게 멍이 들었군요.

내담자3: 네, 맞아요. (눈물을 흘린다.) 실은 최근에 파혼을 당했습니다.

상담자4: 매우 큰일을 겪으셨네요. MMPI-2검사 프로파일에서도 매우 불안하고 우울하고 익숙하게 생활해 온 던 일들이 버겁고 힘들게 느껴지는 모습입니다. 지금의 생활에 어떻게 적응해야 할지, 그리고 적응할 수 있을지 불안해하는 모습이군요. 속 시원하게 풀어 볼 때가 없어서 몸이 아프고 에너지가 없고 많이 외로우시네요.

내담자4: 정말…… 정말 그렇습니다.

앞에서 언급한 바와 같이, 내담자3의 해석상담을 종료한 후에 상담자는 정신장애 여부를 판단해야 한다. 이 사례의 경우, 내담자3이 DSM-5 적응장애 혹은 스트레스 관련 장애 진단기준에 맞는지 확인해야 한다.

내담자4

- 내담자 기본 인적 사항은 심리검사 해석상담 신청서에 내담자가 기입한 내용을 토대로 한 것임.
- 남자, 52세, 기혼, 자녀는 딸 한 명과 아들 한 명, 서비스업, 정신과 치료를 받은 경험이 없음. 현재 성추행으로 보호관찰을 받고 있는 중임.

〈MMPI-2검사 프로파일〉

타당도 척도 L(T=47), F(T=48), K(T=50)로 나타났고 임상척도 4(T=64)가 상승되어 있고, 그 밖의 척도 1(T=45), 2(T=49), 3(T=50), 5(T=43), 6(T=47), 7(T=53), 8(T=50), 9(T=47), 0(T=45)이 낮아져 있는 것으로 나타났다. 재구성 임상척도에서 RC2(T=61), RC4(T=75)가 상승되어 있고, 성격병리 5요인 척도와 내용 척도 점수들은 모두 낮게 나타났다. 보충 척도에서 MDS(T=62), MAC-R(T=64)으로 나타났다.

MMPI-2검사 프로파일에서 상승 척도들을 읽기 전에 낮은 점수를 보이고 있는 척도가 나타내는 장점이나 강점을 먼저 해석한다. 예를 들어, 임상척도에서 척도 4를 제외하고 모든 척도가 낮게 나타났다. 이 점은 낙천적이고 대인관계에서 잘 어울리고 유능하고 불안이나 걱정이 없어 보이고 신뢰성이 있어 보일 수 있다. 그리고 나서 상승된 척도, 즉 4(T=64)가 상승되어 있다. 이는 화가 많이 나 있고 생각하지 않고 행동화하는 경향이 두드러지며 목표가 설정되면 그 목표를 향해서 주저 없이 행동으로 실천하고 정력적이고 활동적이며 모험심이 강하다. 한편, 이러한 경향성이 지나치게 되면 타인에게 자기중심적이고 이기적이며 자기도취적이거나 과시적으로 나타날 수 있다. 충동적인 행동을 반복적으로 하다 보면 동일한 문제에 봉착하게 되어 어려움을 겪을 수 있고 대인관계에서 협동적이고 협의적인 문제해결을 하는데 걸림돌이 될 수 있다. 더 나아가 사회적인 틀이나 규정에 대해 불만을 가지게 된다면 결과를 생각하지 않고 즉흥적으로 행동을 하여 문제를 야기할 수도 있다.

재구성 임상척도에서 RC2(T=61)는 낮은 긍정적 정서를 보일 수 있고 RC4(T=75)는 반사회적 행동을 드러내고 있다. 보충 척도에서 MDS(T=62)는 결혼생활 부적응과 MAC-R(T=64)은 알코올 문제를 경험하는 것으로 나타났다.

이 내담자는 직장에서 여성 직원들과 여자 손님들에게 성추행이 반복되어 신고가 된 후 보호관찰 대상자로 판결을 받아 개인 상담을 받도록 법정에서 의뢰하였다.

〈MMPI-2검사 해석상담〉

상담자1: 지난번 작성했던 검사결과를 함께 살펴보도록 하지요. 우선 보호관찰을 받고 이곳에 오셨는데 그동안 어떤 생각들이 드셨는지 궁금합니다.

내담자1: 좀 억울하긴 하네요. 아내와 불화가 있다 보니 이런 문제가 생긴 것 같아요.

상담자2: 좀 더 자세히 말씀해 주세요.

내담자2: 말이 잘 안 통하는 것 같아요. 여자들과는 특히 그래요. 내 생각에 여자들이란 거짓과 모순 덩어리에요. 남을 위하는 척하지만 자기만 생각하는 속물들이죠. 제 아내도 제 요구는 듣는 척도 하지 않고 그저 돈, 돈 합니다.

상담자3: 검사 결과에서도 그런 면이 보이네요. 화가 많이 나 있는 모습이에요. 이 결과를 보시다시피, 이 척도 점수만 상승하고 있네요. ○○ 님은 평상시에 분노를 어떻게 표현하는지요?

내담자3: 주로 많이 참습니다. 뭐라고 말해 봐야 저만 손해이니까요. 여자들은 참 앞뒤가 안 맞아요. 직장이나 손님에게 친절하게 대하고 간혹 잘 웃거나 이야기가 통한다 싶으면 커피 한잔한 것뿐인데, 인간적인 대화를 나누면 성추행인가요? 저는 이런 처우가 너무 억울해요.

상담자4: 많이 힘드시군요. 앞서 말씀 드린 것과 같이, 검사 결과에서도 ○○ 님이 말씀하신 화가 나고 억울한 면들이 많이 드러나고 있네요.

내담자4: 네, 맞아요. 제 마음을 아는 사람은 아무도 없어요.

상담자5: 요즘 외로우시기도 하네요. ○○ 님이 화가 나시는 것은 예전부터 쭉 그런 편이었는지 아니면 이번 보호관찰 명령을 받으신 후에 그러신지 궁금합니다.

내담자5: 예전부터 쭉 화가 나 있긴 했어요. 하지만 가족이나 아내, 직장 사람들은 모두 제가 화가 난 상태를 잘 모르는 것 같아요. 어느 누구도 저에 대해 관심을 가지거나 저를 잘 아는 사람은 없는 것 같아요. 그리고 저는 저의 감정을 잘 드러내는 성격은 아니에요.

상담자6: 네, 그러시군요. 검사 결과에서도 ○○ 님의 그런 면이 드러나고 있어요. 화는 나고 있지만 겉으로 보기에는 낙천적이고 활기차고 외향적이고 사람들과 잘 어울리고 불안이 없는 것으로 나타나거든요.

내담자6: 평소 제 모습은 그래요. 저는 특별히 일어 터져도 불안하거나 염려하는 타입은 아닙니다.

상담자7: ○○ 님은 자신의 성격이나 감정 상태에 대해 잘 알고 계시네요.

내담자7: 네, 그런 편이지요.

상담자8: ○○ 님이 화가 나 있으셔도 주변 사람들이 잘 눈치채지 못하고 평소 불안이나 두려움을 잘 느끼지 못해 자신감이 있어 보이는 분이시군요. 이러한 면들이 ○○ 님에게 덜 좋게 미치는 영향들은 어떤 게 있을지 궁금하네요.

내담자8: 저도 제 자신에게서 이해되지 않는 면이 있어요. 이것이 단점이나 덜 좋게 영향을 미치는 면인지는 모르겠지만, 평소처럼 자신감이 넘쳐 행동하고, 여자들에게 이야기를 나누고 농담도 편하게 던지고 하는데, 그런 것을 왜 여자들은 성추행했다고들 하는지 정말 알 수 없어 미칠 지경입니다.

상담자9: ○○ 님의 성향이나 감정에 대해 ○○ 님 자신이 잘 알고 있는 부분도 있으시지만, 다른 한편으로 ○○ 님의 자신감 넘치고 외향적인 성격이 다른 사람에게 어떤 영향을 주고 있는지 정확히 알지 못해 답답하시군요.

내담자9: 네, 그렇습니다.

앞에서 언급한 바와 같이, 내담자4의 해석상담을 종료한 후에 상담자는 재범 위험성 여부를 판단해야 한다. 또한 성범죄 재범 성향의 관점에서, 여성에 관한 고정관념, 성적 취향, 성적 환상 등에 대한 평가도 다루어야 할 것으로 보인다. 상담자는 내담자의 재범 위험성을 고려한 이슈를 내담자4의 상담목표로 고려되어야 한다. 필요할 경우, 내담자4의 재범 위험성을 더 정확하게 알아보기 위해 내담자4와의 보호자인 아내와의 개별 면담을 시행하여 내담자4의 평소 가정 및 직장 생활에 대한 정보를 파악해야 한다.

내담자5

- 내담자 기본 인적 사항은 심리검사 해석상담 신청서에 내담자가 기입한 내용을 토대로 한 것임.
- 여자, 43세, 이혼, 자녀는 아들 한 명, 사무직, 정신과 치료를 받은 경험이 없음. 친구가 알코올 상담센터로 데려와 상담자와 함께 입원치료를 고려 중임.

〈MMPI-2검사 프로파일〉

타당도 척도 L(T=47), F(T=61), K(T=59)로 나타났고 임상척도 2(T=77), 4(T=89), 6(T=63)이 상승되어 있고, 그 밖의 척도 1(T=54), 3(T=58), 5(T=57), 7(T=55), 8(T=52), 9(T=41), 0(T=53)이 낮아져 있는 것으로 나타났다. 재구성 임상척도에서 RC2(T=70), RC4(T=77), RC6(T=64)가 상승되어 있고, 성격병리 5요인 척도에서 DISC(T=63), NEGE(T=66), INTR(T=83)로 나타났고, 내용 척도에서 DEP(T=62), ANG(T=64), TPA(T=60), LSE(T=62)로 나타났고, 보충 척도에서 R(T=67), PK(T=61), MDS(T=68), MAC-R(T=72), AAS(T=78), GM(T=66)로 나타났다.

MMPI-2검사 프로파일에서 상승 척도들을 읽기 전에 낮은 점수를 보이고 있는 척도가 나타내는 장점이나 강점을 먼저 해석한다. 예를 들어, 임상척도에서 척도 1, 3, 5, 7, 8, 9, 0의 점수가 낮아, 예민하고 기민하며 책임감을 느끼고 상황에 대한 지각 능력이 있으며 취미가 다양하거나 활동적인 생활 패턴은 아니지만 자신의 생활에 만족해하는 모습이다. 자기주장적인 면이 있으며 주어진 일에 대해서 기능과 역할을 어느 정도는 유지하고 있는 상태이다. 대인관계에서 매우 고립되어 있는 편은 아니지만 차분하고 성취지향적인 면도 있어 보인다. 그리고 나서 상승된 척도, 예를 들어 2(T=77), 4(T=89), 6(T=63)에 대해 언급한다. 척도 2와 척도 4는 기분이 침체되어 있고 한 가지 행동이나 생각에 몰입하여 그것을 행동화하는 경향이 있고 고집스러운 면이 두드러질 수 있으며 지나치면 타협하지 않고 결과를 고려하지 않은 채 행동을 실천할 수도 있는 모습이다. 척도 6의 상승은 대인관계에서 예민하고 다른 사람들이 어떻게 생각하는지에 대해 몰두하다 보면 사고의 융통성이나 대안들을 놓치고 오해를 만들 수가 있으며 이러한 점이 대인관계에서 소외될 수 있을 가능성을 높인다.

재구성 임상척도에서 RC2(T=70)는 낮은 긍정적 정서, RC4(T=77)는 반사회적 행동, RC6(T=64)는 피해의식을 경험하고 있다. 내용 척도에서 DISC(T=63)는 통제 결여, NEGE(T=66)는 부정적 정서성/신경증, INTR(T=83)은 내향성/낮은 긍정적 정서성을 나타내고 있다. 내용 척도에서 DEP(T=62)는 우울, ANG(T=64)는 분노, TPA(T=60)는 A 유형 행동, LSE(T=62)는 낮은 자존감을 보였고, 보충 척도에서 R(T=67)은 억압, PK(T=61)는 외상후 스트레스장애, MDS(T=68)는 결혼생활 부적응, MAC-R(T=72)은 알코올 중독, AAS(T=78)는 중독 인정, GM(T=66)은 남성적 성역할로 나타났다.

이 내담자는 3년 전 이혼을 한 다음에 술을 더 많이 마시기 시작하였다. 알코올 중독 가족력이 있다(아버지). 아이를 혼자 양육하면서 일, 양육으로 인한 스트레스, 정서적인 외로움과 실패에 대한 두려움을 경험해 왔다. 최근에 술을 더 많이 마시고 직장에서 숙취가 심해 업무를 잘 해내지 못하는 상태가 악화되었다. 이로 인해 직장 동료이자 내담자의 친구가 내담자를 데리고 알코올 상담센터를 방문 하였다.

내담자가 현재 보이는 알코올 문제의 심각도와 의존 정도를 알아보기 위해 우선적으로 간단하게 사용할 수 있는 AUDIT-K(한국형 음주사용 장애 인식 검사)를 시행하도록 하여 알코올 사용과 의존의 심각도를 확인한다. 이어서 DSM-5의 물질사용장애 진단기준에 따라서 증상과 기간이 해당되는지를 확인해야 한다. 현재 내담자가 DSM-5의 진단기준에 적합한 상태라면 상담자는 입원치료나 자조모임을 위해 해당 전문가나 기관으로 의뢰해야 한다.

알코올 사용 장애(Alcohol Use Disorders)의 진단기준

A. 임상적으로 현저한 손상이나 고통을 일으키는 문제적 알코올 사용 양상이 지난 12개월 사이에 다음의 항목 중 최소한 2개 이상으로 나타난다.

1. 알코올을 종종 의도했던 것보다 많은 양, 혹은 오랜 기간 동안 사용함
2. 알코올 사용을 줄이거나 조절하려는 지속적인 욕구가 있음. 혹은 사용을 줄이거나 조절하려고 노력했지만 실패한 경험들이 있음
3. 알코올을 구하거나 사용하거나 그 효과에서 벗어나기 위한 활동에 많은 시간을 보냄
4. 알코올에 대한 갈망감, 혹은 강함 바람, 혹은 욕구
5. 반복적인 알코올 사용으로 인해 직장, 학교 혹은 가정에서의 주요한 역할 책임 수행에 실패함
6. 알코올의 영향으로 지속적으로 혹은 반복적으로 사회적 혹은 대인관계 문제가 발생하거나 악화됨에도 불구하고 알코올 사용을 지속함
7. 알코올 사용으로 인해 중요한 사회적, 직업적 혹은 여가 활동을 포기하거나 줄임
8. 신체적으로 해가 되는 상황에서도 반복적으로 알코올을 사용함
9. 알코올 사용으로 인해 지속적으로 혹은 반복적으로 신체적, 심리적 문제가 유발되거나 악화될 가능성이 높다는 것을 알면서도 계속 알코올을 사용함
10. 내성, 다음 중 하나로 정의됨
    a. 중독이나 원하는 효과를 얻기 위해 알코올 사용량의 뚜렷한 증가가 필요
    b. 동일한 용량의 알코올을 계속 사용할 경우 효과가 현저히 감소
11. 금단, 다음 중 하나로 나타남
    a. 알코올의 특징적인 금단 증후군(알코올 금단의 진단기준 A, B 참조)
    b. 금단 증상을 완화하거나 피하기 위해 알코올(혹은 벤조디아제핀 같은 비슷한 관련 물질)을 사용

다음의 경우 명시할 것

조기 관해 상태: 이전에 알코올 사용 장애의 진단기준을 만족했고, 최소 3개월 이상 최대 12개월 이내의 기한 동안 진단기준에 맞는 항목이 전혀 없는 경우

(진단기준 A4의 "알코올에 대한 갈망감, 혹은 강한 바람, 혹은 욕구"는 예외) 사용됨

지속적인 관해 상태: 이전에 알코올 사용 장애의 진단기준을 만족했고 12개월 또는 그 이상의 기간 동안 어떤 시기에도 진단기준에 맞는 항목이 전혀 없는 경우 진단기준 A4의 "알코올에 대한 갈망감, 혹은 강한 바람, 혹은 욕구"는 예외) 사용됨

다음의 경우 명시할 것

통제된 환경에 있음: 이 부가적인 명시자는 개인이 알코올에 대한 접근이 제한된 환경에 있을 때 사용된다.

현재 심각도에 따른 부호화: ICD-10 부호 주의점-만약 알코올 중독, 알코올 금단 혹은 알코올로 유발된 정신질환이 같이 있으면, 알코올 사용 장애에 대한 다음의 부호를 쓰지 않는다. 대신 동반한 알코올 사용 장애는 알코올로 유발된 장애 부호의 네 번째 글자에 표시한다(알코올 중독, 알코올 금단 혹은 특정 알코올로 유발된 정신질환의 부호화 시 주의점을 참조하시오). 예를 들어, 만약 알코올 중독과 알코올 사용 장애가 동반되면 알코올 중독 부호만 쓰고 동반한 알코올 사용 장애가 경도인지, 중증도인지, 고도인지를 4번째 글자에 표시한다.

현재의 심각도를 명시할 것:

경도: 2~3개의 증상이 있다.

중증도: 4~5개의 증상이 있다.

고도: 6개 혹은 그 이상의 증상이 있다.

10 성격평가질문지

성격평가질문지(Personality Assessment Inventory: PAI)는 성인의 성격과 다양한 정신병리를 알아보기 위한 검사다. PAI검사는 상담 계획의 수립과 상담의 시행 및 평가를 알아보기 위해서 폭넓게 사용되고 있는 검사 중 하나다.

국내에서는 김영환, 오상우, 홍상황, 박은영(2002)이 한국판 표준화를 하였고 이후 증보판 작업이 진행되어 김영환 등(2019)이 여러 가지 보충지표의 도출과정과 해석적 가정 등을 추가하여 전문가 지침서를 제작하였다.

병원 장면이나 교정 및 보호관찰 분야에서는 전문가들이 PAI검사를 활발하게 사용하고 있는 한편, 일반 상담장면에서는 아직까지 PAI검사의 사용이 활발하지 않다. 상담자들은 MMPI-2검사를 가장 많이 사용하고 있는데 MMPI-2검사와 비교하여 PAI검사는 정상인의 성격을 평가하는 데 보다 더 유용한 것으로 알려져 있다. 문항수 면에서도 PAI검사는 총 344문항이고 채점을 온라인 채점 방식으로 할 수 있다는 점과 22개의 척도들이 유목적적으로 평가될 수 있다는 점이 상담장면에서 가질 수 있는 장점들이다.

대상군은 원래 18세 이상의 성인이었으나 한국에서 표준화 과정을 거쳐 고등학생들을 대상으로 실시할 수 있게 되었다. 각 문항을 읽고 내담자는 주어진 답안지에

'0=전혀 그렇지 않다.' '1=약간 그렇다.' '2=중간이다.' '3=매우 그렇다.' 중 한 가지를 선택하여 표시하면 된다.

한편, PAI검사 채점 및 해석을 위한 컴퓨터 프로그램이 제작되어 사용되기도 한다.

MMPI-2검사에서처럼 PAI검사에서도 타당도 척도를 포함하며 네 가지 타당도 척도로는 비일관성 척도(ICN), 저빈도 척도(INF), 부정적 인상척도(NIM), 긍정적 인상척도(PIM)가 있다. 11가지 임상척도로는 신체적 호소 척도(SOM), 불안 척도(ANX), 불안관련 장애 척도(ARD), 우울 척도(DEP), 조증 척도(MAN), 망상 척도(PAR), 정신분열병 척도(SCZ), 경계선적 특징 척도(BOR), 반사회적 특징 척도(ANT), 알코올 문제 척도(ALC), 약물 문제 척도(DRG)가 있다. 다섯 가지 치료 고려 척도로 공격성 척도(AGG), 자살 관념 척도(SUI), 스트레스 척도(STR), 비지지 척도(NON), 치료거부 척도(RXR)가 있다. 두 가지 대인관계 척도로는 지배성 척도(DOM)와 온정성 척도(WRM)가 있다. 이와 같은 척도들을 한눈에 볼 수 있도록 프로파일이 만들어진다는 점이 장점이며, 하위 척도들의 프로파일 역시 한눈에 들어오도록 만들어진다. 각 척도들의 하위 척도들에 관한 상세한 설명은 다음 표와 같다.

다음은 각 척도 점수의 높고 낮음에 따라 특징들을 기술하고 있는데, MMPI검사 척도에서처럼 점수가 높을수록 증상의 심각도가 많아진다. 그러나 몇 개의 척도들은 낮은 점수 역시 증상을 특징으로 하고 있음을 유의해야 한다. 일반적으로, 상담자들은 PAI검사 결과에서 낮은 점수를 보이는 척도들 중에서 내담자의 강점, 장점을 시사하는 척도들을 우선적으로 함께 나누는 것이 해석상담에서 내담자와의 관계 맺기를 위하여 필수적임을 강조한다.

▮ PAI검사 전체 척도와 하위 척도 개관 ▮

척도(척도명/문항수)	기술
타당도 척도	
비일관성(ICN/10)	문항에 대한 반응과정에서 내담자의 일관성 있는 반응태도를 알아보기 위한 정적 또는 부적 상관이 높은 문항 쌍
저빈도(INF/8)	부주의하거나 무선적인 반응태도를 확인하기 위하여 정신병적 측면에서 중립적이고 대부분의 사람이 극단적으로 인정하거나 인정하지 않는 문항들
부정적 인상(NIM/9)	지나치게 나쁜 인상을 주거나 꾀병을 부리는 태도

긍정적 인상(PIM/9)	자신을 지나치게 좋게 보이려 하며 사소한 결점도 부인하려는 태도
임상척도	
신체적 호소(SOM/24)	신체화 장애, 전환장애와 관련이 있는 건강과 관련된 문제에 대한 집착과 신체적 불편감에 대한 호소 • **하위 척도: 전환**(SOM-C/8), **신체화**(SOM-S/8), **건강 염려**(SOM-H/8)
불안(ANX/24)	여러 가지 반응 양식으로 나타나는 불안 경험과 객관적인 징후 • **하위 척도: 인지적**(ANX-C/8), **정서적**(ANX-A/8), **신체생리적**(ANX-P/8) **불안**
불안관련장애(ARD/24)	강박장애, 공포증, 외상적 스트레스와 같은 구체적인 불안과 관련이 있는 증상과 행동 • **하위 척도: 강박장애**(ARD-O/8), **공포증**(ARD-P/8), **외상적 스트레스**(ARD-T/8)
우울(DEP/24)	우울의 증상과 현상 • **하위 척도: 인지적**(DEP-C/8), **정서적**(DEP-A/8), **신체생리적**(DEP-P/8)
조증(MAN/24)	조증과 경조증의 정서적, 인지적, 행동적 증상 • **하위 척도: 활동수준**(MAN-A/8), **과대성**(MAN-G/8), **초조성**(MAN-I/8)
망상(PAR/24)	망상장애와 망상형 성격장애의 증상 • **하위 척도: 과경계**(PAR-H/8), **피해망상**(PAR-P/8), **원한**(PAR-R/8)
조현병(SCZ/24)	조현병에 나타나는 광범위한 증상 • **하위 척도: 정신병적 경험**(SCZ-P/8), **사회적 위축**(SCZ-S/8), **사고장애**(SCZ-T/8)
경계선적 특징(BOR/24)	불안정하고 유동적인 대인관계, 충동성, 정서적 가변성과 불안정, 통제할 수 없는 분노 등을 시사하는 경계선적 성격장애의 특징 • **하위 척도: 정서적 불안정**(BOR-A/6), **정체감 문제**(BOR-I/6), **부정적 관계**(BOR-N/6), **자기 손상**(BOR-S/6)
반사회적 특징(ANT/24)	범죄행위, 권위적 인물과의 갈등, 자기중심성, 공감과 성실성의 부족, 불안정, 감각추구 등과 같은 반사회적 성격장애의 특징 • **하위 척도: 반사회적 행동**(ANT-A/8), **자기중심성**(ANT-E/8), **자극추구**(ANT-S/8)
알코올 문제(ALC/12)	문제 음주와 알코올 의존적 특징
약물 문제(DRG/12)	약물 사용에 따른 문제와 약물 의존적 특징
치료척도	
공격성(AGG/18)	분노 적대감 및 공격성과 관련된 특징과 태도 • **하위 척도: 공격적 태도**(AGG-A/6), **언어적 공격**(AGG-V/6), **신체적 공격**(AGG-P/6)
자살 관념(SUI/12)	무력감과 자살에 대한 일반적이고 모호한 생각과 자살에 관한 구체적인 계획
스트레스(STR/8)	일상생활에서 현재 또는 최근에 경험하는 스트레스

비지지(NON/8)	가용한 지지의 수준과 질을 포함하는 지각된 사회적 지지의 부족
치료거부(RXR/8)	심리적, 정서적 측면에서 자신의 문제에 대한 인식과 변화에 대한 동기
대인관계 척도	
지배성(DOM/12)	대인관계에서 개인적 통제와 독립성을 유지하는 정도를 평가
온정성(WRM/12)	대인관계에서 지지적이고 공감적인 정도를 평가

1. PAI검사 척도와 하위 척도의 해석적 가정

1) 타당도 척도

PAI검사 결과를 의미 있게 해석하기 위해서는 먼저 내담자가 응답하지 않은 문항의 수를 살펴보아야 한다. 일반적으로 검사결과를 의미 있게 해석하기 위해서는 95% 이상의 문항에 대해 응답해야 하고 17문항 이상 응답하지 않았을 경우 프로파일을 해석하기 어렵다.

PAI검사에는 결과를 왜곡시킬 수 있는 요인을 평가하는 4개의 타당성 척도가 있다. PAI 프로파일의 의미를 해석하기 위한 두 번째 단계는 이러한 요인들 중 어떤 요인의 수검자의 반응에 영향을 주었는지를 밝히는 것이다. 타당성 척도 중 어느 한 척도라도 상승해 있을 경우 프로파일을 신중하게 해석해야 한다. 일반적으로 타당성 척도의 점수가 임상표본의 평균에서 2 표준편차 이상 벗어나면 프로파일이 왜곡되었을 가능성이 높고 타당하지 못한 프로파일로 볼 수 있다. 4개 타당성 척도의 논리적 근거와 해석은 다음과 같다.

(1) 비일관성 척도(Inconsistency: ICN)

비일관성 척도는 경험적으로 도출한 척도로, 내용이 유사한 문항에 대한 수검자의 반응일치성을 평가하기 위한 척도다.

▮ 비일관성 척도의 상승 수준별 해석 ▮

T점수	해석
64 미만	• 내담자가 일관성 있게 반응했고 문항내용에 적절하게 주의를 기울였다는 것을 시사
64~72	• 유사한 문항내용에 대해 다소 일관성 없게 반응했다는 것을 시사 • 내담자의 부주의나 정신적 혼란, 인상을 관리하려는 시도가 작용했을 가능성
73 이상	• 문항 내용에 일관성 있게 반응하지 않았고, 적절하게 주의를 기울이지 않았다는 것을 시사 • 반응과정에서 부주의, 독해력 문제, 정신적 혼란, 채점 오류, 검사지시에 대한 이해 부족이나 방어

(2) 저빈도 척도(Infrequency: INF)

저빈도 척도는 무선반응, 무관심, 부주의, 정신적 혼란 또는 독해력 결함 등으로 인해 문항에 대해 제대로 반응하지 못한 내담자를 찾아내는 데 유용하다. 이 척도는 임상적 상태와 관계없이 모든 내담자들이 유사하게 반응하도록 고안된 8개 문항으로 구성되어 있다. 8문항 중 4개 문항(예: '내가 제일 좋아하는 시인은 김정민 시인이다.' 등)에 대해서는 "전혀 그렇지 않다."고 반응하고 나머지 4개 문항(예: '물건을 살 때 바가지 쓰고 싶지 않다.' 등)에 대해서는 "매우 그렇다."고 반응할 것이라고 기대할 수 있다. 이 척도는 문항 내용과 관련된 특별한 주제는 없다. 단지 정상집단과 임상집단의 내담자들이 그렇다고 반응할 시인 빈도가 매우 낮다는 근거에서 문항을 선정하였다. 이러한 문항들을 전체 문항에 골고루 포함시켜 반응과정에 작용할 수 있는 문제적 수검태도를 밝히기 위한 것이다.

▮ 저빈도 척도의 상승 수준별 해석 ▮

T점수	해석
60 이하	• 내담자가 문항내용에 대해 반응하는 과정에 적절한 주의를 기울였다는 것을 시사
61~66	• 특이하게 반응했다는 것을 시사 • 75점에 근접할수록 독해력 문제, 무선반응, 정신적 혼란, 채점오류, 문항에 대한 특이한 해석, 지시에 제대로 따르지 않는 것과 같은 잠정적 원인을 고려
67 이상	• 내담자가 문항에 적절하게 반응하지 않았다는 것을 시사

(3) 부정적 인상 척도(Negative Impression: NIM)

부정적 인상 척도는 바람직하지 못한 인상을 과장하기 위해 반응을 왜곡하거나 또는 매우 기이하고 희한한 증상과 관련된 문항들을 포함하고 있다. 이 척도의 문항들은 정상집단과 외래 환자 및 입원 환자와 일부러 병이 있는 것처럼 가장하도록 지시했을 경우에 나타나는 내담자의 점수분포를 검토하여 선정하였다. 이 척도의 문항들은 정상집단과 임상집단 모두 시인하는 빈도가 매우 낮았으나 정상집단보다 임상집단이 시인하는 빈도가 더 높았다. 그럼에도 불구하고, 정상집단과 임상집단의 점수는 정신적 장애가 있는 것처럼 가장하도록 지시했을 경우보다 훨씬 낮았다.

▌부정적 인상 척도의 상승 수준별 해석▐

T점수	해석
64 이하	• 임상척도에서 부정적인 방향으로 왜곡했을 가능성은 거의 없고 실제적인 임상 양상보다 더 부정적인 인상형성을 시도하지 않았다고 볼 수 있음
65~69	• 불편의 과장을 시사, 임상척도의 상승에 따른 해석적 가정은 검사 결과에서 의미가 있는 정도나 범위를 벗어날 가능성이 있기 때문에 신중하게 고려해야 함 • 왜곡의 가능성은 더욱 증가, 도움이 요청이나 자신의 생활에 대한 매우 부정적인 평가를 시사, 임상 양상에 대한 고의적 왜곡이 있을 수 있음
70 이상	• 자신에 대해 매우 부정적으로 반응했을 수 있음

(4) 긍정적 인상 척도(Positive Impression: PIM)

긍정적 인상 척도의 문항은 내담자가 매우 바람직한 방향으로 반응했거나 어떠한 사소한 결점도 부정하려는 내용으로 구성되어 있다. 이 척도 역시 정상집단과 임상집단의 점수 분포와 좋은 인상을 주도록 반응하려고 지시한 연구에서 얻은 점수 분포를 근거로 문항을 선정하였다. 이 척도의 문항들은 정상집단과 임상집단에서 시인 빈도가 낮은 문항을 선정하였으나 정상집단보다 임상집단의 시인율이 더 낮았다.

▮ 긍정적 인상 척도의 상승 수준별 해석 ▮

T점수	해석
35 이하	• 매우 솔직하게 반응했다는 것을 시사
36~57	• 내담자가 비현실적으로 긍정적인 인상을 심어 주기 위해 반응을 왜곡했을 가능성은 거의 없음
58~67	• 대부분의 사람이 인정하는 공통적인 결점도 인정하지 않으려는 방식으로 반응했을 가능성이 있음 • 임상척도에 따른 해석의 정확성은 떨어지고 해석적 가정도 다시 검토해야 함
68 이상	• 대부분의 사람이 인정하는 공통적인 결점조차도 없는 것처럼 보이는 시도를 시사

2) 임상척도

PAI검사의 척도 개발에 적용한 구성 타당화 전략은 중요한 구성개념의 의미를 쉽게 해석할 수 있는 척도를 개발하기 위한 전략이다. 따라서 임상척도의 문항들은 그 척도가 재려고 하는 임상적 구성개념의 현상과 증상을 직접 반영한다. 어떤 척도에서 내담자의 점수가 상승한다면 이것은 대부분의 사람보다 그 척도와 관련된 증상을 더 자주 더 강하게 경험하고 있다는 점을 의미한다.

임상척도를 해석할 때 반드시 타당성 척도 점수를 고려해야 한다. 비일관성척도(ICN)나 저빈도척도(INF)가 상승해 있을 경우 내담자의 부주의 때문에 임상척도가 상승했을 수 있는 가능성을 고려해야 한다. 또한 부정적 인상척도(NIM)가 상승해 있다면 내담자가 증상을 매우 특이하게 과장하는 경향이 있다는 점을 고려해서 해석해야 하고 긍정적 인상척도(PIM)가 상승했다면 내담자가 비교적 사소한 결점도 인정하지 않으려고 한다는 점을 고려해서 해석해야 한다. 어떻든 PAI검사를 해석할 때는, 개인력, 행동 관찰 및 다른 부가적 정보 등의 모든 가용 정보를 고려해야 한다.

대부분의 임상척도는 하위 척도를 포함하고 있으므로 개별 척도 수준에서도 형태적 해석이 가능하다. 왜냐하면 어느 한 척도가 동일하게 상승했더라도 그 척도에 속하는 하위 척도의 형태에 따라 달리 해석할 수 있다.

(1) 신체적 호소척도(Somatic Complaints: SOM)

신체적 호소척도는 신체적 기능 및 건강과 관련된 문제에 대한 관심을 반영하는 문항들을 포함하고 있다. 신체상태에 대해 계속해서 생각하고 집착하는 것과 관련된 정보를 제공한다. 문항내용은 두통과 같은 사소한 신체적 불편을 반복해서 경험하는 것에서부터 마비와 같은 중요한 신체기관의 역기능에 이르기까지 다양한 신체형 장애에 관한 내용이다. 이 척도는 전환(Conversion: SOM-C), 신체화(Somatization: SOM-S), 건강염려(Health Concerns: SOM-H) 하위 척도를 포함하고 있다.

- 전환(SOM-C): 중추신경계의 손상에 민감한 하위 척도, 감각적 또는 운동적 역기능과 관련된 증상에 기인하는 기능장애
- 신체화(SOM-S): 두통, 요통, 통증, 소화기장애와 같은 다양한 신체적 증상이나 건강이 좋지 않다거나 피로감과 같은 모호한 증상을 호소. 때로는 신체적 증상에 수반하는 불안이나 우울
- 건강염려(SOM-H): 전형적으로 자신의 건강상태나 신체적 문제에 집착. 사회적 상호작용과 대화는 주로 자신의 건강문제에 집중되어 있고 신체건강이 좋지 않다는 믿음이 자기 이미지에 큰 영향을 줄 수 있음.

신체적 호소척도의 상승 수준별 해석

T점수	해석
59 이하	• 신체적 증상의 호소는 별로 없음 • 전형적으로 낙천적이고 행동이 기민하고 효율적임
60~69	• 건강에 대해 어느 정도 걱정하고 있다는 것을 시사 • 흔히 노인이나 특정한 기질적 증상이 있는 경우가 많음
70~87	• 신체기능에 대한 상당한 염려와 실제로 신체증상으로 인한 기능적 손상이 있을 가능성을 시사 • 자신의 건강이 연령이 같은 친구들보다 나쁘고 자신의 건강문제는 복잡하고 치료하기 어렵다고 믿는 경향이 있음 • 사회적 상호작용에서 주로 건강과 관련된 문제를 많이 이야기하고 건강의 악화에 따른 신체적 결함이 있다는 신념이 자아상에 큰 영향을 미침 • 자신이 불행하다고 느끼고 불평이 많으며 비관적인 경향이 있고 신체적 호소를 이용해서 수동-공격적 방식으로 다른 사람을 통제하려고 시도할 수 있음

88 이상	• 신체기능과 건강 문제 및 신체적 증상으로 인한 심각한 손상에 대해 집착하고 있음을 시사 • 만성적으로 신체적 증상을 호소하고 자신에게 부과된 최소한의 역할도 제대로 수행하지 못할 정도로 피로가 심하고 신체적으로 허약할 수 있음 • 신경계, 소화기계, 근골격계를 포함한 대부분의 신체기관에 관한 증상을 많이 호소 • 신체형 장애로 진단할 수 있음 • 이런 내담자들은 자신의 문제에 대해나 심리적 해석에 대해 저항하는 경향이 강하고, 심리적 불편을 지적하는 증거가 확실하지 않을 경우 심리치료는 적합하지 않을 수 있음

(2) 불안 척도(Anxiety: ANX)

불안 척도는 불안을 경험할 때 공통적으로 나타나는 임상적 특징을 측정한다. 일반적 불안을 측정하려는 것이지 진단적 구성개념과 관련있는 것은 아니고 다양한 불안경험과 전형적으로 불안을 표현하는 방식과 관련이 있다. 문항내용은 불안의 여러 특징에 따라 반복되는 걱정, 주관적 염려, 긴장과 스트레스에 따른 신체적 징후와 같은 매우 다양한 특징을 포함한다. 이 척도는 불안의 주된 특징을 반영하는 인지적 불안(Cognitive: ANX-C), 정서적 불안(Affective: ANX-A), 신체생리적 불안(Physiological: ANX-P) 하위 척도로 구성된다.

- 인지적 불안(ANX-C): 최근 자신이 직면한 문제에 대한 지나친 관심과 염려 및 이로 인한 주의력과 집중력의 저하. 자신이 통제할 수 없는 사상이나 문제에 대한 지나친 염려
- 정서적 불안(ANX-A): 불안과 관련된 긴장감, 두려움, 신경과민을 측정. 유동불안과 관련이 있음. 스트레스에 취약하고 과도한 긴장이나 이완의 어려움 및 피로감
- 신체생리적 불안(ANX-P): 스트레스를 신체적으로 경험하고 표현하는 경향. 스트레스에 직면하면 긴장하여 손바닥에 땀이 많고 손이 떨리거나 불규칙한 심장 박동을 호소하거나 숨이 가쁘다는 등의 외현적 신체적 징후

▮ 불안 척도의 상승 수준별 해석 ▮

T점수	해석
40 미만	• 두려움이 없고 어떤 상황에서는 무모하게 행동할 정도로 신중하지 못한 경향이 있을 수 있음
59 이하	• 불안과 긴장은 거의 호소하지 않음 • 침착하고 낙천적이며 스트레스를 효과적으로 처리할 수 있음
60~69	• 어느 정도의 스트레스를 경험하고 있고 걱정하는 경향이 있으며 민감하고 정서적으로 불안정하여 감정적으로 반응할 수 있음
70~79	• 지속적으로 긴장해 있고 불운을 예상하며 이 불운을 반복해서 생각하는 경향이 있음 • 심하게 긴장되어 있고 신경이 예민하고 소심하며 의존적일 가능성이 높음
80 이상	• 불안과 관련된 기능적 손상이 일반화되어 있다는 것을 지적 • 일상생활이 매우 제한되어 있고 불안이 너무 지나쳐서 자신에게 부과된 최소한의 역할도 수행하기 어려울 수 있음 • 사소한 스트레스만 있어도 위기를 예상하기 쉽고 이러한 위기감이 반복될 경우 개인적 불편이 치료적 동기를 유발한 심리치료는 어려울 수 있음 • 불안장애로 진달할 수 있음 → ARD를 검토하면 공포를 느끼는 구체적인 대상 확인 가능 → ARD가 상승하지 않을 경우, 불안의 성격이 유동적이고 불안이 생활 전반에 일반화되어 있다고 해석할 수 있음

(3) 불안관련 장애척도(Anxiety-Related Disorder: ARD)

불안관련 장애척도는 불안장애와 관련된 세 가지 상이한 증후군의 임상적 특징을 측정한다. 이 척도의 문항들은 공포증, 강박적 사고와 행동, 외상적 사건과 관련된 경험 및 특정 대상이나 상황과 관련된 구체적 공포에 관한 내용으로 구성된다. 이 척도는 이러한 증상들을 측정하기 위해 강박장애(Obsessive-Compulsive: ARD-O), 공포장애(Phobias: ARD-P) 및 외상후 스트레스장애(Traumatic Stress: ARD-T) 하위 척도를 포함한다.

- 강박장애(ARD-O): 오염에 대한 공포나 의식적 행동과 같은 증상적 특징과 완벽주의나 사소한 것에 지나치게 신경을 쓰는 것과 같은 성격적 특징. 점수가 높을 경우 매우 경직되어 있고 개인적인 행동규칙을 고수하고 완벽성을 추구하

고 위축되어 있는 듯한 인상. 의사결정의 중요성을 인식하지 못하고 지나치게 사소한 것에 신경을 쓴 나머지 의사결정의 어려움. 일상적인 변화나 기대하지 않았던 사건에 직면하거나 상반된 정보에 접하면 스트레스를 경험. 자신의 충동을 두려워하거나 충동을 통제할 수 있는 능력을 의심

- 공포장애(ARD-P): 높은 장소, 폐쇄된 공간, 대중교통 및 사회적 노출 등과 같은 다양한 상황에 대한 일반적 두려움을 평가하기 위한 척도. 높을 경우, 중요한 생활방식을 방해하는 공포증적 행동을 나타냄. 공포 대상을 회피하기 위해 경계심이 지나쳐서 늘 환경을 탐색하는 경향이 있고 일상적 활동이 매우 위축됨. 공포는 사회적 상황, 대중교통, 높은 장소, 폐쇄된 공간 또는 다른 특정한 대상일 수 있음. 점수가 높을수록, 단순 공포증보다는 중다공포증 또는 광장공포증과 같은 더 고통스러운 공포 경험. 지나치게 점수가 낮으면 무무하게 행동할 가능성
- 외상후 스트레스장애(ARD-T): 과거에 있었던 외상후 사건에 대한 계속적인 불편과 불안. 이러한 외상후 사건 때문에 자신이 근본적으로 바뀌었고 장애를 받고 있다는 느낌. 구체적인 외상후 스트레스인과 관련된 문항내용은 없지만 외상후 사건은 강간, 학대와 같은 고통, 전쟁, 생명에 위협적이었던 사고, 지진과 같은 천재지변을 포함하는 문항들. 임상표집에서 상승하는 경우가 매우 흔하므로 해석에 주의

▮ 불안관련 장애척도의 상승 수준별 해석 ▮

T점수	해석
59 이하	• 다양한 상황에서 불편을 거의 경험하지 않을 가능성이 높음 • 정서적으로 안정되어 있고 적응을 잘하고 행동이 매우 침착할 것임
60~69	• 가끔 또는 경미한 정도의 불안을 경험하고 불안을 통제하기 위해서 부적응적 행동이 나타날 수 있음 • 특정 대상에 대한 공포나 염려를 경험하고 자신감이 낮을 수 있음
70~89	• 정서적으로 안정되어 있지 않고 자신을 믿지 못하고 반복해서 걱정하며 사회적 상황에서 불편을 경험할 수 있음

90 이상	• 복합적인 불안장애나 불안으로 인해 일상생활에 전반적인 손상이 있을 수 있음 • 심각한 심리적 혼동을 경험할 수 있음 • 반추적 상념이 있고 반복해서 걱정하며 실제로 과거에 있었거나 상상적인 잘못에 대한 죄책감을 느낄 수 있음 • 불안을 통제하기 위해 여러 가지 부적응적인 행동을 시도하나, 불안경험을 방지하고 기능적 장애를 회복하기 어려울 수 있음

(4) 우울 척도(Depression: DEP)

우울 척도는 우울증후군에 공통적인 임상적 특징을 측정한다. 문항내용은 회의주의, 부정적 기대, 주관적 불행감과 무감동, 기력상실, 수면 및 식욕의 변화와 같은 신체적 징후를 포함한 여러 가지 특징과 관련되어 있다. 이 척도는 우울증후군의 세 가지 중요한 특면을 의미하는 인지적 우울(Cognitive: DEP−C), 정서적 우울(Affective: DEP−A), 신체생리적 우울(Physiological: DEP−P) 하위 척도로 구성되어 있다.

- 인지적 우울(DEP−C): 부정적 기대, 무력감, 인지적 오류 등의 평가. 점수가 높을수록, 자신이 가치가 없고 희망도 없으며 실패자라는 생각. 우유부단하고 집중력이 저하됨.
- 정서적 우울(DEP−A): 우울증에서 흔히 보는 불행감, 불쾌감, 무감동 등의 평가. 점수가 높을수록 비애감과 일상적인 활동에 대한 흥미 상실 및 과거에 개인적으로 즐기던 일들에 대한 즐거움 상실
- 신체생리적 우울(DEP−P): 우울증이 있는 사람들에게서 흔히 관찰되는 생장적 증상과 수면, 식욕 및 성욕장애 등과 같은 생리적 특징의 평가. 점수가 높을수록, 우울을 신체적 형태로 경험하고 표현하는 경향. 신체기능, 활동 및 에너지 수준의 변화. 수면장애, 성적 관심의 저하, 식욕상실과 체중 감소

▌우울 척도의 상승 수준별 해석▐

T점수	해석
59 이하	• 불행감이나 불편감에 관한 호소는 거의 없음 • 정서적으로 안정되어 있고 자신감이 있고 활동적임 이완되어 있음
60~69	• 불행하다는 경험과 민감하고 비관적이고 자신을 신뢰하지 못한다는 것을 지적
70~84	• 현저한 불행감과 불쾌감(dysphoria)을 경험할 수 있고 기력이 없고 자신이 즐기던 활동을 하지 못하고 죄책감과 울적한 기분에 사로 잡혀 자신의 삶에 대해 만족을 느끼지 못할 수 있음 • 우울증이 표현되는 전형적 양상의 관계를 확인해야 함
85~95	• 주요 우울장애로 진단할 수 있는 가능성이 더 증가
96 이상	• 주요 우울장애를 고려해야 함 • 자신의 인생은 불만스럽고 희망도 없으며 자신은 쓸모없는 인간이라고 느낌 • 사회적으로 위축되어 있고 다른 사람들이 자신을 이해해 주지 않는다고 느끼고 흥미를 느끼는 일을 추구하려는 동기도 없고 에너지도 거의 없음 → 흔히 자살 관념을 가지고 있으므로, 특히 SUI의 점수에도 유의해야 함

(5) 조증 척도(Mania: MAN)

조증 척도는 조증과 경조증의 임상적 특징을 측정한다. 문항내용은 고양된 기분(mood), 확대(expansiveness) 및 과대성(grandiosity), 활동수준의 증가, 초조성(irritability), 참을성 부족(impatience) 등과 같은 다양한 특징과 관련되어 있다. 이 척도는 조증의 세 가지 측면을 반영하는 활동수준(Activity Level: MAN-A), 과대성(Grandiosity: MAN-G) 및 초조성(Irritability: MAN-I) 하위 척도를 포함한다.

- 활동수준(MAN-A): 점수가 높을수록 활동과 에너지 수준의 현저한 증가. 부적절한 방식으로 여러 가지 다양한 일을 한꺼번에 추구하고 사고과정이 빨라지므로 행동의 질은 저하되고 양은 증가. 낮을수록 우울증환자에서 나타나는 냉담과 무관심
- 과대성(MAN-G): 점수가 높을수록 자존감의 고양, 확대 및 과대와 관련된 사고가 특징적임. 이러한 사고는 망상에 가까울 정도로 자신은 다른 사람에게 없는 특별한 기술이 있다는 신념에서부터 자신이 유명해지고 부자가 될 수 있는 매우 독특하고 특이한 능력이 있다고 믿는 경향. 낮을 경우 자신을 부적절하게 느

끼고 긍정적인 측면을 수용하거나 인정하기를 꺼려하는 경향

- 초조성(MAN−I): 욕구좌절이 있을 나타나는 초조성과 욕구좌절에 대한 참을성이 낮을 것을 측정하는 문항으로 구성되어 있음. 점수가 높을수록 주위 사람들이 자신의 계획, 요구 또는 생각을 비현실적으로 생각하고 들어 주려는 능력이나 의지가 없다는 좌절감 때문에 위축되어 있음. 극단적일 경우, 주변에 있는 중요한 사람들이 자신이 성공하고 성취하려는 계획을 의도적으로 방해하고 있다고 비난

조증 척도의 상승 수준별 해석

T점수	해석
54 이하	• 조증이나 경조증 특징은 거의 찾아볼 수 없음 • 우울한 사람들이 적대적인 경우는 극히 드물고 활동 수준도 높지 않지만 초조감은 매우 높을 수 있음. 이러한 경향으로 우울한 사람이라도 MAN의 점수가 크게 낮지 않을 수 있음
55~64	• 적극적이고 활동적이며 자기 확신이 강한 사람일 수 있음 • 64에 가까울수록 참을성이 부족하고 적대적이며 쉽게 화를 낼 수 있음
65~74	• 안절부절못하고 충동적이고 에너지 수준이 높은 사람일 수 있음 • 동정심이 없고 성질이 불같은 사람으로 보일 수 있음
75 이상	• 조증, 경조증, 순환성 기분 장애일 가능성이 있음 • 자신이 실제로 할 수 있는 것보다 더 많은 일을 벌이고 이런 활동을 제약하려는 사람들에게 적대적으로 반응할 수 있음 • 전형적으로 매우 충동적이고 충족을 지연시키는 능력이 낮음 • 충족을 지연시켜야 할 상황에 직면할 경우 판단력이 결여되어 역할 기능이 크게 손상될 수 있음 • 사고 비약이나 과대망상이 있을 수 있음 • 다른 사람들과의 상호작용에서 많은 문제를 경험할 가능성이 높고 자기애적 경향과 적대감이 다른 사람에 대해 공감할 수 있는 능력을 방해할 수 있음

(6) 망상척도(Paranoia: PAR)

망상척도는 편집증적인 사람들이 가지고 있는 증상적 및 성격적 요소와 관련된 특징적 현상을 측정한다. 이 척도 문항들은 주변 환경의 잠재적 위험에 대한 지나친 경계, 원한과 앙심을 품는 경향, 다른 사람들로부터 부당한 대우를 받고 있다는 것을 찾아내려는 경향 등과 관련되어 있다. 망상척도는 망상의 세 가지 요소인 과경계

(Hypervigilance: PAR−H), 피해망상(Persecution: PAR−P), 원한(Resentment: PAR−R) 하위 척도를 포함한다.

- 과경계(PAR−H): 다른 사람과의 관계에서 지레짐작하고 민감하고 경계적인 경향을 반영. 점수가 높을수록 다른 사람이 은밀하게 자신에게 해를 끼치고 있다는 생각을 가지고 있고 그 증서를 찾아내기 위해 주변을 감시함. 특별한 이유도 없이 타인의 동기에 대한 의심과 불신
- 피해망상(PAR−P): 심각한 망상과 관련된 전형적인 망상적 신념에 관한 문항으로 구성되어 있음. 점수가 높을수록 자신이 부당하게 취급받고 있다고 느끼고 다른 사람들이 자신의 이익을 빼앗기 위해 모의하고 있다는 믿음
- 원한(PAR−R): 다른 사람에 대한 증오와 질투심 및 다른 사람들이 자신에게 불공정하게 대한다는 느낌과 관련되어 있음. 점수가 높을수록 모욕당했거나 멸시받았다고 느끼고 이와 관련해서 원한을 가짐. 자신의 불행을 다른 사람의 무관심 탓으로 돌리고 다른 사람의 성공을 운에 귀인 시키려는 경향. 다른 사람을 시기하고 다른 사람의 목적 달성이나 성공을 도와주지 않음.

▮ 망상척도의 상승 수준별 해석 ▮

T점수	해석
59 이하	• 대인관계에서 개방적이고 다른 사람을 잘 용서하는 사람이라는 것을 지적
60~69	• 민감하고 완고하고 회의적인 사람처럼 보일 수 있음 • 70에 근접할수록 대인관계에서 경계하고 주의하는 경향이 증가할 수 있음
70~83	• 다른 사람을 공개적으로 의심하고 적대적일 가능성이 증가 • 가까운 사람에 대해서도 불신하는 경향이 있고 친하게 지내는 친구는 거의 없을 수 있음
84 이상	• 전형적인 망상적 경향이 강하게 나타날 수 있음 • 다른 사람들이 자신을 대하는 방식을 증오하고 원망하며 사람들이 자신을 이용하려고 한다고 믿을 수 있음 • 질투심이 강하고 다른 사람을 자주 비난하기 때문에 대인관계에서 문제가 많을 수 있고 이로 인해 관계 망상이나 피해 망상이나 과대 망상을 동반할 수 있음

(7) 조현병척도(Schizophrenia: SCZ)

조현병척도는 정신분열병의 다양한 측면을 측정하기 위한 것이다. 이 척도 문항들은 기이한 신념과 지각, 사회적 효율의 저하와 사회적 무쾌감, 주의력이나 집중력의 결핍 및 연상과정의 비효율성에 관한 내용들로 구성된다. 양성증상, 음성증상 및 사고장애를 평가하는 정신병적 경험(Psychotic Experiences: SCZ-P), 사회적 위축(Social Detachment: SCZ-S), 사고장애(Thought Disorder: SCZ-T) 하위 척도가 있다.

- 정신병적 경험(SCZ-P): 정신분열병에서만 특징적으로 나타나는 증상을 기술. 비일상적 지각과 마술적 사고에서부터 일급 정신병적 증상에 이르기까지 심각성이 다양한 양성증상에 관한 문항들임.
- 사회적 위축(SCZ-S): 사회적 무관심과 정서적 반응의 결핍에 초점을 둠. 점수가 높을수록 사회적으로 고립되고 친밀하고 따뜻한 대인관계가 어렵고 중요한 대 인관계적 행동에 대한 정상적인 뉘앙스를 해석하기 어려움. 대인관계적 상황에서 생기는 불편을 경험하지 않기 위한 사회적 고립과 무관심
- 사고장애(SCZ-T): 사고과정의 명료성에 관한 문항으로 구성됨. 척도의 전체 점수가 상승하지 않고 이 하위 척도만 높을 경우 정신분열병이라기보다 다른 원인이 있을 수 있음. 심한 우울증, 뇌손상이나 뇌질환의 후유증, 약물치료, 약물이나 알코올 남용 등이 잠정적 원인일 수 있음.

▮ 조현병척도의 상승 수준별 해석 ▮

T점수	해석
59 이하	• 효율적인 사회적 관계를 형성할 수 있고 주의력이나 집중력에 관한 문제가 없을 수 있음
60~69	• 사회적 관계가 위축되어 있고 무관심하고 비관습적일 수 있음 • 70에 근접할수록 가까스로 유지하고 있는 대인관계에서 상당히 경계하고 적대적인 경향이 있을 수 있음
70~89	• 다른 사람들로부터 고립되어 있고 다른 사람들이 이해해 주지 않는다고 생각하며 고립감을 느낄 가능성이 높음 • 사고력, 집중력 및 의사결정에 어려움을 경험할 수 있음 • 구체적인 하위 척도의 상승은 정신병적일 수 있는 비일상적인 정신병적 지각이나 신념을 지적하는 것일 수 있음

90 이상	• 전형적으로 정신분열병적 에피소드와 관련이 있음 • 정신적 혼동, 사회적 관계로부터 위축 및 의심이 있고 판단력과 현실검증력이 저하되어 있는 경향이 있음 • 현저한 정신병적 증상들이 나타날 가능성이 높고 다른 척도와 상승을 검토하여 정신병적 증상의 성격을 확인해야 함

(8) 경계선적 특징 척도(Borderline Features: BOR)

경계선적 특징 척도는 심한 성격장애와 관련된 여러 특징을 평가하기 위한 척도다. 이러한 특징들은 대부분 경계선 증후군과 밀접한 관련이 있기는 하지만 개별 특징들을 다른 장애에서도 흔히 찾아볼 수 있다. 이 척도 문항은 주로 감정 통제나 분노 통제의 어려움, 강렬하고 때로는 투쟁적 대인관계, 정체감과 자기가치에 관한 혼란, 자기파괴적인 충동적 행동에 관한 내용으로 구성되어 있다. 이 척도에는 정서적 불안정(Affective Instability: BOR–A), 정체성문제(Identity Problems: BOR–I), 부정적 관계(Negative Relationships: BOR–N) 및 자기손상(Self–Harm: BOR–S)의 하위 척도가 있다.

- 정서적 불안정(BOR–A): 갑작스럽고 극단적인 불안, 우울 또는 초조감의 형태로 나타나는 정서적 불안정을 반영. 매우 감정적으로 반응하고 기분장애에서 볼 수 있는 주기적 기분 변화보다는 빠르고 심한 기분 동요. 분노를 잘 통제하지 못한 에피소드
- 정체성문제 (BOR–I): 정체감 문제나 자기감과 관련해서 자기개념이 불안정하고 일관성이 없다는 것을 시사. 중요한 인생의 문제들에 대해 불확실하고 목적의식의 상실. 공허하고 지루하고 불만족스러운 느낌
- 부정적 관계(BOR–N): 양가적이고 강렬하고 불안정한 대인관계를 맺은 경험. 친했던 사람에 대해 자주 적대감과 배신감의 경험
- 자기손상(BOR–S): 행동의 결과를 생각하지 않고 충동적으로 행동하려는 경향. 물질남용, 무분별한 성적 관계 및 특별한 계획도 없이 갑자기 직장을 그만두는 것과 같은 종국에 가서는 자기 손상적이거나 자기 파괴적인 행동. 신체적 자해를 의미하는 것은 아님. 점수가 높을수록 자해나 자살을 시도할 위험이 증가

▌경계선적 특징 척도의 상승 수준별 해석▐

T점수	해석
59 이하	• 정서적으로 안정되어 있고 안정된 대인관계를 유지하고 있다는 것을 지적
60~69	• 우울하고 예민하며 생의 목표가 불확실할 수 있음 • 성인 초기의 내담자는 흔히 T점수가 이 정도로 상승함
70~79	• 충동적이고 정서적으로 불안정할 수 있음 • 다른 사람들은 내담자를 자기중심적이라고 지각하지만 내담자 자신은 다른 사람들이 자신을 오해한다고 느끼고 친밀한 관계를 유지하기 어려울 수 있음 • 다른 사람에게 분노를 느끼고 의심하는 경향이 있고 다른 사람과의 관계에서 불안을 경험하고 많은 것을 요구하고 있어 양가감정을 경험할 가능성이 높음 • T점수가 이 범위로 상승하더라도 하위 척도 가운데 현저하게 상승한 하위 척도가 없을 경우에는 반드시 경계선적 성격 장애를 시사하는 것이라고 할 수 없음 → 이런 성격적 특징은 다른 장애에서도 흔히 나타나기 때문
80 이상	• 경계선 성격과 관련된 전형적인 특징이 나타날 가능성이 더 높음 • 전형적인 위기 상태, 흔히 다른 사람과의 관계에서 위기 상태 또는 어려움을 지적하는 것일 수 있음 • 주변 사람에 대해 적대감과 분노 및 배신감을 느낌 • 주변 상황 때문에 매우 우울하고 불안하다는 증상을 호소하는 경우가 많고, 충동적, 자기 파괴적 방식으로 행동할 가능성도 높음

(9) 반사회적 특징 척도(Antisocial Features: ANT)

반사회적 특징 척도(Antisocial Features: ANT)는 반사회적 성격과 정신병질적 성격의 구성개념과 관련된 특징 및 행동을 평가한다. 이 척도 문항들은 자기중심성, 모험성 또는 통찰 부족으로 인한 반사회적 태도 및 행동과 관련된 내용으로 구성된다. 이 척도에는 반사회적 성격장애의 상이한 측면을 의미하는 반사회적 행동(Antisocial Behaviors: ANT−A), 자기중심성(Egocentricity: ANT−E) 및 자극추구(Stimulus-Seekig: ANT−S) 하위 척도로 구성된다.

- 반사회적 행동(ANT−A): 청년기와 아동기의 반사회적 행동에 관한 문항으로 구성됨. 점수가 높을수록 반사회적 행동이 있었거나 청소년기에 품행장애가 나타남. 불법적인 직업에 종사할 수 있고 절도, 재물파손, 다른 사람에 대한 신체적 공격 등을 포함한 범죄행위와 관련
- 자기중심성(ANT−E): 다른 사람과의 상호작용에서 정서적으로 냉담하고 공감

할 수 있는 능력의 부족과 관련된 문항으로 구성됨. 이러한 성격적 특성을 개념적으로 전통적인 정신병질과 가장 가깝지만 이 척도 자체가 정신병질적 요소를 의미하는 것은 아니고 오히려 히스테리나 자기애적인 성격과 관련된 자기중심성을 시사. ANT-A, ANT-E, AGG와 같은 척도가 동반 상승할 경우 정신병질적 성격을 시사

- 자극추구(ANT-E): 위험을 감수하면서 새로운 것을 추구하려는 의지와 관련된 문항으로 구성됨. 점수가 높을수록 무모하게 자기 자신과 주위 사람들에게 위험한 행동. 흥분과 자극을 추구하고 일상적이고 관습적인 것에 대해 쉽게 싫증

▌반사회적 특징 척도의 상승 수준별 해석▐

T점수	해석
59 이하	• 다른 사람과의 관계에서 사려 깊고 온정적인 사람이라는 것을 반영 • 자신의 충동과 행동을 합리적으로 통제할 수 있음
60~69	• 다소 충동적이고 위험한 행동을 할 수 있음 • 70에 근접할수록 대인관계에서 자기 중심적이고 자제력이 부족하며 다른 사람의 의도를 의심하고 무감동할 수 있음
70~81	• 충동적이고 적대적일 가능성이 높고 무모하거나 반사회적 행동을 한 경험이 있을 수 있음 • 다른 사람과의 관계에서 냉담하고 오랫동안 우정적 관계를 유지하기 어려울 수 있음
82 이상	• 반사회적 성격장애에서 뚜렷한 전형적인 특징이 나타남 • 신뢰롭지 못하고 책임감이 없을 가능성이 높으며 사회적, 직업적으로 성공하기 어려울 가능성이 높음 • 대인관계에서 냉담하고 현실적 이득을 추구하고 자신의 욕구를 충족시키기 위해 다른 사람을 이용할 가능성도 높음 • 충동적으로 현실적인 충족을 추구하는 경향이 있고 권위적 인물과 갈등을 경험한 적이 있을 수 있음

(10) 알코올 문제 척도(Alcohol Probems: ALC)

알코올 문제 척도는 알코올 사용, 남용, 의존과 관련된 행동과 그 결과를 평가하는 척도다. 이 척도 문항은 금주, 잦은 음주, 음주로 인한 심각한 결과, 통제 불능, 알코올에 대한 갈망에 이르기까지 다양한 문제에 관한 내용으로 구성된다. 직접 음

주에 대해 물어 보는 문항이 대부분이므로 알코올과 관련된 문제를 전적으로 부인하면 이 척도의 점수는 낮아진다. 이 척도의 원점수가 매우 낮으면서 긍정적 인상(PIM), 경계선적 특징(BOR), 반사회적 특징(ANT) 척도가 높거나 중간 정도로 상승할 경우 알코올 또는 알코올 사용과 관련된 문제에 대해 탐색해 보는(follow-up inquiry) 것이 바람직하다. 일반적으로 다른 정보원을 통해 간접적으로 추론하는 것보다 본인에게 직접 물어 보면 더 자세한 정보를 얻을 수 있다.

▮ 알코올 문제 척도의 상승 수준별 해석 ▮

T점수	해석
59 이하	• 보통 술을 마시기는 하지만 술로 인한 문제는 거의 없다는 것을 의미
60~70	• 정기적으로 술을 마시고 술로 인한 부정적인 결과를 경험할 수 있음 • 70에 근접할수록 술로 인한 문제가 있을 가능성이 증가
71~83	• 알코올 남용의 준거에 부합할 가능성이 높음 • 알코올로 인해 일상생활에 많은 부정적 영향이 있을 수 있음 • 알코올과 관련된 문제로는 대인관계나 직업적인 문제 및 건강의 악화 등이 있을 수 있고 최근 생활 기능이 상당히 의심스러운 상태일 수 있음
84 이상	• 알코올 중독 치료 센터에서 치료받고 있는 환자들일 경우, 전형적인 심각한 알코올 의존과 관련 있음 • 술로 인한 부정적인 결과가 많을 수 있음 • 대부분 반복해서 금주를 시도하지만 음주를 중단하기 어려울 수 있음 • 가끔 음주에 대한 죄책감을 느끼면서도 음주가 자신의 생활에 미치는 영향을 거의 통제하기 어려울 수 있음 • 대부분 음주와 관련하여 사회적, 직업적 실패를 경험한 적이 있고 오랫동안 중독된 상태에 빠진 에피소드가 있음 • 술에 취한 상태에서 일시적인 의식상실이나 알코올에 대한 생리적 의존 및 금단 증상이 나타날 수 있음

(11) 약물 문제 척도(Drug Problems: DRS)

약물 문제 척도는 약물 사용, 남용, 의존과 관련된 행동과 그 결과를 평가하는 척도다. 문항 내용은 자주 약물을 사용하고 이로 인한 심각한 결과와 관련된다. 알코올 문제와 마찬가지로 이 척도 문항은 약물사용 및 불법적인 약물사용과 관련 문제를 직접적으로 물어 보는 문항으로 구성되므로 내담자가 이를 부인하면 점수가 낮아진다. 알코올 문제 척도(ALC)와 마찬가지로 약물 문제 척도(DRG)의 원점수가 매우 낮고 긍정적 인상척도(PIM)가 상승해 있고 경계선(BOR) 및 반사회성(ANT) 척도가 중간 정도 상승해 있으면 약물사용에 대해 추적해서 물어보는 것이 바람직하다. 그러나 일반적으로 다른 정보원을 통해 간접적으로 추론하는 것보다는 직접 물어보면 더 자세한 정보를 얻을 수 있다.

▮ 약물 문제 척도의 상승 수준별 해석 ▮

T점수	해석
59 이하	• 약물을 거의 사용하지 않거나 전혀 사용하지 않는다는 것을 반영
60~70	• 정기적으로 약물을 사용할 수 있고 이로 인해 부정적인 결과를 경험할 수 있음 • 70에 근접할수록 약물이나 약물사용으로 인한 문제를 경험하고 있을 가능성은 더 증가함
70~79	• 약물남용의 준거에 부합할 가능성이 높음 • 약물사용으로 인해 대인관계나 직무수행에 문제가 나타나고 최근 생활 기능이 상당히 저하될 수 있음
80 이상	• 약물남용 때문에 치료받는 환자들일 경우 전형적으로 심각한 약물의존과 관련이 있을 수 있음 • 물질사용을 중단하고 반복해서 시도하지만 약물사용을 중단할 수 없고 약물이 생활에 미치는 영향을 거의 통제할 능력이 없을 수 있음 • 대부분 약물로 인해 사회적 및 직업적 실패를 경험한 적이 있을 가능성이 높음 • 보통 물질에 대한 심리적, 생리적 의존의 징후와 금단증상이 나타날 수 있음

3) 치료척도

(1) 공격성 척도(Aggression: AGG)

공격성 척도는 공격성, 분노, 적개심과 관련된 태도와 행동적 특징을 평가하는 척도다. 이 척도 문항들은 언어적 주장성과 분노통제력의 부족으로 인한 폭력적 및 공격적 행동에 이르기까지 다양한 내용과 관련되어 있다. 이 척도는 공격성의 상이한 측면을 밝히기 위해 공격적 태도(Aggressive Attitude: AGG-A), 언어적 공격(Verbal Aggression: AGG-V), 신체적 공격(Physical Aggression: AGG-P) 하위 척도를 포함한다.

- 공격적 태도(AGG-A): 쉽게 화를 내고 분노 표현을 통제하기 어려우며 다른 사람들은 이들을 적대적이고 자극적이라고 지각
- 언어적 공격(AGG-V): 직면을 사용해서 위협하지 않고 감정을 자극하는 요인이 거의 없더라도 비판이나 모욕과 같은 언어적 방식으로 공격하려는 경향
- 신체적 공격(AGG-P): 재물파손, 폭력, 위협 등을 통해 분노를 신체적으로 표현하려는 경향. 주위 사람들은 이러한 성질을 겁내고 폭력을 두려워함.

▌공격성척도의 상승 수준별 해석 ▌

T점수	해석
40 이하	• 다른 사람들 앞에 서는 것을 꺼리고 필요한 경우라도 자신의 주장을 내세우지 못할 정도로 매우 유순하고 비주장적일 수 있음
59 이하	• 분노와 적개심을 합리적으로 통제할 수 있다는 것을 시사
60~69	• 좌절감을 경험하거나 다른 사람이 일을 방해하면 성질을 참지 못해 쉽게 흥분하며 성질을 부릴 수 있음 • 70에 근접할수록 성질을 부릴 가능성은 증가하고 주변에 있는 사람들의 행동 때문에 쉽게 흥분할 수 있음
70~81	• 만성적으로 분노를 느끼고 분노와 적대감을 거리낌 없이 표현할 수 있음 • 적어도 하나 이상의 하위 척도가 상승할 것이고 상승한 하위 척도를 검토하면 언어적 또는 신체적 표출과 같은 분노를 표출하는 방식을 알 수 있음
82 이상	• 뚜렷한 분노나 잠재적 공격과 관련이 있을 가능성이 높음 • 쉽게 흥분하고 좌절을 경험할 때 감정이 폭발할 수 있음

(2) 자살 관념 척도(Suicide Ideation: SUI)

자살 관념 척도는 죽음이나 자살과 관련된 사고 및 아이디어를 평가하는 척도다. 이 척도 문항들은 무망감, 죽음과 자살에 대한 일반적이고 모호한 생각 및 자살을 시도하기 위한 구체적인 계획에 대한 내용으로 구성된다. 자살관념을 직접적으로 묻는 문항으로 구성되기 때문에 자살하고 싶은 의도를 숨기려는 사람의 경우, 이 척도 점수는 낮아진다. 따라서 이 척도의 원점수가 매우 낮고 우울(DEP), 불안(ANX), 비지지(NON), 스트레스(STR) 척도의 점수가 중간 정도 상승한 경우, 자살 의도에 대해 추후질문을 시도하는 것이 바람직하다. 이런 경우라도 이 척도 문항을 사용해서 직접 질문하는 것이 자살 의도를 밝히는 데 효과적이다.

▮ 자살 관념 척도의 상승 수준별 해석 ▮

T점수	해석
45~59	• 죽음이나 자살에 대한 생각은 거의 없음
60~69	• 일시적 또는 주기적으로 자해에 대해 생각하고 순간적인 자해 경험이 있을 수 있음 • 미래에 대해 비관적이고 불행하게 생각할 수 있음 • 임상집단일 경우 자실에 관한 사고와 행동에 대해 자세하게 물어 보아야 함
70~83	• 반복적인 자살사고를 시사 → 자살할 가능성에 관한 중요한 신호로 생각해야 함 • 자살에 대한 상당한 양가감정이 있을 수 있기 때문에 부가적인 위험 요인에 대해서도 관심을 기울여야 함 • 환경과 가용할 수 있는 지지체계를 평가하는 것이 매우 중요
84~100	• 자살에 대한 양가감정은 감소하고 강한 반복적인 자살사고를 가지고 있을 가능성이 높음 • 자실에 대한 예방이 필요함
101 이상	• 죽음과 자살에 대해 병적으로 집착하고 소유물을 정리하고 유서를 작성하거나 구체적인 자살계획을 세우는 등 자살을 시도하기 위한 단계를 진행하고 있을 수 있음 • 자살 잠재성을 즉각 평가하고 지체 없이 적절한 개입을 해야 함 • 다른 척도의 수준과는 관계없이 자살할 가능성에 대한 중요한 경고 신호로 해석해야 함

(3) 스트레스 척도(Stress: STR)

스트레스 척도는 개인이 현재 경험하고 있거나 최근에 경험한 생활상황적 스트레스인을 평가하는 척도다. 이 척도 문항들은 가족 관계에 관한 문제, 경제적 문제, 직업 관련 문제, 최근에 발생했거나 현재 일어나고 있는 중요한 생활상의 변화에 관한 내용을 포함한다.

▮ 스트레스 척도의 상승 수준별 해석 ▮

T점수	해석
59 이하	• 생활이 안정되어 있고 예측이 가능하고 평온하다는 것을 시사
60~69	• 생활에 관한 주요 영역에서 다소 어려움을 겪고 있고 중간 정도의 스트레스를 경험할 수 있음

70 이상	• 어려움과 스트레스가 상당한 영향을 미칠 가능성이 높음 • 최근 직장상황, 가족과 친구와의 관계 및 경제적 상태 등을 살펴보면 근심, 반추적 사고, 불행감의 원인이 되는 상황을 찾아낼 수 있음 • 적응장애나 반응성 장애가 있을 위험도 있음 → 임상척도의 점수를 검토하여 이러한 증상들의 특징이나 심각성을 결정할 필요가 있음
현저하게 상승할 경우	• 위기상황에 직면해 있다는 것을 시사 • 거의 모든 주요 생활에서 혼란을 경험한다고 보고할 수 있고, 자신에게 일어나는 바람직하지 못한 일련의 사건들을 통제할 힘이 없다고 생각할 수 있음 • 자신은 무력하고 의존적일 뿐만 아니라 고통을 야기하는 상황과 같은 주변 환경에 의해 희생당하고 있다고 생각할 수 있음 • 다양한 임상장애에 취약할 가능성이 증가할 것이므로 스트레스에 대한 반응의 정확한 특징을 결정하기 위해서는 임상척도의 점수를 검토할 필요가 있음

(4) 비지지 척도(Nonsupport: NON)

비지지 척도는 사회적 관계의 가용성과 질을 포함한 지각된 사회적 지지의 부족을 평가하는 척도다. 이 척도 문항들은 친지, 친구 및 가족원과 관계하는 상호작용의 성격과 수준에 관한 내용을 포함한다. 이 척도 점수가 낮으면 지각된 사회적 지지가 높다는 것을 반영하고, 높으면 사회적 환경을 매우 비지지적인 것으로 지각하는 경향을 지적하는 것이다.

▮ 비지지 척도의 상승 수준별 해석 ▮

T점수	해석
59 이하	• 일반적으로 가족이나 친한 친구들과 지지적인 관계를 유지하고 있다는 것을 시사
60~69	• 친한 대인관계가 적거나 이러한 관계가 만족스럽지 않다는 것을 지적
70~87	• 사회적 지지가 거의 없다고 지각할 수 있음 • 가족 관계는 소원하거나 갈등적일 수 있고 또한 일반적으로 친구들을 필요로 할 때 도움이 되지 않거나 도와주지 않을 것이라고 생각할 수 있음
88 이상	• 생활에 관한 중요한 사건들을 다루는 데 유용한 사회적 지지체계가 거의 없거나 또는 전혀 없다고 지각할 수 있음 • 자신을 도와주지 않고 거절할 것이라고 지각한 다른 사람뿐만 아니라 자기 자신에 대해서도 매우 비판적일 수 있음 • 위기에 대응할 정서적 자원이 거의 없고 특히 스트레스에 대해 매우 강렬하게 반응할 가능성도 높음

(5) 치료 거부 척도(Treatment Rejection: RXR)

치료 거부 척도는 심리적, 정서적 변화에 대한 개인적 관심과 관련된 속성과 태도를 평가하는 척도다. 이 척도 문항들은 적극적으로 치료에 참여하려는 의지, 자신의 문제에 대한 인식 및 개인적 책임을 수용하려는 경향과 관련된 내용으로, 여러 치료 방법에 적용할 수 있도록 기술되어 있다. 이 척도 점수가 높으면, 치료적 동기가 매우 부족하다는 것을 말한다. 여기서 한 가지 유의해야 할 점은 표집의 성격과 관련해서 치료집단이 아니라 정상집단을 대상으로 T점수를 환산한 것이기 때문에 T점수가 평균범위라 하더라도 치료적 동기가 낮을 수 있다.

▌치료 거부 척도의 상승 수준별 해석▐

T점수	해석
20 미만	• 일종의 도움을 요청하고 심리적 불편감이 있고 도움을 받으면 자신의 고통이 즉각적으로 경감될 것이라는 비현실적 기대를 가질 수 있음
39 이하	• 자신의 기능적 문제를 인정하고 치료적 도움이 필요하다고 인정함
40~49	• 변화의 필요성을 인식하고 변화의 가능성에 대해 긍정적 태도를 가지며 변화에 대한 개인적 책임의 중요성을 받아들이고 있음을 의미함
50~59	• 현재 자신에 대해 만족하고 자신의 행동 변화 필요성을 인정하지 않고 있음
60 이상	• 어떠한 개인적 문제도 인정하지 않고 변화의 필요성을 거의 느끼지 못함

4) 대인관계 척도

(1) 지배성 척도(Dominance: DOM)

지배성 척도는 개인이 대인관계에서 통제적, 순종적 또는 자율적인 정도를 평가하는 척도다. 이 척도 문항들은 대인관계에서 독립성, 주장성, 지시 및 조정에 관한 내용을 포함한다. 이 척도는 양극적 차원을 나타내기 때문에 높은 점수뿐 아니라 낮은 점수도 해석적 의미가 있다.

▮ 지배성 척도의 상승 수준별 해석 ▮

T점수	해석
35 미만	• 사회적 상호작용에서 자신감이 거의 없을 수 있음 • 대인관계를 통한 욕구를 충족시키기 어렵고 자기보다 다른 사람의 이익을 더 중요하게 여기고 자기주장을 하지 못하기 때문에 부당한 대접을 받거나 이용당할 가능성이 높음
35~44	• 겸손하고 수줍어하며 사회적 상호작용에서 자기의식이 강한 경향이 있고 필요할 때 자신을 주장하는 기술이 부족할 수 있음 • 자신이 다른 사람들의 주목을 받을 때 더 불편을 느끼기 쉬움
45~59	• 다양한 대인관계적 상황에 잘 적응할 수 있고 필요할 때 통제를 행사하거나 철회함
60~69	• 자기 스스로 만족하고 자신감이 있고 설득력이 있는 사람 • 이들의 행동은 때때로 대인관계에서 친절하지 못하고 독단적이고 다른 사람을 통제한다는 인상을 줄 수 있고 이들은 사회적 상황에서 거의 불편을 느끼지 않고 자신이 통제할 수 있는 상황에서 다른 사람과의 상호작용을 선호
70 이상	• 다른 사람을 통제하려는 욕구가 두드러지게 나타나 가까운 사람들이라도 참기 어려울 수 있음 • 일반적으로 이들은 지배적이고 자신의 계획과 기대에 동의하지 않는 사람들이 있으면 참지 못하는 경향이 있고 매우 자기 자신을 과시하고 오만하여 독재적인 사람처럼 보일 수 있음

(2) 온정성 척도(Warmth: WRM)

온정성 척도는 대인관계에서 관여하고 공감하는 정도와 거절적이고 불신하는 정도를 평가하는 척도다. 이 척도 문항들은 사교적, 동정적, 친애적 내용으로 구성된다. 이 척도 역시 양극적 차원이기 때문에 높은 점수뿐 아니라 낮은 점수도 해석적 의미가 있다.

▮ 온정성 척도의 상승 수준별 해석 ▮

T점수	해석
35 미만	• 사회적 상호작용에 대해 관심이 거의 없다는 것을 시사 • 흔히 냉담하고 감정이 없는 사람처럼 보이고 다른 사람의 실수를 참지 못함 • 애정을 표현할 줄 모르고 인간적 관계에 관심이 없고 친하게 지내는 사람도 거의 없음

34~44	• 대인관계에서 거리를 두는 경향을 시사 • 친밀하고 지속적인 대인관계에 비중을 두지 않고 대부분의 사회적 관계에 대한 아무런 관심도 없음 • 사회적 관계에서 동정심도 없고 엄격한 것처럼 보이고 다른 사람의 의견에 대해 주의를 기울이지도 않음
45~59	• 다양한 대인관계적 상황에 잘 적응하고 다른 사람과의 관계에서 애착을 유지하면 거리를 둘 가능성이 있음
60~69	• 다른 사람에 대해 다정하고 온정적이고 지지적 • 다른 사람으로부터 사랑을 받고 싶어 하고 비판할 만한 충분한 이유가 있는데도 불구하고 다른 사람을 비판하지 않음 • 너무 쉽게 사람을 믿고 타인의 잘못을 쉽게 용서하기 때문에 다른 사람에게 이용당할 위험이 있음
70 이상	• 타인을 수용하려는 욕구가 너무 뚜렷하게 나타나고 지나치게 의존적일 수 있음 • 다른 사람들을 너무 믿고 의존하는 것처럼 보일 수 있음

2. PAI검사를 활용한 해석상담

내담자

- 내담자 기본 인적 사항은 심리검사 해석상담 신청서에 내담자가 기입한 내용을 토대로 한 것임.
- 17세, 남자, 고1, 몇 달 전에 가출하여 청소년 쉼터에서 생활하고 있음.

〈PAI 프로파일〉

네 개의 타당도는 정상범위로 나타났다. 임상척도에서 낮은 척도로는 조증(29), 높게 상승한 척도들로는 PAR(65), DRG(70), 치료 척도에서 상승한 척도는 NON(72)이다. 낮은 점수를 보인 척도는 내담자의 강점을 시사한다. 하위 척도 중 PAR-R(74), SCZ-S(63), ANT-A(70) 등이 상승하였다.

〈해석상담 예시〉

상담자1: 지난번 실시했던 검사 결과를 함께 나누고자 하는데 괜찮겠지요? 여기서 보는 것처럼 중간 점선에서 많이 떨어진 몇 가지 포인트를 볼 수 있을 겁니다.

내담자1: 예.

상담자2: 요즈음 걱정되거나 신경 쓰이는 것으로 인해 혼자 있는 시간을 선호하게 되는 모습입니다. 주변 사람들이 ○○ 님에게 관심 주는 것도 불편하고 사양하고 싶은 모습이군요. ○○ 님의 마음을 잘 이해하고 진정으로 도와주는 사람이 없다고 느낄 수도 있겠어요.

내담자2: 예, 뭐…….

상담자3: 공정하게 대우 받았더라면 주변 사람들에게 그렇게까지 느끼지는 않았을 수도 있겠네요.

내담자3: 모두 내가 잘못했다고 하니까요. 사실 그 사람들이 잘못해 놓고 나보고 그러니까……. 그냥 날 내버려 두었으면 좋겠어요..

상담자4: 자유롭게 살고 싶은 마음이군요. 어떻게 할 때 가장 자유롭게 느끼나요?

내담자4: 혼자 방에서 본드 할 때가 제일 마음이 편해요.

상담자5: ○○ 님의 본드 경험에 대해 조금 더 말해 주세요.

(필요시, 내담자의 약물사용 심각도에 대한 심리검사를 실시한다.)

11 사회 성숙도 검사

한국판 사회 성숙도 검사(Social Maturity Test: SMT)는 김승국과 김옥기가 1985년에 바인랜드 사회 성숙 척도(Vineland Social Scale)를 표준화하여 만들었다. 이 검사는 0~30세까지의 유아에서 성인을 대상으로 한다. 이 검사에서는 내담자의 사회적 능력, 예를 들어 자조(Self Help: SH), 이동(Locomotion: L), 작업(Occupation: O), 의사소통(Communication: C), 자기관리(Self Direction: SD), 사회화(Socialization: S) 등과 같은 변인들을 측정하여 적응적인 행동을 어느 수준에서 유지하고 있는지를 평가한다. 이 검사는 내담자의 성장, 개인차를 측정하는 데 사용할 수 있고 내담자의 부적응, 정신지체 수준을 살펴보는 데도 가능하다.

1. 사회 성숙도 검사의 검사 유목과 세부 내용

사회 성숙도 검사는 자조, 이동, 작업, 의사소통, 자기관리, 사회화 등 6개 유목의 117개 문항으로 구성되어 있다. 사회 성숙도 검사의 검사 유목과 세부적인 내용은 다음과 같다.

검사 유목	내용
자조	일반(Self-Help General: SHG), 식사(Self-Help Eating: SHE), 용의(Self-Help Dressing: SHD) 등 3개 영역의 39개 문항으로 구성되어 있다.
이동	기어 다니는 능력부터 어디고 혼자 다닐 수 있는 능력까지를 알아보는 10개 문항으로 구성되어 있다.
작업	작업 유목은 22개 문항으로 구성되어 있다. 이들 문항은 단순한 놀이에서부터 고급의 전문성을 요하는 직업에 이르는 다양한 능력을 알아보고 있다.
의사소통	동작, 음성, 문자 등을 매체로 한 수용과 표현에 관한 15개 문항으로 구성되어 있다.
자기관리	14개 문항으로 구성되어 있다. 문항은 금전의 사용, 구매, 경제적 자립 준비와 지원, 기타 책임 있고 분별 있는 행동 등에 관한 것으로서 독립성과 책임감을 알아본다.
사회화	사회적 활동, 사회적 책임, 현실적 사고 등에 관한 17개 문항으로 구성되어 있다.

2. 검사 방법

이 검사는 '사회 성숙도 검사' 용지를 사용해서 실시한다. 이 검사는 내담자에 관한 정확한 정보를 얻기 위해서 내담자를 잘 아는 부모와의 면접을 통해서 한다. 만일 부모가 없을 경우에는 내담자를 잘 아는 내담자의 형이나 누나 또는 내담자를 잘 아는 친척이나 후견인과의 면담을 통해서 한다.

내담자의 보호자 등의 대답이 믿기 어려운 경우에는 내담자를 직접 만나서 그의 행동을 관찰해 보고 판단하는 것이 좋다. 면담 시에는 내담자 혹은 보호자들이 자발적으로 진술할 수 있도록 호의적인 태도를 취해야 한다. 그러나 부득이한 경우에는 내담자를 정보 제공자로 사용하되 정보 수집 후 다른 정보 제공자에게 묻거나 내담자의 행동을 직접 관찰하거나 그의 성취를 참작하여 몇 개의 문항을 검토해 봄으로써 수집된 정보의 정확성 여부를 알아보아야 한다.

생활 연령이 5세 이하인 정상 아동과 정신 연령이 5세 이하인 지적장애 아동이 내담자일 경우에는 그로 하여금 정보 제공자로서 실제 행동을 보이도록 해도 좋다. 이 경우에도 내담자와 라포 형성의 정도를 고려해서 주의 깊게 검토해야 한다. 이렇게 하여 얻은 결과는 내담자 이외의 다른 정보 제공자로부터 얻을 결과 보다 약간 높게 또는 약간 낮게 나오기도 하기 때문이다.

검사 시에는 내담자의 연령, 교육 정도, 일반 능력, 직업, 장애 등을 비롯한 기타 신상 자료와 부모의 직업 및 교육 정도를 먼저 알아보는 것이 좋다. 이렇게 함으로써 검사를 용이하게 실시할 수 있고 수집된 정보의 평가를 보다 정확하게 할 수 있기 때문이다.

정보 제공자에게 문항에 따른 질문을 할 때에는 언제나 1번 문항부터 질문을 시작하지 말고 내담자의 연령, 능력 등 일반 정보를 참작하여 예상되는 최고 점수 보다 훨씬 아래의 문항에서부터 시작해야 한다. 언제나 1번 문항부터 질문을 시작하게 되면 검사 시간이 많이 걸리기 때문이다.

검사 용지를 보면 문항이 배열되어 있는 중간중간에 로마 숫자로 연령 급간이 표시되어 있고 각 문항의 뒤에는 문항별 평균 생활 연령이 적혀 있는데, 그것이 몇 번 문항부터 질문을 시작하는 것이 좋을지 판단하는 데 준거가 되어 줄 것이다.

그리하여 일정한 문항에서부터 질문을 시작하게 되었다 하더라도 3개 문항이 계속해서 '+' 또는 '+F'로 표시되지 아니하면 높은 번호 쪽으로 진행하던 질문을 중단하고 3개 문항이 계속해서 '+' 또는 '+F'로 표시될 때 까지 낮은 번호 쪽으로 내려가며 질문을 한다. 그러나 내담자가 지적장애 아동일 경우에는 5개 문항 정도가 계속해서 '+' 또는 '+F'로 표시될 때까지 내려가며 질문을 해야 한다.

그리고 높은 문항 쪽으로 질문을 계속해 가다가 3개 문항이 계속해서 '−'로 표시되면 검사를 끝낸다. 내담자가 정상이 아니라 지적 장애일 경우에는 5개 문항 정도가 계속해서 '−'로 표시될 때에 검사를 끝낸다.

검사의 시작과 끝냄을 지적장애 내담자일 경우에는 정상인이 내담자인 경우와 달리해야 하는 이유는 지적장애 내담자가 정상인에 비해 개인 내 차가 크기 때문이다.

질문은 한 번에 한 문항씩 해야 하지만 검사지의 문항 배열순에 따라 기계적으로 하기 보다는 일정 범위 내의 문항을 유목별로 하는 것이 판단하기에는 좋다. 그리고 유목별 문항의 순서는 바꾸어도 좋다. 문항이 요구하는 행동을 언제부터 시작하였으며, 그것이 오늘에 이르기 까지 어떻게 발전해 왔는가를 알아본다.

필요한 경우에는 추가 질문을 해도 된다. 그러나 유도 질문을 해서는 안 된다. 문항의 판단이나 상담자의 기록은 상담자가 직접 해야 하며, 정보 제공자에게 시켜서는 안 된다.

3. 문항 판단 기준

사회 성숙도 검사의 117개 문항은 곤란도 순서로 배열되어 있고, 각 문항 번호 앞에는 검사 유목명을 나타내는 영문 약자가 적혀져 있다. 각 문항에 대해서 내담자 또는 내담자의 보호자가 답을 하는 경우, 답에 따라서 '+' '+F' '+NO' '+/−' 또는 '−'로 표시한다. 이러한 기호의 표시는 다음과 같은 문항 판단 기준에 따라야 한다.

+: ① 부당한 강요나 인위적인 유인이 없어도 각 항목이 지시하는 본질적인 행동을 습관적으로 수행할 경우, ② 현재는 습관적으로 하고 있지 않으나 하려고만 하면 쉽게 수행할 수 있을 경우

+F: 검사 시에는 특별한 제약(예: 일시적인 질환, 환경적인 제약)으로 각 항목이 지시하는 행동을 성공적으로 수행하지 못하였지만 평상시에는 성공적으로 수행하였을 경우

+NO: 지금까지는 기회의 부족으로 각 항목이 지시하는 행동을 수행하지 못하였지만 기회가 부여된다면 곧 성공적으로 수행 또는 습득할 수 있을 경우

±: 각 항목이 지시하는 행동을 가끔 하기는 하나 그 행동이 불안정 할 경우, 즉 과도적 상태이거나 발현중인 상태에 있을 경우

−: ① 각 항목이 지시하는 행동을 전혀 수행할 경우, ② 부당한 강요나 유인이 있을 때에만 수행할 경우, ③ 과거에는 성공적으로 수행하였으나 현재는 노쇠나 비교적 항구적인 정신적 또는 신체적 장애로 수행하지 못할 경우

구체적인 문항 판단 기준은 다음과 같다.

+	부당한 강요나 인위적인 유인이 없어도 각 항목이 지시하는 본질적인 행동을 습관적으로 수행할 경우 현재는 습관적으로 하고 있지 않으나 하려고만 하면 쉽게 수행할 수 있을 경우	1점
+F	검사시에는 특별한 제약(예: 일시적인 질환, 환경적인 제약)으로 각 항목이 지시하는 행동을 성공적으로 수행하지 못하였지만 평상시에는 성공적으로 수행하였을 경우	1점

+NO	지금까지는 가회의 부족으로 각 항목이 지시하는 행동을 수행하지 못하였지만 기회가 부여된다면 곧 성공적으로 수행 또는 습득할 수 있을 경우	1점 0.5점 0점
±	각 항목이 지시하는 행동을 가끔 하기는 하나 그 행동이 불안정 할 경우, 즉 과도적 상태이거나 발현 중인 상태에 있을 경우	0.5점
−	각 항목이 지시하는 행동을 전혀 수행하지 못할 경우 부당한 강요나 유인이 있을 때에만 수행할 경우 과거에는 성공적으로 수행하였으나 현재는 노쇠나 비교적 항구적인 정신적 또는 신체적 장애로 수행하지 못할 경우	0점

4. 채점 방법

1) 문항의 채점

각 문항을 판단하여 표시한 기호는 다음과 같이 채점한다.

'+'는 1점으로 채점한다.
'+F'는 1점으로 채점한다.
'+NO'가 '+'와 '+' 사이에 있을 경우 1점으로 채점한다.
'+NO'가 '+F'와 '+F' 사이에 있을 경우 1점으로 채점한다.
'+NO'가 '+'와 '+F' 사이에 있을 경우 1점으로 채점한다.
'+NO'가 '+NO'와 '+' 또는 '+F' 사이에 있을 경우 1점으로 채점한다.
'+NO'가 '−'와 '−' 사이에 있을 경우 0점으로 채점한다. 그 밖의 경우에는 0.5점으로 채점한다.
'+/−'는 0.5점으로 채점한다.
'−'는 0점으로 채점한다.

2) 총점의 산출

총점은 기본점과 가산점을 합산하여 구한다.

기본점은 계속적인 '+' 또는 '+F'의 최종 문항 번호다. 3개 또는 그 이상의 문항이 계속해서 '+' 또는 '+F'로 표시되면 그 이하의 문헝은 기호의 표시가 되어 있지 않더라도 '+' 또는 '+F'로 표시되어 있는 것으로 간주할 수 있고, '+'나 '+F'는 1점으로 채점되기 때문에, 계속해서 '+' 또는 '+F'로 표시된 문항의 마지막 번호를 기본점으로 삼고 있다.

가산점은 기본점 이외의 문항별 점수를 합산한 점수다.

5. 사회연령 및 사회지수 산출 방법

1) 사회연령

사회연령(Social Age: SA)은 '사회연령 환산표'를 이용하여 구하면 된다. '사회연령 환산표'에는 총점과 총점에 해당하는 SA가 적혀 있다. 그러므로 SA를 구하려면 총점의 숫자를 '사회연령 환산표'의 총점난에서 찾아낸 다음 그 오른편에 있는 SA 칸의 숫자를 찾아내면 된다.

2) 사회지수

사회지수(SQ)는 SA를 CA(만 생활연령)로 나눈 다음, 100을 곱하면 된다.

$$SQ=(SA/CA) \times 100$$

6. 검사의 활용

이 검사의 기본적인 구성 원리는 지능검사를 만들 때 비네(Binet)와 시몬(Simon)이 사용했던 것과 같다.

이 검사를 구성하는 각 문항은 일부 세부적인 행위로 표현되는 사회적인 책임의 일반적인 성장을 나타내는 것이라 할 수 있다. 따라서 각 문항의 가치는 그것이 행위에 있어서의 개인의 독립성을 어느 정도 반영하느냐에 의해서 주로 결정된다고 할 수 있다. 그러므로 세부 행위는 비교적 중요하지 않다고 할 수 있다. 이 검사는 개인의 성장 또는 변화를 측정하고 개인차를 측정하는 도구로 사용할 수 있고 치료나 훈련 후의 향상을 측정하는 도구로도 사용할 수 있다. 또한 이 검사는 지적장애 여부나 그 정도를 판별하는 도구로서 사용할 수 있다.

지적장애(지적발달장애) DSM-5 진단기준

Intellectual Disability(Intellectual Development Disorder)

지적장애(지적발달장애)는 발달 시기에 시작되며, 개념, 사회, 실행 영역에서 지적 기능과 적응 기능 모두에 결함이 있는 상태를 말한다. 다음의 세 가지 진단기준을 충족해야 한다.

A. 임상적 평가와 개별적으로 실시된 표준화된 지능 검사로 확인된 지적 기능(추론, 문제해결, 계획, 추상적 사고, 판단, 학업, 경험 학습)의 결함이 있다.

B. 적응 기능의 결함으로 인해 독립성과 사회적 책임 의식에 필요한 발달학적, 사회문화적 표준을 충족하지 못한다. 지속적인 지원 없이는 적응 결함으로 인해 다양한 환경(가정, 학교, 일터, 공동체)에서 한 가지 이상의 일상 활동(의사소통, 사회적 참여, 독립적 생활) 기능에 제한을 받는다.

C. 지적 결함과 적응 기능의 결함은 발달 시기 동안에 시작한다.

주의점: 지적장애라는 진단명은 ICD-11의 지적발달장애와 동의어다. 이 편람에서는 지적장애라는 용어를 사용하고 있지만, 다른 진단 체계와는 연관성을 명확히 하고자 제목에는 두 가지 용어 모두 기재하였다. 더욱이 미연방 법령(공법 111-256, 로사법)에서 정신지체라는 용어 대신 지적장애라는 용어를 사용하기로 결정하였고, 학술지도에서도 지적장애라는 용어를 사용하고 있다. 이와 같이 지적장애라는 용어는 의학, 교육 및 기타 전문직뿐 아니라 일반 시민과 시민 단체에서도 널리 사용되고 있다.

현재의 심각도를 명시할 것(다음 표 참조):

경도(mild)

중증도(moderate)

고도(severe)

최고도(profound)

심각도 수준	개념적 영역	사회적 영역	실행적 영역
경도	학령전기 아동에서는 개념적 영역의 차이가 뚜렷하지 않을 수 있다. 학령기 아동과 성인에서는 읽기, 쓰기, 계산, 시간이나 돈에 대한 개념과 같은 학업 기술을 배우는 데 어려움이 있으며 연령에 적합한 기능을 하기 위해서는 하나 이상의 영역에서 도움이 필요하다. 성인에서는 학습된 기술의 기능적 사용(예: 읽기, 금전관리)뿐 아니라 추상적 사고, 집행 기능(예: 계획, 전략 수립, 우선순위 정하기, 인지적 유연성), 단기기억도 손상되어 있다. 문제나 해결에 대한 접근이 또래에 비해 다소 융통성이 없다.	전형적인 발달을 보이는 또래에 비해 사회적 상호작용이 미숙하다. 예를 들어, 또래들의 사회적 신호를 정확하게 인지하는 데 어려움이 있을 수 있다. 의사소통, 대화, 언어가 연령 기대 수준에 비해 좀 더 구체적인 수준에 머물러 있거나 미숙하다. 연령에 적합한 방식으로 감정이나 행동을 조절하는 데 어려움이 있을 수 있다. 이러한 어려움은 사회적 상황에서 또래들에게 눈에 띄게 된다. 사회적 상황에서의 위험에 대해 제한적인 이해를 한다. 사회적 판단이 연령에 비해 미숙하여 다른 이들에게 속거나 조종당할 위험이 있다.	자기관리는 연령에 적합하게 수행할 수 있다. 복잡한 일상생활 영역에서는 또래에 비해 약간의 도움이 필요하다. 성인에서는 장보기, 교통 수단 이용하기, 가사 및 아이 돌보기, 영양을 갖춘 음식 준비, 은행 업무와 금전 관리와 같은 영역에서의 도움이 필요하다. 여가 기술은 또래와 유사하나, 웰빙과 여가 계획과 관련된 판단에는 도움이 필요하다. 성인기에는 개념적 기술이 강조되지 않는 일자리에 종종 취업하기도 한다. 건강관리나 법률과 관련된 결정을 내리고 직업 활동을 능숙하게 수행하기 위해서는 도움이 필요하다. 가족을 부양하는 데는 도움이 필요하다.
중증도	전 발달 영역에 걸쳐, 개념적 기술이 또래에 비해 현저히 뒤처진다. 학령전기 아동에서는 언어와 학습 준비 기술이 느리게 발달한다. 학령기 아동에서는 읽기, 쓰기, 수학, 시간과 돈에 대한 이해가 전 학령기에 걸쳐 더딘 진행을 보이며, 또래에 비해 매우 제한적이다. 성인기에도 학업 기술은 초등학생 수준에 머무르며 개인	전 발달 과정에 걸쳐 사회적 행동과 의사소통 행동에서 또래들과 확연한 차이를 보인다. 표현 언어가 사회적 의사소통의 주요 수단이지만 단어나 문장이 또래에 비해 단조롭다. 대인관계를 맺는 능력이 있어 가족과 친구와 유대관계를 가지며 성공적으로 우정을 나눌 수도 있고 성인기에 연애를 할 수도 있다. 그러나 사회적 신호를 정확하게 감지하거나 해석하지 못할 수도 있다. 사회적 판단과	식사, 옷 입기, 배설, 위생 관리는 가능하나, 이러한 영역을 독립적으로 수행하기 위해서는 장기간에 걸친 교육과 시간이 필요하며, 할 일을 상기시켜 주는 것도 필요하다. 성인기의 모든 집안일에 참여할 수 있으나 장기간의 교육이 필요하며, 대체로 성인 수준을 수행하기 위해서는 지속적인 도움이 필요하다. 제한된 개념적 기술과 의사소통 기술이 요구되는 직업에 독립적 취업이 가능하나 사회적 기대, 업무의 복잡성 및 일정 관리, 교통 수단 이용하기, 의료보험, 금전 관

중중도	생활이나 직업에서 학업 기술을 사용하기 위해서는 도움이 필요하다. 일상생활에서의 개념적 업무를 완수하기 위해서는 지속적인 도움이 필요하며 다른 사람이 이러한 책임을 전적으로 대신하기도 한다.	결정 능력에 제한이 있어 중요한 결정을 내릴 때에는 보호자가 반드시 도와주어야 한다. 의사소통이나 사회성의 제약이 정상 발달을 하는 또래들과의 우정에 영향을 끼친다. 직업적 영역에서 성공하기 위해서는 많은 사회적, 의사소통적 도움이 요구된다.	리와 같은 부수적인 책임을 해내기 위해서는 동료나 감독자, 다른 사람의 상당한 도움이 필요하다. 다양한 여가활동 기술을 발달시킬 수 있다. 이를 위해서는 일반적으로 오랜 기간에 걸친 부수적인 도움과 학습 기회가 필요하다. 극히 일부에서는 부적응적 행동을 보이며 사회적 문제를 야기하기도 한다.
고도	개념적 기술을 제한적으로 습득할 수 있다. 글이나 수, 양, 시간, 금전에 대한 개념 이해가 거의 없다. 보호자들은 인생 전반에 걸쳐 문제해결에 광범위한 도움을 제공한다.	말 표현 시 어휘나 문법에 상당한 제한이 있다. 한 단어나 구로 말을 하거나 다른 보완적 방법으로 내용을 보충하게 된다. 말이나 의사소통은 현재의 일상생활에 관한 내용에 치중되어 있다. 언어는 설명이나 해석보다는 사회적 의사소통을 위해 사용되며 간단한 말이나 몸짓을 이해할 수 있다. 가족 구성원과의 관계나 친밀한 이들과의 관계에서 즐거움을 얻고 도움을 받는다.	식사, 옷 입기, 목욕, 배설과 같은 일상생활 영역 전반에 대한 지원과 감독이 항시 필요하다. 자신이나 타인의 안녕에 대한 책임 있는 결정을 내릴 수 없다. 성인기에 가사, 여가 활동이나 작업에 참여하기 위해서는 지속적인 도움과 지원이 필요하며, 모든 영역의 기술 습득을 위해서는 장기간의 교육과 지속적인 도움이 필요하다. 소수의 경우에서는 자해와 같은 부적응적 행동이 문제가 될 수 있다.
최고도	개념적 기술은 주로 상징적 과정보다는 물리적 세계와 연관이 있다. 자기관리, 작업, 여가를 위해 목표 지향적 방식으로 사물을 이용할 수 있다. 짝짓기, 분류하기와 같은 단순한 시각-공간적 기능을 습득할 수도 있으나 동반된 운동, 감각 손상이 사물의 기능적 사용을 방해할 수 있다.	말이나 몸짓의 상징적 의사소통에 대한 이해가 매우 제한적이다. 일부 간단한 지시나 몸짓을 이해할 수 있다. 자신의 욕구나 감정을 주로 비언어적, 비상징적 의사소통 방식을 통해 표현한다. 친숙한 가족 구성원이나 보호자와의 관계를 즐기며, 몸짓이나 감정적 신호를 통해 사회적 의사소통을 맺는다. 동반된 감각적, 신체적 손상으로 인해 다양한 사회적 활동에 제한이 생길 수 있다.	일부 일상 활동에는 참여할 수도 있으나, 일상적인 신체관리, 건강, 안전의 전 영역에 걸쳐 타인에게 의존적인 생활을 하게 된다. 심각한 신체적 손상이 없는 경우에는 접시 나르기와 같은 간단한 가사를 보조할 수 있다. 고도의 지속적인 도움을 통해 물건을 이용한 간단한 활동을 함으로써 일부 직업적 활동의 기초를 마련할 수 있다. 다른 사람의 도움하에 음악 듣기, 영화 보기, 산책하기, 물놀이와 같은 여가활동에 참여할 수 있다. 동반된 신체적, 감각적 손상이 집안일이나 여가, 직업적 활동에 참여하는 데 종종 방해가 된다. 소수의 경우에서는 부적응적 행동이 나타날 수 있다.

7. 사회 성숙도 검사를 활용한 해석상담

사회 성숙도 검사를 상담자가 활용할 경우, 마치 IQ를 계산해 내는 것처럼 내담자의 사회 성숙 지수를 계산해 내려고 한다면 정작 내담자와의 관계 형성에 도움이 될 수 있는 이 검사의 유용성을 상실하고 만다. 검사를 실시할 때 상담자는 기본적으로 내담자와 면담을 하면서 문항을 하나씩 체크해 가는데, 내담자가 스스로 반응하기 어려운 신체적, 정서적, 인지적 어려움을 가지고 있다면 내담자의 상태에 대해 잘 알고 있는 정보 제공자, 예를 들어 가족과 면담을 해야 한다.

문항에서 내담자가 잘할 수 있는 기능이거나 기회가 된다면 잘할 수 있는 사회적 행동이라면 상담자는 칭찬과 인정을 하면서 구체적인 예를 들어 설명하도록 요청하거나 내담자의 심리적인 상태를 보다 깊이 있게 나누는 시간을 가진다. 만약 내담자가 아직까지 성공적으로 달성하지 못한 문항이라면 어떠한 방법으로 관련 문항을 잘 할 수 있을지에 대해 물을 수도 있다.

이 검사에서 도출된 사회 검사 지수는 웩슬러지능검사에서 드러나는 내담자의 인지 능력 수준과 매우 유사한 범위로 나타나곤 한다. 물론 인지 능력과 사회 성숙 지수 간의 유의미한 차이가 있을 수도 있다. 내담자가 인지적 수준은 지적장애 범위에 있더라도 사회 성숙 면에서 타인과의 교류에서 성숙한 기능 수준을 보일 수도 있다. 반대로 높은 수준의 인지 수준의 능력을 가진 내담자가 사회 성숙 면에서 매우 부족하고 어려운 경우도 드러난다. 일반적으로 내담자의 인지 능력 검사와 사회 성숙도 검사를 동시에 실시하여 균형 잡힌 발달을 하고 있는지의 여부를 알아보는 데 자주 사용된다.

대학생 내담자인 경우 이 검사의 마지막 연령 25세 이상에 해당되는 문항들을 달성하도록 촉진한다면 내담자의 삶의 성장을 도모할 수 있을 것이다. 예를 들면, 다음과 같다. 문항 110번: 전반적인 사회 복지 문제에 관심을 가지고 있다. 종교, 교육, 문화, 과학 및 산업을 발전시키고 국가의 인류를 위해 무엇인가 해야겠다는 뜻을 품고 있다. 문항 111: 사회 발전에 기여한다: 자기 직업에 충실 하는 것 이외에도 경제, 산업, 교육 및 문화의 발전을 위한 운동에 적극 참여한다. 문항 112번: 가족이나 친척 이외의 다른 사람을 경제적으로 돕는다. 문항 117번: 계획을 수립하고 감독하는 상급 관리직에 종사한다.

상담자1: 안녕하세요. 지난번에 실시했던 검사 결과를 함께 나누어도 되겠지요? 사회 성숙도 검사라고 하는 건데 ○○ 님의 경우 사회적 성숙 지수가 우수 범위로 나타났어요. 현재 대학 1학년인데도 불구하고 사회복지 전반에 대해 관심을 가지고 있고, 또 가족이나 친척 이외의 사람들을 경제적으로 돕고 있다고 했는데 구체적으로 말해줄 수 있나요?

내담자1: 예. 저는 대안학교를 나왔는데 학교에서 봉사 활동에 정기적으로 참여하게 되어 있었고 그 중에서 특히 소그룹 모임을 통해서 일종의 창업 모임같이 자조적으로 기부금을 모으는 행사들을 매학기 했어요. 소그룹에서 자조적으로 아이디어를 모아서 그중 하나를 교외 활동으로 추진하는 행사인데 창출된 이익금은 사회경제적 약자를 위하는데 쓰였어요. 지금도 소그룹 활동을 하고 있고요.

상담자2: 들어보니 사회적 참여를 구체적이고 적극적으로 하는 학교였군요. 대학생활에서는 지금의 관심사와 사회참여를 어떻게 하고 있나요?

12 HTP검사와 KFD검사

집-나무-사람 그림검사(House-Tree-Person Test: HTP)와 동작 가족화 검사(Kinetic Family Drawing: KFD)는 상담자가 상담에서 간편하게 실시할 수 있는 검사들이다. HTP검사는 집, 나무, 사람 그림을 바탕으로, 내담자의 가족, 자기 자신, 대인관계, 방어 수준 등의 심리 상태를 이해할 수 있다. HTP검사의 기본 가정은 내담자가 그리는 그림에는 내담자의 생각, 감정, 욕구, 환경과 경험 등이 투사되어 나타난다는 것이다. 지금까지 HTP검사의 신뢰도와 타당도에 대한 논란이 지속되고 있는 검사이지만 이 검사의 장점은 다음과 같다.

- 실시가 쉽고 시행 시간이 오래 걸리지 않는다.
- 내담자가 지닌 특성(예: 지적장애, 언어장애, 정신장애, 문맹, 학력, 다문화 등)에 제한을 가장 적게 받는다.
- 내담자가 덜 방어적이고 저항적이 된다.
- 경제 효율적이다.
- 실시 시간에 비해 많은 이야기를 나눌 수 있다.
- 내담자의 지능을 추정하거나, 상담효과를 알아볼 수 있는 평가 도구로 활용 가

능하다.

- 상담목표를 설정할 수 있다.
- 내담자의 과거 경험뿐 아니라 미래에 대해도 탐색할 수 있다.
- 내담자와 상담자 간의 관계 형성에 도움을 줄 수 있다.
- KFD검사와 HTP검사를 함께 사용하면 내담자의 자원과 강점을 더 잘 이끌어 낼 수 있다.

HTP검사에서, 내담자가 그린 집, 나무, 사람에 반영될 수 있는 구체적인 내용은 다음과 같다. 일반적으로, '집' 그림은 내담자의 가정생활, 가족 및 대인관계, 갈등, 가족 구성원들 간의 애착 정도, 내담자가 원하고 꿈꾸는 가정생활이나 가족 관계에 대한 정보, 가족 관계 내에서 내담자의 존재와 의미, 내담자 자신에 대한 태도와 대인관계 욕구, 정서 상태 등이 반영될 수 있다. HTP검사에서 집 이외에 부수적으로 그려진 그림들을 통해서 내담자의 심리내적 상태나 미래상을 만날 수 있다.

'나무' 그림은 내담자 현재 자신의 자아상, 자아 개념, 미래에 대한 개념, 정서 상태, 대인관계, 스트레스 수준과 트라우마 경험, 현재의 대처 능력과 효과성, 표현하고자 하는 욕구 및 갈망, 환경 제약에 대한 내적 경험, 자신이 바라는 자아 및 대인관계상 등이 반영될 수 있다.

'사람' 그림은 내담자 자신의 자아상, 자아개념, 성정체성, 이성상과 이성관, 이성관계와 대인관계, 미래의 자아상, 정서 상태, 스트레스 수준과 트라우마 경험, 대인관계 갈등과 욕구, 자신의 이상적인 자아상이나 이성상, 환경 및 대인관계에서 능동 및 수동적 성향, 자아방어 기제 양상과 방어 수준, 내외향성 등이 반영될 수 있다.

KFD검사에서는 내담자를 포함한 가족 구성원들이 각각 무엇인가를 하고 있는 모습을 그리도록 하는데, 그림에서 반영되는 것으로는 내담자와 가족 구성들 간의 관계, 가족 각각의 생각과 느낌, 협동성, 독립성과 자율성, 가족 분화 및 자기 분화, 가족 갈등, 가족 역할, 고립감과 친밀성, 애착 정도, 과거 및 미래의 가족상, 이상적인 가족상, 가족에 대한 욕구, 가족 내의 내담자 자신의 위치와 역할, 정서 상태 등이다.

상담자는 HTP검사와 KFD검사에서 모두 정신병리나 개인의 문제, 상투적인 해석을 해서는 안 된다. 그림을 그린 후에 내담자와 대화를 나누면서 그림에서 내담자가 부여하는 의미들에 민감하게 반응하고 우선적으로 내담자의 장점과 강점들을 드러내는 해석을 해야 한다. 상담자가 이렇게 해석할 때, 그림 결과에 대한 해석의 타당도를 높일 수 있다. 이 두 가지 검사를 한번에 실시함으로써, 내담자 개인의 요소를 비롯하여 가족 체계의 요소를 탐색하는 기회가 될 수 있다.

1. 그리기 단계

1) HTP검사 실시

일반적인 임상장면에서 다양한 심리검사를 풀배터리를 실시하는 순서는 다음과 같으며 이를 상담에서 참고할 수 있다.

☞ 심리검사 실시에 앞서 간단한 면담(예: 내방 이유, 호소 문제, 정신상태 검사, 심리검사 실시 이유와 목적에 대한 정보 공유, 가족력 등)

☞ 심리검사 실시

- BGT검사
- HTP검사와 KFD검사
- 로르샤흐검사
- 지능검사
- 기타 심리검사(예: MMPI검사, SCT검사, 중독관련 검사들, MBTI검사, PAI검사, 정서관련 검사, 정신장애 관련 검사, 치매 검사, 신경심리검사 등)

* 로르샤흐검사와 지능검사의 순서를 바꿔 진행할 수도 있다.

HTP검사를 실시하기에 앞서, 내담자에게 검사의 목적을 설명하고 이해하였는지 확인하는 것이 우선적이다. 상담자는 다음과 같이 말할 수 있다.

"지금 하려는 검사는 몇 가지 그림을 그리는 검사입니다. ○○ 님을 더 잘 알고 상담 계획을 세우는 데 도움이 되는 시간을 갖고자 합니다." 이 말을 하고 나서 A4

용지 한 장과 연필, 지우개를 내담자 앞아 놓는다. 상담자는 초시계를 준비해 둔다. 이때, 상담자는 내담자에게 다음 몇 가지 질문들을 추가적으로 할 수 있다.

- 혹시 ○○ 님은 이전에 그림 그리기 검사를 해 본 경험이 있습니까?
- 이전에 해 본 경험이 있다면, 어떤 경험을 하셨는지 말씀해 주세요.
- 그림 그리기 검사를 하기에 앞서 혹시 어떤 질문이라고 있습니까?
- 그림 그리기 검사에 앞서 궁금한 점이 있으면 말씀해 주세요.

(1) 집 그리기

상담자는 다음과 같이 말한다.

"이제 몇 가지 그림을 그릴 텐데, 먼지 이 종이(A4 용지를 내담자 앞에 가로로 놓아 준다.)에 집을 그리세요." 내담자가 그림을 그리는 동안, 상담자는 실시에 걸리는 시간을 염두에 두는 것이 바람직하며 내담자와 충분한 간격을 둠으로써 내담자에게 압박감을 주지 않도록 한다. 시간 제한은 없으며 상담자는 내담자가 집을 그리는 순서와 지우개 사용 빈도, 내담자의 수행 행동이나 태도(예: 얼굴 표정, 혼잣말, 질문 등)를 관찰하고 기억해 둔다. 내담자가 자발적으로 몇 가지 질문을 할 수 있는데, 예를 들면 다음과 같다.

- 어떤 집을 그려야 하나요?
- 집을 몇 개 그려야 하나요?
- 그림을 잘 못 그리는데, 어떻게 하나요?
- 꼭 집만 그려야 하나요?

앞의 질문들을 하면 상담자는 '내담자가 원하는 대로 마음대로 그리세요.'라고 말한다. 내담자가 그림을 다 그린 후에, 상담자는 그림을 그린 시간을 메모해 두어야 한다. 내담자가 집을 다 완성하였다는 표시를 언어적, 비언어적으로 하면, 집 그림을 내담자에게서 받아 옆에 엎어둔다. 그 이유는 차후에 추가적인 터치를 하는 것을 막고 이후 그림 그리기 검사에 방해가 되지 않도록 하기 위함이다. 혹시 내담자가 '그림을 잘 못 그리는데, 어떻게 하나요?'라고 묻는 경우에, 상담자는 "그림 그리기 검사는 그림을 잘 그리고 못 그리고를 보려는 검사가 아닙니다. ○○ 님이 그리고 싶은 그림을 자유롭게 마음대로 그리시면 됩니다."라고 말한다.

(2) 나무 그리기

내담자가 집 그림을 완성하면, 상담자는 다음과 같이 말한다. "이번에는 제가 드리는 이 종이(A4 용지를 세로로 놓는다.)에 나무를 그리세요." 내담자는 몇 가지 질문을 할 수 있다.

- 어떤 나무를 그려야 하나요?
- 나무를 몇 개 그려야 하나요? 하나만 그려야 하나요?
- 꼭 나무만 그려야 하나요?

앞의 질문에는 "○○ 님이 그리고 싶으신 대로 그리세요."라고 말한다. 나무 그림에서 집 그림에서와 동일한 수행을 한다. 나무 그림을 완성하면, 상담자는 다음과 같이 말한다.

(3) 사람 그리기

"이번에는 제가 드리는 이 종이(A4 용지를 세로로 놓는다.)에 사람을 그리세요. 전체 모습을 그리세요."

내담자가 몇 가지 질문을 할 수 있다.

- 어떤 사람을 그려야 하나요?
- 한 사람만 그려야 하나요, 여러 사람을 그려야 하나요?
- 꼭 사람만 그려야 하나요?

앞의 질문에는 "○○ 님이 그리고 싶으신 대로 그리세요."라고 말한다. 사람 그림에서 내담자가 전체 모습을 그리지 않는 경우, 상담자는 다른 A4 용지를 주며 다음과 같이 말한다.

"○○ 님 사람 그림을 잘 그리셨네요. 사람의 모습이 전체 모습이 아니라 얼굴(혹은 신체 부분) 부분만 그리셨네요. 제가 드린 용지에 전체 사람의 모습을 그려 주세요."라고 말한다. 내담자가 사람의 전체 모습을 완성하였다는 표시를 언어적, 비언어적으로 하면, 집 그림을 내담자에게서 받아 옆에 엎어 둔다. 이어서 상담자는 다음과 같이 말한다.

"○○ 님이 좀 전에 그린 사람은 남성인가요, 여성인가요?"라고 물은 후에, 내담자가 '남성입니다. 혹은 여성입니다.'라고 응답을 하면, 상담자는 다음과 같이 말한다.

"이번에는 제가 드리는 이 종이(A4 용지를 세로로 놓는다.)에 반대되는 성(gender)의 사람을 그리세요. 전체 모습을 그리세요." 이때에도 내담자가 다음과 같은 몇 가지 질문을 할 수 있다.

- 어떤 사람을 그려야 하나요?
- 한 사람만 그려야 하나요, 여러 사람을 그려야 하나요?
- 꼭 사람만 그려야 하나요?

앞의 질문에는 "○○ 님이 그리고 싶으신 대로 그리세요."라고 말한다. 간혹 내담자 첫 번째 사람 그림 그리기에서 두 사람 이상을 그리는 경우가 있을 수 있다. 이때는 첫 번째 성과 반대되는 그림 그리기는 생략한다.

HTP검사 실시에서 일어날 수 있는 상황들이 있는데, 상담자는 다음과 같이 대처할 수 있다.

☑ 내담자가 한두 그림을 그리지 못하겠다고 말하는 경우

HTP검사 중에서 한두 가지 그림을 그리지 못하는 내담자가 있을 수 있다. 집, 나

무, 사람 그림 중에 어떤 그림을 못 그리겠다고 내담자가 말하는 경우, 한두 번 정도는 상담자가 내담자에게 해당 그림을 그려보도록 격려한다. 그럼에도 내담자가 거절의 의사를 표현하는 경우 상담자는 내담자의 의견을 그대로 존중하여 그 부분의 그림은 그리지 않아도 된다고 말할 수 있다. 이때, 상담자는 내담자에게 "○○ 님이 그림(집 혹은 나무 혹은 사람)을 그리지 않거나 못하신 이유가 궁금합니다."라고 질문하여 내담자가 그림을 그리지 않거나 그리지 못한 이유들을 탐색한다.

☑ 내담자가 용지를 자발적으로 회전시키는 경우

내담자를 용지를 자발적으로 회전시키는 경우, 일단 상담자는 정중하게 제 위치로 돌려놓아 준다. 그래도 내담자가 다시 용지를 회전시킬 경우, 그대로 그리도록 둔다. 그림을 그린 후에 상담자는 내담자에게 "○○ 님이 그림을 그리면서 종이를 회전시킨 이유가 궁금합니다."라고 질문하여 내담자가 용지를 회전시킨 이유들을 탐색한다.

☑ 시간적 제한이 있을 경우

상담에서 시간적 제한이 있어 HTP검사와 KFD검사를 두 가지 모두 실시할 수 없을 경우가 있을 수 있는데, 이때 HTP검사의 이성 그림을 그리는 대신, KFD검사를 시행하는 것이 더 효율적이다. 그 이유는 내담자의 개인적 특성을 가족 관계의 관점에서 탐색할 때 더 많은 유용한 정보와 자원을 이끌어 낼 수 있기 때문이다.

☑ 그림 검사지를 개인적으로 내담자가 달라고 요구할 경우

그림 검사지를 개인적으로 내담자가 달라고 요구할 경우, 상담자는 내담자에게 "그림 검사지를 가지고 싶은 이유가 궁금합니다."라고 질문하여 내담자가 그림을 요구하는 이유를 탐색한다. 그림을 복사하여 복사본을 내담자에게 주고 원본은 상담자가 보관한다.

2) KFD검사 실시

KFD검사는 HTP검사 실시 이후에 바로 하는 것이 시간 효율적이다. KFD검사 그림을 그린 다음에 대화를 하는 것이 바람직하다. 그림 그리기 검사를 실시한 다음, 한번에 그림에 대한 질문을 하는 것이 좋다. 상담자는 내담자에게 다음과 같이 말한다.

"이번에는 이 종이(A4를 가로로 놓는다.)에 ○○ 님을 포함한 가족 구성원들이 무엇인가를 하는 그림을 그리세요."

내담자가 하는 모든 질문에 '○○ 님 마음대로 그리세요.'라고 말한다.

2. 면담 단계

이 단계는 소위 PDI(Post Drawing Interrogation)라고 부르기도 하는데, 'Interrogation'이라는 용어는 '취조 또는 조사'라는 의미가 있기 때문에 면담 단계라고 부르고자 한다. 상담자가 면담 단계에서 할 수 있는 질문들은 다음과 같다.

1) HTP검사

(1) 집 그림

- 어떤 집을 그렸나요?
- 이런 집에서 살아 본 적이 있나요?
- 이 집에서 필요한 것이 있다면 무엇인가요?
- 이 집에서 산다면 누구와 함께 살고 싶나요?
- (집 그림 이외에 소품으로 그린 부분이 있다면, 예를 들어 나무, 새, 우물, 그네 등) 집 옆에 그린 이것이 사람이라면 누가 될지 한번 떠올려 보세요.
- 이 집에는 누가 살고 있나요?
- 사는 사람은 어떤 사람(들)입니까?

- 이 집의 분위기는 어떻습니까?
- 이 집에서 살고 있나요?
- 이 집에서 살고 싶습니까?
- 앞으로 이 집은 어떻게 될 것 같습니까?
- 이 집 그림에 더 첨가해서 그리고 싶은 것은 무엇인가요?
- ○○ 님이 그리고 싶은 대로 그려졌나요?
- (상담자가 이해하기 힘든 부분/알고 싶은 부분) 이것은 무엇인가요? 이것을 그린 이유는 무엇인가요?
- 이 집의 사람들은 무엇을 하고 있나요?
- 이 집의 상태는 어떻습니까?
- 이 집에 사는 사람들의 소원이 있다면 무엇인가요?
- 집을 그리면서 떠오르는 사람이 있었나요? 있었다면, 누가 생각났습니까?

〈집 그림을 활용한 면담 단계의 해석상담 1〉

내담자 정보: 29세, 남자, 군필, 대졸, 취업 준비생, 고시텔에서 생활, 이전에 상담이나 심리검사를 받은 경험이 없음.

상담자1: 어떤 집을 그렸나요?

내담자1: 별다른 생각 없이 그렸어요. 이렇게 그리면 안 되나요?

상담자2: 마음대로 그리시면 되고요. 혹시 그려 놓은 이 집을 보면서 어떤 생각이 떠오르나요?

내담자2: 지금 다시 보니 매우 작은 집이네요.

상담자3: ○○ 님이 생각한 것 보다 집을 작게 그리신 거군요. 지금 살고 계신 곳이 고시텔이라고 하셨는데요. 이 집과 어떤 관련성이 있을까요?

내담자3: 답답한 부분이 같네요. 제 방은 창문이 없는데, 여기는 창문이 하나가 있네요. 늘 창문이 있었으면 좋겠다는 생각이 있었어요. 공부할 때 느끼지 못했다가 잠자리에 들면 공간이 매우 비좁고 답답하고 가슴이 미어지는 것 같아요.

상담자4: 답답한 기분을 느끼게 하는 집을 그리신 거네요. 이 집 그림에서 더 첨가해서 그리고 싶은 것이 있다면 무엇일까요?

내담자4: 문이 하나 있어야 되겠어요. 그리고 더 크게 그리고, 정원도 그리고요. 태양도 그리고 싶어요.

상담자5: 그리고 이 집에서 필요한 것이 있다면 어떤 것이 있을까요?

내담자5: 사람들이 있으면 좋겠어요. 가족들요.

상담자6: 그 가족들은 무엇을 하고 있을까요?

내담자6: 정원에 나와서 바비큐를 하면서 담소하고 일광욕도 즐기고요. 저녁때는 노을도 바라보면서 즐길 것 같아요.

상담자7: 이 집을 그리면서 떠오르는 사람이 있다면 누구일까요?

내담자7: 시골에 있는 부모님이 생각나요.

상담자8: 부모님에 대해 좀 더 이야기해 주세요.

내담자8: 농사를 지시는데, 제가 공부한다고 밑반찬도 보내 주시고 몇 년 동안 고생이 많으시지요. 어떤 때는 고향에 내려가서 부모님 도와 드리며 귀농을 생각한 적도 있어요. 그런데 부모님은 제가 직장을 다니면서 결혼도 하고 도시에서 사는 것이 성공한 거라고 늘 말씀하셔요.

상담자9: ○○ 님 많은 생각들이 있으시겠어요. 현실적인 문제와 미래에 대한 불확실성이 고민이 되시겠어요. 이런 고민들을 함께 나눌 수 있는 사람들이 주변에 있나요?

내담자9: 없어요. 그래서 이 시간을 버티는 게 더 버거운 것 같아요.

〈집 그림을 활용한 면담 단계의 해석상담 2〉

내담자 정보: 26세, 여성, 전문대 졸, 콜센터 사원, 아르바이트 계속하다가 취업한 지 2달 됨, 외모에 관심이 많고 이성 관계에 대한 욕구가 큼, 이성 관계를 오래 지속하지 못함.

상담자1: 개성 있게 그린 그림이군요. 어떤 집인지 설명해 주세요.

내담자1: 제가 살고 싶은 집을 그렸어요. 이층집인데, 2층은 다락방 형태로 되어 있어요. 방도 여러 개 있고요. 다락방에 올라가면 하늘을 향해서 트인 창문이 하나 있어요. 누워서 하늘을 바라 볼 수 있고 비가 내리면 창에 떨어지는 빗소리를 들을 수 있어요. 집 밖에 그네 의자가 있고 강아지 집이 있고, 꽃들이 많아요. 뒤쪽에는 나무 위에 트리하우스가 있어요. 계단을 타고 올라가면 아기자기한 방이 있어서 혼자 시간을 보내기에 딱 좋아요.

상담자2: 이런 집에서 살고 싶다고 했는데, 누구랑 살고 싶나요?

내담자2: 미래의 가족이에요. 멋진 남편과 함께 재미있게 살고 싶어요. 밤에는 그네 의자에 앉아서 별을 보거나 스크린을 앞에 두고 클래식 영화를 같이 보기도 하고요.

상담자3: 어떤 영화를 좋아하나요?

내담자3: 로맨스 영화요. 〈로마의 휴일〉이나 〈귀여운 여인〉 같은 영화가 좋아요.

상담자4: 이 집의 분위기는 어떻습니까?

내담자4: 행복해요. 누구의 간섭도 받지 않고 우리 둘만의 세상이지요. 결혼을 당장이라도 정말 하고 싶은데, 이상형을 만나기가 정말 어렵네요. 로맨틱한 남자는 정말 없는 것 같아요. 나만의 바람일까요? 연애를 시작하면 오래 가지 않아요. 제가 싫거나 상대방이 저를 피하거나 해서 헤어져요.

상담자5: 이 집에서 필요한 것이 있다면 어떤 것일까요?

내담자5: 강아지가 한 마리밖에 없어서, 지금 보니 한 마리 더 있어야 할 것 같아요. 외로워 보여요. 자동차도 하나 있어야 되겠지요. 몇몇 친구들을 초대해서 파티를 하려면 바비큐 통도 하나 있어야 할 것 같아요.

상담자6: 집 뒤에 그린 트리하우스가 만약 사람이라면, 누가 떠오를까요?

내담자6: 저희 아버지요.

상담자7: 조금 더 설명해 주세요.

내담자7: 아버지가 있었으면 할 때, 없었던 적이 많았어요. 저희 가족들이 아버지의 파산으로 이리저리 쫓겨 다닌 적이 있어요. IMF 기억나시죠? 엄마랑 저랑 남동생이 겁에 질려서 꼼짝달싹하지 못했던 적이 매우 많이 있었어요. 아버지가 함께 있었더라면 하고 원망했던 때가 많이 있었어요. 그런데 지금은 아버지가 저에게 이래라저래라 할 때는 화가 나요. '간섭하고 잔소리를 할 자격이 있나?' 싶은 생각이 들어요. 가까이 있는 것도 싫고 그렇다고 멀리 떨어져 있는 것도 싫고요.

상담자8: 옆에서 지켜 주고 보듬어 주고 풍요로운 생활을 할 수 있게 해 주는 사람을 원하는군요.

내담자8: 네, 꼭 그런 사람 만나고 싶어요. 지금 보면 저희 집은 행복한 건 아니었던 것 같아요.

상담자9: 그러고 보니, 지붕 위에서 집을 내려다보는 방식으로 그리셨군요.

〈집 그림을 활용한 면담 단계의 해석상담 3〉

내담자 정보: 48세, 남자, 공무원, 편집증으로 약물치료 중, 직장 상사가 상담을 의뢰함, 직장동료와의 관계 불화

내담자1: 이런 그림을 그려서 무엇을 알아내려고 하는 건가요? 이 그림에 무슨 정보가 담겨져 있나요?

상담자1: 검사 전에 잠깐 안내를 드렸는데, 충분하지 않았던 것 같습니다. 상담에 앞서서 상시 그리는 그림 검사입니다. 말로 표현되지 않은 것들을 그림으로 표현하는 것이 더 쉬울 때가 있어요. 그럼 몇 가지 질문을 하도록 할게요. 어떤 집을 그리셨는지 설명해 주세요.

내담자2: 제가 살고 있는 다세대 주택입니다.

상담자2: 현재 살고 계시는 곳이군요. 몇 층 건물인지요?

내담자3: 5층 건물이고, 3층에 살고 있어요.

상담자3: 누구와 함께 살고 있습니까?

내담자4: 집사람과 애들 둘이 같이 있어요.

상담자4: 건물 지붕에 오른편에 있는 건 무엇일까요?

내담자5: 안테나예요.

상담자5: 요즘 보기 드문 안테나처럼 보이는데, 이 안테나가 있어야 할 이유가 있을까요?

내담자6: 글쎄 잘 모르겠어요. '옆집에서 이야기하는 것이 잘 들리는 것이 이 안테나 때문이 아닐까?' 하는 생각이 갑자기 드네요.

상담자6: 옆집에서 하는 이야기는 무슨 내용인가요?

내담자7: 우리 집 이야기를 하는 것 같아요. 사실 밤에는 윗집에서 나는 소리가 더 잘 들려요.

상담자7: 구체적으로 어떤 내용인가요?

내담자8: 쓰레기는 왜 그렇게 분리했느냐느니, 말소리가 크다느니, 직장에서 왕따 당한다느니, 괴상하다느니 등 별별 소리를 다 해요. 듣다 보면 짜증 나고 그래서 밤에 제가 잠이 안와요. 소리가 더 크게 들리고요. 한번은 막대기를 가지고 천장을 친 적이 있어요. '조용히 좀 하라고요.' 그런데 잠시뿐이고 조그맣게 소리가 들리는 거예요.

상담자8: 많이 불편하셨겠어요. 가족들도 이웃들 때문에 많이 힘드실 텐데, 가족들은 뭐라고 하나요?

내담자9: 별말 안 해요. 나보고 예민하다고만 그래요. 저처럼 잘 안 들리나 봐요.

상담자9: ○○ 님이 이렇게 시달리는데 이 집에 필요한 것이 있다면 어떤 것들일 까요?

내담자10: 필요하다기보다는 사람들이 그만 이야기했으면 좋겠어요. 남의 살림사에 신경을 껐으면 좋겠어요.

〈**집 그림을 활용한 면담 단계의 해석상담** 4〉

내담자 정보: 54세, 여자, 주부, 대학생 1명과 고등학교 1명의 자녀를 둠, 81세 시어머니와의 관계불화로 상담을 받으러 옴.

상담자1: 어떤 집을 그리셨는지요?

내담자1: 저희 집이에요. 2층 전원주택이에요.

상담자2: 이 집에는 누가 살고 있나요?

내담자2: 아이들이 학교 기숙사로 모두 가 있고 방학 때나 주말에 들리곤 해서 남편, 시어머니와 제가 살지요.

상담자3: 이 집에 사신 지는 얼마나 오래되셨나요?

내담자3: 둘째 아이가 대안학교 기숙사로 가면서 전원주택으로 옮겼으니까, 한 2년 정도 돼요. 사실 남편이 어머니를 모시겠다고 해서 오랫동안 그걸로 다투곤 했었는데 애들이 커서 이제는 어쩔 수 없이 어머니를 모시게 된 거죠.

상담자4: 그다지 만족스럽지는 않네요.

내담자4: 지난 2년간 사실 매우 힘들었고 지금도 힘들어요. 결혼하고 처음 2년 동안 어머니와 살았던 적이 있었는데 그때도 많이 힘들어서 다시는 어머니와 같이 한집에서 살고 싶지 않았거든요.

상담자5: 어떤 점이 가장 힘드신 건가요?

내담자5: 어머니가 고집이 세시고 자기 주도적이어서 모든 것을 자기 방식대로 하려고 해요. 남편에 대해서도 그렇고 제가 살림하는 것에 대해서도 그렇고 다 어머니 식대로 바꿔 놓으세요. 제 나이가 60이 다 되어 가는데, 아직도 저를 어머니 마음대로 좌지우지할 수 있다고 생각하는 거예요. 1층에 어머니 방이 있고 건너편에 저와 남편이 쓰는 방이 있고, 2층에는 애들 방이 두 개가 있어요. 텃밭이 하나 있는데 어머니는 입으로만 다 가꾸시고, 물 주고 잡초 뽑고 하는 건 제가 다 하지요. 그걸 뭐라고 하는 것이 아니라, 그냥 제게 맡겨 놨으면 좋겠어요. 전원주택이라서 노인에게는 좋은 점도 있지만 그렇지 않는 점도 있습니다. 집 앞에 있는 마을 회관에는 한 번도 안 가고 하루 종일 집에만 있어요. 마을 회관에 가면 친구분들이랑 이야기도 하고 식사도 하고 놀다 올 수도 있는데 집에서 삼시세끼 모두 차려주길 바라세요. 그리고 입맛도 없다고 하시니 이것저것 하다 보면 저도 힘들고 잘 드시지도 않아서 맥이 빠져요. 애들 키울 때가 바빴지만 좋았어요. 노인네 뒷바라지가 쉽지 않다고 주변에서 이야기했는데, 제 나름대로 결단을 하고 모시고 살고는 있지만 정말 쉽지 않네요.

상담자6: 이 집을 보시면서 분위기가 어떤 것 같으세요?

내담자6: 긴장되어 있어요. 남편이 와도 긴장이 안 풀려요. 오히려 더 긴장 돼요. 맘 편할 틈이 없네요.

상담자7: 앞으로 이 집은 어떻게 될 것 같습니까?

내담자7: 크게 변화는 없겠지만 조금 편해지겠죠.

상담자8: 그러기 위해서 필요한 것이 있다면 무엇일까요?

내담자8: 저만의 시간을 가지는 것이 중요할 것 같아요. 잠시라도 일주일에 한두 번이라도 가지는 것이 필요할 것 같아요. 그림을 배우러 갈까 봐요. 늘 해 보고 싶었던 거예요.

(2) 나무 그림

- 어떤 나무를 그렸나요?
- 이 나무는 혼자 있나요, 아니면 주변에 다른 나무들이 있나요?
- 이 나무가 필요한 것은 무엇일까요?
- 이런 나무를 본 적이 있나요?
- (나무 그림 이외에 소품으로 그린 부분이 있다면, 예를 들어 벤치, 새, 우물, 그네 등) 나무 옆에 그린 이것이 사람이라면 누가 될지 한번 떠올려 보세요.
- 이 나무는 어떤 나무 입니까?
- 이 나무의 나이는 몇 살입니까?
- 이 나무는 죽었나요, 살았나요?
- 이 나무는 어느 곳에 있습니까?
- 이 나무 주변에는 무엇이 있습니까?
- 이 나무의 건강 상태는 어떻습니까?
- 이 나무에게 소원이 있다면 무엇일까요?
- 이 나무는 앞으로 어떻게 될 것 같습니까?
- 이 나무가 있는 지금 계절은 언제입니까?
- 만약 이 나무가 사람처럼 감정이 있다면, 지금 이 나무의 기분이 어떨까요?
- 이 나무 그림에 더 첨개해서 그리고 싶은 것이 있습니까?
- ○○ 님이 그리고 싶은 대로 그려졌나요?
- (상담자가 이해하기 힘든 부분/알고 싶은 부분) 나무에서 이것은 무엇인가요? 이것을 그린 이유는 무엇인가요?
- 나무를 그리면서 떠오르는 사람이 있었나요? 있었다면, 누가 생각났습니까?

〈**나무 그림을 활용한 면담 단계의 해석상담 1**〉

내담자 정보: 10세, 남자 초등학생, 아토피 문제가 있고 화를 자주 내는 편

상담자1: 어떤 나무를 그렸나요?

내담자1: 학교에 있는 나무를 생각하면서 그렸어요.

상담자2: 그 나무는 어떻게 생긴 나무인지 궁금하네요. 얼마나 오래된 나무인지?

내담자2: 제 키에 두 배 정도 되는 나무예요. 나무이름은 모르겠지만, 가을 되면 작은 열매가 많이 열려요.

상담자3: 이 나무는 몇 살쯤 되어 보이나요?

내담자3: 10살 정도 된 것 같아요.

상담자4: 이 나무를 보면서 떠오르는 사람이 있다면 누구일까요?

내담자4: 열 살이면 저랑 비슷한 것 같아요.

상담자5: 이 나무의 건강 상태가 어떤 것 같나요?

내담자5: 힘든 것 같아요. 애들이 와서 송곳으로 찢기도 하고 타고 올라가려고도 하고요. 벌레들도 많이 붙어 있어요.

상담자6: 이 나무는 지금 힘든데, 지금 이 상태에서 어떤 말을 하고 있을까요?

내담자6: '제발 내버려 둬, 쳐다보기만 해, 만지지 말란 말이야.'라고 말하는 것 같아요.

상담자7: 나무가 화가 나 있고, 모든 게 귀찮고 짜증이 나 있네요. 이 나무가 제일 필요한 것이 있다면 어떤 것들이 있을까요?

내담자7: 이 나무를 지켜 주는 사람이 있었으면 좋겠어요. 약도 뿌려 주고 귀찮게 하지 않도록 옆에서 있어 주는 사람 말이에요.

상담자8: 그동안 많이 외로웠겠어요. 이 나무에게 소원이 있다면 무엇일까요?

내담자8: 건강하게 사랑받으면서 사람들이 와서 보고 '멋있다.'라고 이야기해 주는 거요. 여름에는 그늘을 만들어 주어서 사람들이 그늘 밑에서 시원하게 시간을 보내고 있기를 원해요.

상담자9: 앞으로 이 나무는 어떻게 될 것 같나요?

내담자9: 키가 더 크고 열매를 많이 맺을 것 같아요.

〈나무 그림을 활용한 면담 단계의 해석상담 2〉

내담자 정보: 30세, 남성, 자영업, 아내와 별거 중이고 아이들을 아내가 데리고 있음.

상담자1: 어떤 나무를 그리셨나요?

내담자1: 죽은 지 오래된 단풍나무입니다.

상담자2: 어떻게 죽었는지 말씀해 주세요.

내담자2: 이유는 모르지만 천천히 시들거리더니 단풍잎이 오그라들고 나뭇가지들도 비틀어져 버렸어요.

상담자3: 안타깝네요. 얼마나 오래된 나무인가요?

내담자3: 그러고 보니, 내 모습 같네요.

상담자4: 어떤 면에서 ○○ 님의 모습 같아 보이는지 자세히 말씀해 주세요.

내담자4: 몇 년 전부터 제가 정신적으로 힘들었어요. 하던 사업이 생각대로 되지 않아서 투자는 해 놓고 수입은 기대만큼 나지 않고 정말 얼음 위를 걷는 것 같았어요. 매달 직원들 월급날이 될 때쯤 되면 어디 도망가서 숨고 싶었어요. 온몸이 오그라드는 것 같고 이 나무처럼 가지며 잎사귀가 오그라드는 느낌이랄까요. 그러다 보니 잠도 안 오고 초조해지고 불안해지면서 안 먹던 술을 마시게 되었습니다. 몇 달 지나니까 술을 마시지 않으면 잠도 안 오고 기분이 매우 저조해져서 의욕이 생기지 않았어요. 아내가 저에게 처음에는 걱정을 하다가 시간이 지나니까 아내도 못 견디겠나 봐요. 사업이 점점 더 쪼들리면서 '파산 신청을 해야 하나?' 할 지경까지 되었어요.

상담자5: 정말 힘든 시간을 보내셨군요. 지금 이 나무는 어떤 생각과 기분일까요?

내담자5: 회생하고 싶어 할 것 같아요. 자꾸 제가 떠오르네요. 기회가 된다면 다시 아름다운 단풍잎을 피우면서 붉게 물든 단풍으로 자태를 뽐내는 날이 왔으면 좋겠다고 하는 것 같아요. 이 나무의 기분이라면 그래도 뭔가 희망을 갖고 싶어 하는 간절함이랄까요.

상담자6: 이 나무에게 가장 필요한 게 있다면 무엇일까요?

내담자6: 글쎄요. 물이랑 햇빛이랑 영양분이겠네요. 제 모습을 떠올리니까 제가 필요한 것은 가족입니다. 그렇게 해 본 적이 없는데, 가족이 옆에 있으면 다시 시작할 수 있을 것 같아요. 혼자 있다는 느낌이 비참하고 힘들어요. 나를 믿어 주고 한 번 더 기회를 가졌으면 좋겠어요.

상담자7: 가족들이 매우 힘이 되는 자원이군요. 가족이 이전의 원래대로 되돌아가려면 무엇이 필요할까요?

내담자7: 일단 가족과 함께 있고 싶어요. 경제적으로 조금 힘이 들어도 함께 있으면 헤쳐 나갈 수 있을 것 같아요.

상담자8: 그렇게 하려면 ○○ 님이 무엇을, 어떻게 해야 할까요?

내담자8: 내 마음을 솔직하게 표현하고 회피하지 않고 포장하거나 과장하지 않는 거요. 아내와 아이들이 편안하게 저를 믿을 수 있게 해야 할 것 같아요.

상담자9: 이 나무에 더해서 그리고 싶은 것이 있다면 무엇일까요?

내담자9: 붉고 풍성한 잎사귀는요.

상담자10: 매우 아름다운 나무가 되겠네요.

〈나무 그림을 활용한 면담 단계의 해석상담 3〉

내담자 정보: 여자, 22세, 대학생, 외식산업학과 제과제빵 전공, 전공이 자신과 맞지 않아 진로상담으로 내방함. 애니메이션 공부를 하고 싶어 함.

상담자1: 매우 흥미로운 나무로 보여요. 어떤 나무인지 설명해 주세요.

내담자1: 지금 보니까, 겨울을 준비하는 나무 같네요. 나뭇잎이 물들어서 이제는 낙엽이 되어 옆에 쌓이고 있어요. 앙상한 나뭇가지들이 드러날 것 같아요. 추워 보이고요. '따뜻한 봄이 언제 올까?' 마냥 기다려야 해서 슬퍼 보이기도 해요.

상담자2: 몇 살쯤 되어 보이는 나무인가요?

내담자2: 덩치로 보면 20살 정도 된 나무 같아요.

상담자3: 이 나무의 건강상태는 어떨까요?

내담자3: 지금 보니까, 키가 많이 못자란 것 같네요. 더 클 수도 있을 것 같은데……. 건강은 한 것 같아요.

상담자4: 이 나무가 사람이라면 어떤 기분일까요?

내담자4: 글쎄요. 겨울을 나야 된다는 압박감…… 그리고 주변에 나무들이 없어서 좀 외로워 보여요. 잘 지내면 언젠가는 봄이 올 텐데, 봄을 기다리기에 지금은 많이 춥고 힘들어 보여요.

상담자5: 이 나무에게 소원이 있다면 무엇일까요?

내담자5: 얼지 않았으면 좋겠어요. 눈이 오더라도 나무가 다 덮을 정도로는 오지 않았으면 좋겠고요. 옆에 다른 나무들이 많이 있으면 좋을 것 같아요. 태양도 필요하구요. 이 나무를 바라봐 줄 사람들도 옆에 있으면 좋을 것 같아요. 소원이라면, 글쎄요. 누군가가 따뜻한 나무 방한복을 입혀 줬으면 좋겠다는 생각이 드네요.

상담자6: 이 나무를 보면서 사람이 떠오른다면 누구일까요?

내담자6: 제 모습 같네요.

상담자7: 조금 더 설명해 주세요.

내담자7: 지쳐 있고 내 꿈을 활짝 펼치지 못할 것 같아 걱정이 많은 제 모습 같아요. 또 한 학기를 어떻게 지내야 하나 막막해요. 사실 저는 애니메이션 쪽으로 공부를 하고 싶었어요. 그쪽은 진짜 성공하지 않는 한 돈벌이가 안 된다고 아버지가 극구 반대하셨어요. 그래서 찾은 게 제과제빵이에요. 그런데 내가 기대했던 것과는 전혀 다른 공부였어요. 실습보다는 이론도 많고 어려워요. 그래서 요즘 '애니메이션 쪽으로 다시 시작해 볼까?' 고민 중이에요.

상담자8: 방한복처럼 이 나무에게 힘이 될 수 있는 사람을 떠올린다면 누구일까요?

내담자8: 교회 같이 다니는 선배 언니예요.

상담자9: 어떤 부분에서 그 선배가 힘이 되나요?

내담자9: 제 이야기를 잘 들어 줘요. 아버지나 가족, 지도 교수님도 제가 이런 고민을 이야기하면 딱 잘라 말하시거든요. 취업 잘된다고요.

〈나무 그림을 활용한 면담 단계의 해석상담 4〉

내담자 정보: 남자, 25세, 복학생, 복학 후 대인관계의 어려움

상담자1: 종이를 회전해서 나무 그림을 그리셨군요.

내담자1: 아…… 네, 생각납니다. 이렇게 놓고 그리는 것이 더 편안하게 느껴졌어요. 반드시 세로로 놓고 그려야 하는 거였나요?

상담자2: 편한 대로 그리면 되는 거였어요. 세로보다 가로로 그리는 것이 ○○ 님이 더 편하고 안정되었던 것 같네요. 어떤 나무를 그렸는지 말씀해 주세요.

내담자2: 숲에서 흔히 보는 과일나무입니다.

상담자3: 어떤 과일 나무인가요?

내담자3: 밤나무예요. 저희 고향 집에 밤나무가 많아요. 어릴 때 머리에다 소쿠리 쓰고 다니면서 떨어진 밤송이를 많이 주우러 다녔어요. 동네 친구들이랑 시간 가는 줄 모르고 밤을 주우러 다녔어요. 그때가 좋았던 것 같아요. 별 생각 없이, 고민도 없이 마냥 놀러 다니고 그랬던 때가 생각나네요.

상담자4: 어린 시절을 떠오르게 하는 나무군요. 가지 위에 그린 것은 무엇인가요?

내담자4: 새예요. 두 마리.

상담자5: 이 새들이 사람이라면 누가 떠오르세요?

내담자5: 친구들이 떠올라요.

상담자6: 그 친구들과는 지금도 연락을 하나요?

내담자6: 학교 가느라 고향 떠나서는 점점 멀어졌죠. 제가 대학을 오고 그 친구들은 농사를 짓고 고향에 아직 살고 있어서, 자주 못 만나요. 다들 군대에 가 있는 것 같아요. 추억만 남은 거죠. 요즘 귀농을 많이 한다고들 하는데, 가끔은 시골에 남아서 농사짓고 촌을 지키고 있는 친구들이 부러울 때가 있어요. 걱정이 없잖아요. 저는 친구를 사귀는 데 시간이 걸려요. 그러다 보니, 쉽게 친해지는 사람이 없고 군대 갔다 오니 입학동기들도 만나기 힘들어지네요. 그동안 세상이 많이 변한 것 같아요.

상담자7: 큰 나무 옆에 작은 그림들이 있는데, 꽃인가요, 나무인가요?

내담자7: 꽃들이에요.

상담자8: 이 꽃들이 사람들이라면, 누가 이 나무 옆에 있으면 좋겠습니까?

내담자8: 글쎄요. 생각은 안 해봤는데…… 의지할 수 있는 친구들이었으면 좋겠어요. 복학한 이후로 혼자 밥 먹는 경우도 많아요. 저는 혼밥을 즐기는 체질이 아닌가 봐요.

상담자9: 그러고 보니, ○○ 님이 많이 외롭게 학교생활을 하고 계시는군요. 이 나무 그림에 추가해서 그리고 싶은 것이 있다면 무엇일까요?

(3) 사람 그림

- 어떤 사람을 그렸나요?
- 이 사람은 어떤 사람인가요?
- 이런 사람을 본 적이 있나요?
- 이 사람에게 필요한 것이 있다면 어떤 것이 있을까요?
- 이 사람은 누구입니까?
- 이 사람은 몇 살입니까?
- 이 사람은 지금 무엇을 하고 있습니까?
- 이 사람의 직업은 무엇입니까?
- 이 사람은 지금 어떤 생각을 하고 있나요?
- 이 사람의 기분은 어떤가요?
- 이 사람의 소원이 있다면 무엇인가요?
- 나중에 이 사람은 어떻게 될 것 같나요?
- 이 사람의 성격은 어떤가요?
- 이 사람의 장점과 단점은 무엇인가요?
- 이 사람의 대인관계는 어떤가요?
- ○○ 님은 이 사람을 좋아하나요, 싫어하나요?
- 이 그림에서 더 첨가해서 그리고 싶은 것은 무엇인가요?
- ○○ 님이 그리고 싶은 대로 그려졌나요?
- (상담자가 이해하기 힘든 부분/알고 싶은 부분) 사람에서 이것은 무엇인가요? 이것을 그린 이유는 무엇인가요?
- 사람을 그리면서 떠오르는 사람이 있었나요? 있었다면, 누가 생각났습니까?

〈사람 그림을 활용한 면담 단계의 해석상담 1〉

내담자 정보: 35세, 남자, 미혼, 직장인, 이직 상담을 위해 상담받으러 옴.

상담자1: 어떤 사람을 그렸나요?

내담자1: 제 모습 같아 보이네요. 회사에서 늘 의자에 앉아서 일하는 제 모습 같아요.

상담자2: 어떤 생각을 하면서 일을 하고 있나요?

내담자2: 일은 재미가 있는데, 직장 생활이 재미가 없어요. 대화가 통하는 사람이 별로 없어요.

상담자3: 이 얼굴 표정이 독특해 보이네요. 어떤 기분인지 궁금합니다.

내담자3: 직장 생활이 따분하고 재미가 없어요. 매일 직장과 집을 왔다 갔다만 하다 보니까 일만 하는 기계 같고 답답해요.

상담자4: 이 사람의 소원이 있다면 무엇일까요?

내담자4: 제 나이 또래가 많이 있는 그런 직장으로 옮겨서 취미생활도 같이하고 퇴근 후에 재미있게 지냈으면 좋겠어요.

상담자5: 이 사람의 대인관계는 어떤가요?

내담자5: 오랫동안 혼자 일하는 데 익숙하다 보니 말수가 적어지고 소극적으로 되는 것 같아요.

상담자6: 이 사람과 함께 앞에 세 사람을 그리셨네요. 이 세 사람은 누구인가요?

내담자6: 회사에서 같이 일하는 직원들인데, 우리 부서에 있는 사람들입니다. 그리 친하지는 않고 하는 일이 다르다 보니 각자 일을 하다가 퇴근하지요.

상담자7: 이번이 ○○ 님의 두 번째 직장이라고 하셨는데요. 처음 직장에서는 어떻게 지내셨는지, 이직을 하신 이유가 궁금합니다.

내담자7: 그때도 일만 하느라고 제대로 재미있는 시간을 즐기지는 못한 것 같아요. 그리고 연봉이 더 높은 곳으로 경력 사원으로 가려고 준비하니까, 긴장하면서 지냈던 것 같아요. 인사고과 평가를 잘 받으려고 신경을 많이 쓴 것 같아요. 그러다 보니 마음이 편했던 것 같지는 않고요. 직장을 옮겨서 좀 여유롭게 대인관계를 많이 하면서 즐겁게 직장생활을 할 거라고 생각했어요. 그래서 이직했어요.

상담자8: 이 세 사람을 ○○ 님이 원하는 사람들로 바꾼다면 누가 될 수 있을까요?

내담자8: 중고등학교 때 동창들 같은 사람들이었으면 좋겠어요. 편하게 무슨 말을 해도 웃어넘기고 부담 없이 농담하면서 지낼 수 있는 친구들이지요.

상담자9: 이 사람이 많이 외롭겠네요. 이 사람에게 필요한 것이 있다면 무엇일까요?

내담자9: 좀 더 활기 있고 적극적이었으면 좋겠어요.

상담자10: 이성에 대해서도 그러한 것이 필요하겠지요. 어떻게 생각하시나요?

내담자10: 연애나 결혼에 대해서는 심각하게 생각하지 않았어요. 정말 제가 원하는 대인관계는 신경 쓰지 않고 스트레스 받지 않고 편하고 재미있게 즐기는 거예요.

상담자11: 이 그림에 있는 이 사람이 의자에서 일어난다면 무슨 행동을 할까요?

내담자11: 앞에 있는 세 사람에게 다가가서 말을 걸 것 같아요.

〈**사람 그림을 활용한 면담 단계의 해석상담 2**〉

내담자 정보: 남자, 31세, 무직, 2년째 자기 방에 틀어박혀 생활함, 내담자의 어머니가 상담을 의뢰함.

상담자1: 매우 개성 있는 그림이네요. 어떤 사람을 그렸는지 말씀해 주세요.

내담자1: 그러고 보니, 내 모습 같네요.

상담자2: 어떤 면에서 ○○ 님 모습 같이 보이나요?

내담자2: 남의 눈에 띄는 것을 꺼리는 사람처럼 보여요. 아무도 나의 존재감을 신경 쓰지 않았으면 좋겠어요.

상담자3: 지금 무엇을 하고 있는 그림인가요? 또 어떤 생각을 하고, 어떤 기분을 가지고 있나요?

내담자3: 그냥 게임 생각하고 있어요. 집에 빨리 가고 싶다는 생각뿐이지요. 방해받지 않는 내 방으로 들어가서 하고 싶은 거 하면서 시간을 보내고 싶어요.

상담자4: 기분은 어떨까요?

내담자4: 귀찮아요. 엄마가 걱정이 돼서 자꾸 상담을 받아 보라고 해서 오기는 했는데, 나랑은 관계가 없는 것 같아요. 상담은⋯⋯ 그냥 내버려 둬도 잘 지내거든요. 내가 피해를 주는 것도 아니고, 죽고 싶은 것도 아니거든요. 방 안에서 시간을 보낼 뿐이거든요.

상담자5: 이 사람의 어린 시절은 어떠했을까요?

내담자5: 혼자 조용히 지냈던 아이예요. 친구가 없지는 않았는데 이사를 가 버렸어요. 그래서 혼자 다녔죠. 눈에 별로 띄지 않는 아이, 사고를 치거나 하는 아이가 아니었어요. 그러다가 초등학교 때 반 애들 중에 덩치가 큰 아이에게 놀림을 당한 후로는 더 조용해졌죠.

상담자6: 이 사람의 소원이 있다면 무엇일까요?

내담자6: 사람들이 신경을 끄고 그냥 내버려 뒀으면 좋겠어요. 하루 종일 혼자 있는 것이 편해요. 방해만 하지 않으면, 사고를 치거나 피해를 주는 것도 아니고요.

상담자7: 나중에 이 사람은 어떻게 될 것 같나요?

내담자7: 글쎄요. 지금은 부모님이 같이 살고 있는데, 언젠가는 혼자 살겠지요. 불편함 없이 자족하면서 잘 살 거예요.

상담자8: 그러니까 부모님이 괜한 걱정을 하시는 거군요. 어떤 점에서 걱정을 하는 것 같습니까?

내담자8: 하루 종일 말없이 지내니까 벙어리가 되지는 않을까 걱정되나보죠.

상담자9: 부모님은 ○○ 님의 목소리를 듣고 싶으시군요.

내담자9: 그럴 수도 있겠네요. 저는 말 한마디 하지 않아도 편한데, 부모님은 그게 불편하신가 봐요.

상담자10: 주로 게임을 한다고 하셨는데, 어떤 게임들을 하는지 궁금합니다.

2) KFD검사

- 어떤 사람들을 그렸나요?
- 이 사람들은 누구인가요? (누구를 그렸나요?)
- 가족 중에서 그림에서 빠진 사람이 있나요?
- 각 인물에 대한 질문
  - 이 사람은 지금 무엇을 하고 있나요?
  - 이 사람의 좋은 점은 무엇인가요?
  - 이 사람의 단점은 무엇인가요?
  - 각 사람은 어떤 생각을 하나요?
  - 각 사람의 기분은 어떤가요?
- 이 그림에서 각자하고 있는 행동은 실제로 하는 행동들인가요, 아니면 이렇게 하길 원하는 행동들인가요?
- 이 가족에게 필요한 것이 있다면 어떤 것들일까요?
- 이 그림을 보면서 무슨 생각이 드나요?
- 이 그림을 보면서 무슨 감정이 드나요?
- 여기 가족화에 그린 상황 바로 전에는 어떤 일이 있었을까요?
- 여기 가족화에 그린 상황에서 앞으로 어떤 일이 생길까요?
- 앞으로 이 가족은 어떻게 될 것 같나요?
- ○○ 님이 그리고 싶은 대로 그려졌나요?

- (상담자가 이해하기 힘든 부분/알고 싶은 부분) 여기에서 이것은 무엇인가요? 이것을 그린 이유는 무엇인가요?
- 만일 이 그림에서 무언가를 바꿀 수 있다면 무엇을 바꾸고 싶은가요?

〈KFD검사를 활용한 면담 단계의 해석상담 1〉

내담자 정보: 17세, 여고생, 학교 부적응 문제로 상담실에 옴. 가정불화

상담자1: 열심히 그려 줘서 고마워요. 이 그림에 있는 사람들이 어떤 사람들인지 이야기해 주세요. 각각 무엇을 하고 있고, 어떤 생각과 기분을 느끼고 있나요?

내담자1: 왼쪽부터 아버지, 오빠, 저, 그리고 엄마예요. 아버지는 화장실 전구를 갈고 있고요. 엄마는 부엌에서 식사 준비를 하고 있어요. 오빠와 저는 TV를 보고 있어요.

상담자2: 각자 어떤 생각을 하고 어떤 기분을 느끼고 있나요?

내담자2: 저는 TV를 보는 둥 마는 둥 조금 긴장되어 있어요. 좌불안석이라고 할까……. 언제 엄마가 짜증을 낼까 신경이 많이 쓰여요. 엄마의 기분을 살피고 있는 것 같아요. 엄마를 도와주고는 싶지만 가까이 있으면 더 싸우게 되는 것 같아서 떨어져 있는 게 나아요. 엄마가 기분이 나쁘면 주로 저에게 퍼붓곤 하거든요.

상담자3: 지금 어머니는 어떤 생각을 하고 기분은 어떨까요?

내담자3: 엄마는 저녁 준비를 하고 있는데, 며칠 전부터 화장실에 전등이 나갔다 들어왔다 해서 아버지에게 전구를 갈아야 한다고 했었어요. 그것 때문에 엄마가 짜증을 내서 아버지가 마침내 전구를 갈고 있어요. 아버지는 전구를 갈면서 기분이 안 좋으세요. 오빠에게 시켜도 되는 일을 아빠에게 하라고 하니까 그것 때문에 짜증이 나시나 봐요.

상담자4: 오빠는 어떤 생각과 기분을 느끼고 있을까요?

내담자4: 무관심해요. 엄마가 아예 일을 시키지 않아요. 엄마가 오빠의 요구를 모두 다 들어줘요. 일도 시키지 않고 집에 있는 것만으로도 고마워하는 것 같아요. 그런데 저와 아버지에게는 그렇게 하지 않아요. 차별적인 것 같아요.

상담자5: 그러면 여기서 제일 힘이 있는 사람부터 번호를 매겨 본다면 어떻게 될까요?

내담자5: 오빠가 1번이고요. 그다음 엄마 2번, 아버지가 3번, 제가 4번이에요. 힘이 제일 없어요. 제일 만만한가 봐요. 그래서 집에 있기 싫어요. 몇 번 집을 나간 적도 있어요.

상담자6: 이 그림을 바꾼다면 어떻게 바꾸고 싶으세요?

내담자6: 엄마랑 아빠가 같이 외출을 하고 사이좋게 시간을 보내는 거고요. 오빠도 나도 각자 친구들과 재미있게 보내는 그림을 그리고 싶어요. 저는 간섭받고 싶지 않고요. 잔소리도 듣고 싶지 않아요. 저에게 신경을 껐으면 좋겠어요. 모두 다.

상담자7: 이 그림 이후에 앞으로 어떤 일이 벌어질까요?

내담자7: 다들 별말 없이 잠자코 밥을 먹을 것 같아요. 모두들 조용히 TV 보면서 말이에요. 저희 집은 다 같이 뭔가를 한 적이 거의 없어요.

상담자8: 혹시 오래전에 사진이나 이야기를 통해서 가족들이 여행을 간 적이 기억나나요?

내담자8: 아주 어릴 때는 있었어요. 개울가에서 수박 먹으며 놀았던 사진이 있어요. 그때는 엄마랑 아버지 사이가 좋았었어요. 친척들도 같이 갔었어요. 아마 초등학교 때였던 것 같아요. 중학교 이후에는 한 번도 그런 적이 없었어요. 아마도 오빠가 재수를 하기 시작한 때부터 우리 가족들이 같이 무엇을 한 적이 없었던 것 같아요. 오빠가 재수를 했는데 원하는 대학을 가지 못했어요. 그 일로 부모님이 서로 많이 싸우셨어요. 그러면서 저에게 거는 기대가 많은 것 같아요. 근데 저는 공부하기 싫거든요.

상담자9: 부모님의 사이가 좋아지면 ○○ 님에게는 어떤 변화가 있을까요?

내담자9: 마음이 편할 거예요. 신경 쓰지 않아도 되고 항상 긴장되어 있을 필요도 없고요. 오빠도 그런 걸 원할 거예요.

〈KFD검사를 활용한 면담 단계의 해석상담 2〉

내담자 정보: 26세, 남자, 대학생, 군필 전역, 복학 준비 중, 아르바이트하고 있음.

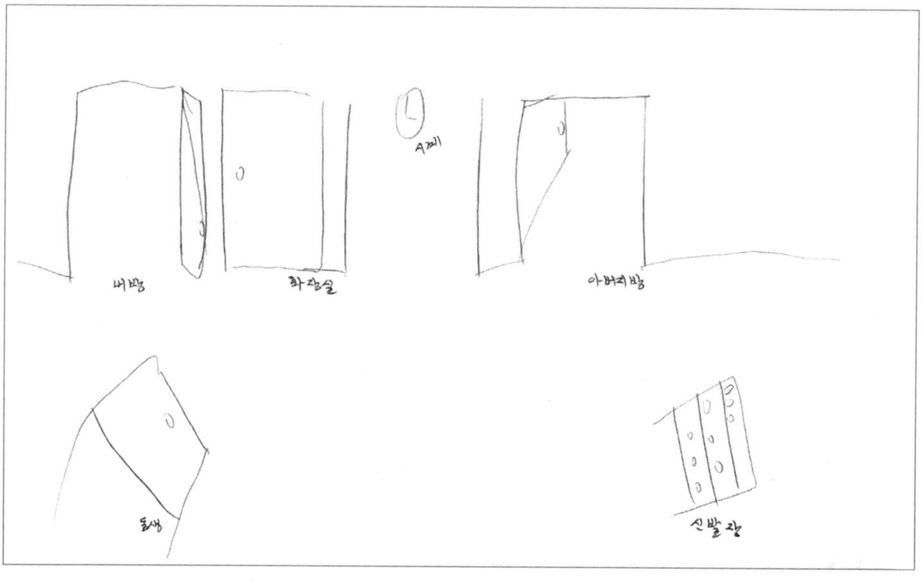

상담자1: 매우 개성 있는 그림을 그리셨군요. 그림 설명을 부탁드릴게요.

내담자1: 우리 집이에요. 들어가면 제 방이 있고 화장실이 그 옆에 있고요. 벽 하나를 두고 아버지 방이 있습니다. 제 방 앞쪽으로 남동생 방이 있고요. 문에서 들어오면 신발장이 있습니다. 그리고 벽에 시계 하나가 있고요.

상담자2: 아버지 방이라고 하셨는데, 어머니는 어디 계신가요?

내담자2: 제가 여섯 살 때 돌아가셨어요. 제 동생이 세 살 때였어요.

상담자3: 네, 그랬군요. 아버지가 재혼을 하시지는 않았나요?

내담자3: 네, 아버지가 저희 형제들을 혼자 기르셨어요. 어머니의 유언이 아버지 재혼이셨는데, 아들 둘을 엄마처럼 키워 줄 여성분을 만나는 것은 불가능하다고 하시며 지금까지 혼자 계셔요.

상담자4: 그림을 보니까 방문들이 다 열려져 있군요. 세 분의 관계는 어떤지 궁금합니다.

내담자4: 사이는 좋아요. 함께 외식도 하고 주말에는 야구 보러 가기도 하고요. 캠핑도 자주 갑니다. 제가 군대에 간 동안에는 함께하는 시간이 좀 줄었죠. 평소에 각자 열심히 생활하는 편입니다. 바쁘다 보니 집에서 식사를 하는 경우는 거의 드물어요. 아버지도 요리를 잘 못하시고 저와 동생도 요리를 잘 못해요.

상담자5: 벽에 시계를 그리셨군요. 이 시계가 사람이라면 세 사람에게 어떤 말을 해 줄까요?

내담자5: 재밌네요. 그렇게 생각해 본 적이 없는데……. 이 시계는 굉장히 오래된 시계예요. 부모님이 결혼해서부터 계속 있었던 시계입니다. 이 시계가 사람이라면 아버지에게는 '외로웠겠지만 잘 살아 오셨습니다. 아이들 키우느라고 애쓰셨습니다.'라고 할 것 같아요. '아들들이 결혼해서 손주들을 데리고 오면 정말 좋으시겠어요.'

상담자6: 네, 잘하셨습니다. 동생에게는 어떤 말을 해 줄 것 같으세요?

내담자6: 지금 군대에 가 있는데요. '엄마가 없는데도 잘 커 줘서 고맙다. 눈치 보지 말고 네가 하고 싶은 걸 하면서 살아라.'라고 할 것 같아요.

상담자7: 좋아요. ○○ 님에게는 뭐라고 이야기를 할까요?

내담자7: '엄마가 없어서 빈자리가 크게 느껴질 때가 많았겠구나. 내색하지 않고 꿋꿋하게 잘 살아와서 고맙다.'라고요. (눈물을 글썽임)

상담자8: 엄마의 빈자리가 느껴질 때는 어떻게 하셨어요?

내담자8: 가슴이 답답해지면서 뭔가 눌리는 느낌이 들곤 해서 그냥 박차고 밖으로 나갔어요.

상담자9: 밖에서 주로 무엇을 했나요?

내담자9: 집 앞 체육공원에 가서 조깅도 하고 농구 하는 팀이 있으면 같이 농구도 하고요. 그러다 들어왔죠.

상담자10: 그림의 신발장이 크게 그려져 있군요.

내담자10: 하하하, 네, 신발을 좋아해요. 신발 신고 밖에 나가서 할 수 있는 일이 많으니까요. 신발을 보면 가슴이 뻥 뚫리는 느낌이에요.

상담자11: 신발에 대한 의미가 있었군요. 스트레스 해소와 소통이었네요.

〈KFD검사를 활용한 면담 단계의 해석상담 3〉

내담자 정보: 11세, 여자, 초등학교 4학년, 중1 오빠가 한 명 있고 부모 있음, 학교에서 멍하고 딴생각을 많이 하고, 숙제를 잘 해 오지 않고, 준비물을 잘 챙겨오지 않음, 담임선생님이 상담을 의뢰함.

상담자1: 이 그림은 어떤 그림인지 설명해 줄래?

내담자1: 엄마랑 아빠랑 오빠랑 같이 차 타고 가고 있어요.

상담자2: 이렇게 네 사람이 함께 차를 타고 어딘가 간 적이 있니?

내담자2: 요즘에는 별로 없어요. 아빠가 엄마랑 주말 부부를 하시기 전까지는 주말이나 공휴일이나 방학 때는 자주 여행을 갔어요.

상담자3: 아빠가 주말 부부를 하신 지는 얼마나 되시니?

내담자3: 3학년 여름방학 때부터요.

상담자4: 이 그림에서 엄마, 아빠, 오빠, 그리고 나는 각자 무엇을 하고 어떤 생각을 하고 있을까?

내담자4: 지금 다 같이 할머니 댁에 가고 있는 중이에요. 설날이라서 할머니 뵈러 가고 있어요. 차가 많이 막혀서 아빠가 짜증이 나시나 봐요. 엄마도 그렇고요. 오빠는 게임을 하고 있고, 저는 창밖을 보고 있어요.

상담자5: 차 안의 분위기는 어떠니?

내담자5: 그리 나쁘지는 않아요.

상담자6: 앞으로 어떤 일이 생길 것 같니?

내담자6: 할머니 댁에 가서 세배하고 세배 돈도 받고 떡국도 먹고 사촌들이랑 놀고 재미있게 보낼 거예요. 그런데 다 같이 어디 놀러 가고 싶어요. 워터파크에 가서 물놀이도 하고 그랬으면 좋겠어요.

상담자7: 그런 적이 있었니?

내담자7: 작년까지는 갔는데, 금년에는 못 갔어요. 아빠가 집에 오시면, 매우 피곤해 하시고 집에서 쉬고 싶어 하세요. 차 타고 나갔으면 좋겠는데 아빠는 집에서 TV 보고 잠자고 싶으시대요. 그래서 엄마가 짜증을 내실 때도 있어요.

상담자8: 그럴 때는 너는 어떻게 하니?

내담자8: 재미있게 노는 걸 혼자서 상상해요. 아빠에게 졸랐던 적이 있었는데 아빠도 엄마처럼 짜증을 낼까 봐 가만있기로 했어요. 오빠는 밖에 나가서 친구들이랑 놀러 다니는데 저는 아직 어리다고 나가서 못 놀게 해요. 엄마가 장보러갈 때 저를 데리고 가세요. 그때가 제일 신나요.

상담자9: 그러니까, 밖에서 놀고 싶고 이것저것 보고 싶구나. 네 뜻대로 잘 안될 때는 공상을 하는 구나. 이 가족은 어떻게 될 것 같니?

내담자9: 아빠가 주말 부부를 안 하시면 다 같이 놀러 갈 수 있어요.

상담자10: 그때까지 ○○이는 무엇을 하며 재미있게 보낼 수 있을까?

면담 단계에서 상담자는 기본 질문들을 토대로 하여, 내담자와 대화를 하면서 관계 형성 및 상담의 목표까지 달성할 수 있다. 면담 단계에서 중요한 것은 질문을 연속적으로 하여 취조받는 느낌을 유의해야 하며 각 그림에서 드러나는 내담자 특유의 특성들을 장점으로 설명해 주는 것이 매우 바람직하다. 예를 들어, 선의 강도가 강한 선이 그림들의 특징으로 드러난다면 내담자는 자신감이 있고 자기주장적인 장점을 가질 수 있다. 만약 흐린 선이 대부분이라면 이것 역시 내담자의 강점으로 설명될 수 있으며 우유부단하거나 소심하다는 특징에 앞서 섬세하고 예민하며 상대방의 반응에 대해 민감한 면을 장점으로 설명하면서 대화를 하는 것이 바람직하다. 그림들의 크기가 종이에 비해 큰 비율로 그려져 있다면 공격성이나 과장이라고 보기 보다는 우선적으로 내담자의 장점으로 행동으로 실천하거나 환경에 제약을 넘어서려는 욕구로 본다. 그림의 크기가 매우 작은 경우에도 열등감이 부적절감의 표현보다는 타인에 대한 배려, 조심성 등의 강점으로 보고 다가가는 것이 바람직하다.

여기에서 기억해야 할 것은 내담자가 그림에서 강조하고 있는 부분을 특징으로 읽어 주는 것뿐만 아니라 생략된 부분들도 역시 내담자가 강한 에너지를 가지고 있다는 점이다. 강조하여 그렸다면, 그것은 내담자의 현재의 상태가 되기도 하고 또는 미래의 성취 욕구가 될 수도 있다. 그림 그리기 검사를 경험했던 많은 내담자들이 면담 단계에서 새롭고 유익하며 긍정적인 경험을 할 수 있도록 상담자가 유의해야 한다. 한편, 어떠한 장점이라도 지나치면 단점이나 걸림돌이 될 수 있다는 점도 염두에 두고 적절한 때에 내담자에게 이러한 양면적인 특성들을 설명하면서 대화를 이끌어 간다.

13 BDI검사

Beck의 우울증 척도(Beck Depression Inventory: BDI)는 임상적인 우울증상을 토대로 만든 것으로 우울증의 유형과 정도를 측정한다. Beck 등(1961)이 개발한 BDI 검사의 한국판을 개발하기 위하여, 원 문항을 이영호(1993)가 우리말로 먼저 번역한 후 미국에서 활동하고 있는 심리학자와 영어학자가 이를 검토하였다. 각 문항을 무선적으로 배열한 다음 정신과 의사들과 심리학과 대학원생들에게 우울의 심각도를 평가하게 하였다.

1. 척도 내용

Beck의 우울증 척도는 우울증과 관련된 정서적, 인지적, 동기적, 생리적 증후군 등 21개 영역을 포함하고 있고, 총 21개의 문항으로 이루어져 있다. BDI검사는 21개 각 문항에서 제시된 문장들을 주의 깊게 읽고 오늘을 포함해서 지난 2주일간 내담자 자신의 기분을 가장 잘 표현하는 문장을 하나 선택하여 체크하도록 한다. 만약 한 문항에서 여러 개의 문장이 똑같이 자신에게 해당될 경우, 각 문항에서 점수가 가장 높은 문장을 선택한다. 16번 문항(수면 양상 변화)과 18번 문항(식욕 변화)은 반드시 한 가지 문장만 선택해야 한다. 각 문항이 구체적인 내용은 다음과 같다.

1) 슬픔

① 나는 슬프지 않다.
② 나는 슬프다.
③ 나는 항상 슬프고 불행해서 기운을 낼 수 없다.
④ 나는 너무나 슬프고 불행해서 도저히 견딜 수 없다.

2) 비관주의

① 나는 앞날에 대해 별로 낙심하지 않는다.
② 나는 앞날에 대해서 용기가 나지 않는다.
③ 나는 앞날에 대해 기대할 것이 아무것도 없다.
④ 나는 앞날은 아주 절망적이고 나아질 가망이 없다고 느낀다.

3) 과거의 실패

① 나는 실패자라고 느끼지 않는다.
② 나는 내가 보통 사람들보다 더 많이 실패한 것 같다.
③ 내가 살아온 과거를 뒤돌아보면, 실패투성이 인 것 같다.
④ 나는 인간으로 완전한 실패자라고 느낀다.

4) 즐거움 상실

① 나는 전과 같이 일상생화에 만족하고 있다.
② 나는 전과 같이 일상생활이 즐겁지 않다.
③ 나는 더 이상 어떤 것에서도 만족을 얻지 못한다.

④ 나는 매사가 다 불만스럽고 지겹다.

5) 죄책감

① 나는 특별히 죄책감을 느끼지 않는다.
② 나는 종종 죄책감을 느낀다.
③ 나는 자주 죄책감을 느낀다.
④ 나는 항상 죄책감을 느낀다.

6) 벌 받는 느낌

① 나는 내가 벌을 받고 있다고 느끼지 않는다.
② 나는 내가 벌을 받을지도 모른다고 느낀다.
③ 나는 내가 앞으로 벌을 받을 거라고 느낀다.
④ 나는 지금 벌을 받고 있다고 느낀다.

7) 자기혐오: 나는 내 자신에게 실망하지 않는다.

① 나는 내 자신에 대해 실망하고 있다.
② 나는 내 자신이 싫다.
③ 나는 내 자신을 증오하고 있다.

8) 자기비판

① 내가 다른 사람보다 못한 것 같지는 않다.
② 나는 나의 약점이나 실수에 대하여 내 자신을 비판하는 편이다.
③ 나는 나의 잘못에 대해 항상 내 자신을 질책한다.
④ 나는 주변에서 일어나는 잘못된 모든 일에 대하여 내 자신을 질책한다.

9) 자살 사고 및 자살 소망

① 나는 자살 같은 건 생각하지 않는다.
② 나는 행동에 옮기지는 않지만 자살할 생각을 갖고 있다.
③ 나는 자살하고 싶다.
④ 나는 기회만 있으면 자살하겠다.

10) 울음

① 나는 평소보다 더 울지는 않는다.
② 나는 요즘 전보다 자주 운다.
③ 나는 요즘 항상 운다.
④ 나는 너무 울어 이제는 울고 싶어도 눈물이 안 나온다.

11) 초조

① 나는 평소보다 더 짜증을 내는 편은 아니다.
② 나는 전보다 더 신경질적이고 짜증스럽다.
③ 나는 요즘 항상 짜증스럽다.
④ 전에는 짜증스럽던 일인데도 이젠 짜증조차 나지 않는다.

12) 흥미상실

① 나는 다른 사람들에 대해 관심을 잃지 않고 있다.
② 나는 전보다 다른 사람에 대한 관심이 줄었다.
③ 나는 다른 사람에 대해 거의 관심이 없어졌다.
④ 나는 다른 사람에 대해 전혀 관심이 없어졌다.

13) 우유부단

① 나는 평소처럼 결정을 잘 내린다.
② 나는 전에 비해 결정을 잘 내리지 못하고 뒤로 미룬다.
③ 나는 전보다 어떤 일을 결정하기가 상당히 어렵다.
④ 나는 더 이상 어떤 결정을 내릴 수가 없다.

14) 신체상

① 나는 이전보다 내 모습이 나빠졌다고 느끼지 않는다.
② 나는 내가 나이가 들고 매력이 없게 보일까 봐 걱정한다.
③ 이젠 남에게 매력을 주지 못할 만큼 내 모습이 변했다.
④ 나는 내가 못생겼다고 생각한다.

15) 기력 상실

① 나는 전처럼 일을 할 수 있다.
② 어떤 일을 시작하려면 전보다 더 많이 힘이 든다.
③ 어떤 일을 하기가 무척 힘들다.
④ 나는 아무런 일도 할 수가 없다.

16) 수면 양상 변화

① 나는 전과 다름없이 잠을 잘 잔다.
② 나는 전처럼 잘 자지 못한다.
③ 나는 전보다 한두 시간 일찍 잠을 깨며 다시 잠들기가 어렵다.
④ 나는 전보다 몇 시간 일찍 잠을 깨며 다시 잠들 수가 없다.

17) 피로감

① 나는 평소보다 더 피곤하지 않다.
② 나는 전보다 더 쉽게 피곤을 느낀다.
③ 나는 거의 모든 일을 할 때마다 피곤을 느낀다.
④ 나는 너무 피곤해서 아무 일도 할 수 없다.

18) 식욕 변화

① 내 식욕은 평소와 다름없다.
② 내 식욕은 전처럼 좋지 않다/식욕이 전보다 좋다.
③ 내 식욕은 요즘 매우 좋지 않다/식욕이 매우 좋다.
④ 요즘은 전혀 식욕이 없다/식욕이 전보다 너무 좋아 과식한다.

19) 체중 변화

① 요즈음 체중이 별로 줄지 않았다.
② 나는 전보다 몸무게가 조금 줄었다/전보다 조금 늘었다.
③ 나는 전보다 몸무게가 많이 줄었다/전보다 많이 늘었다.
④ 나는 몸무게가 너무 많이 줄어 건강에 위협을 느낄 정도다/건강에 위협을 느낄 정도로 많이 늘었다.

20) 건강염려

① 나는 건강에 대해 전보다 더 염려하고 있지 않다.
② 나는 두통, 소화불량, 변비 등으로 건강에 신경이 쓰인다.
③ 나는 건강에 신경이 많이 쓰여 다른 일을 하는 데 어려움이 있다.
④ 나는 다른 일을 할 수 없을 정도로 건강에 대해 걱정이 심하다.

21) 성(性)에 대한 흥미 상실

① 나는 요즘 성에 대한 관심에 별다른 변화가 있는 것 같지 않다.
② 나는 전보다 성에 대한 관심이 줄었다.
③ 나는 전보다 성에 대한 관심이 상당히 줄었다.
④ 나는 전보다 성에 대한 관심을 완전히 잃었다.

2. 채점 방법과 해석

BDI검사 점수의 범위는 0점에서 63점까지다.

0~9점	우울하지 않은 상태
10~15점	가벼운 우울 상태
16~23점	중한 우울 상태
24~63점	심한 우울 상태

점수 해석은 Bumberry, Oliver와 McClure(1978)는 정상인의 BDI검사 점수는 3.94점이고, 경우울증의 BDI검사 점수는 14.19점, 중우울증의 BDI검사 점수는 22.8점으로 본다. 그러나 Beck(1967)은 9점 이하는 우울하지 않은 것으로, 경우울증은 10~15점, 우울증은 16~23점, 중우울증은 24~63점으로 분류하였다.

3. 신뢰도와 타당도

Beck 등(1961)의 우울증 측정표와 신뢰도 및 양분상관계수는 .65~.67까지다. 이영호(1993)의 수정문항을 대학생 125명에게 실시한 결과, α 계수=.98, 반분신뢰도 계수=.91이었다. 일반인 256명에게 실시한 결과 α 계수=.84였다.

BDI검사의 타당도는 Bumberry 등(1978)의 정신과 전문의와 조직적 면담 결과와 BDI검사 간의 비교에서 Pearson 적률상관계수가 .62로 나타났고, 정신과적인 등급 척도의 상관계수는 .77로 나타났다. Williams, Barlow와 Agras(1972)는 Hamilton(1960)의 우울증 평정 척도의 상관계수가 .82로 높게 나타났다.

4. BDI검사를 활용한 해석상담

BDI검사는 상담자가 매우 용이하게 상담장면에서 활용할 수 있는 간편한 선별검사다. 접수면접에서 내담자가 무기력감이나 우울감 또는 자살 충동, 자살 사고와 자살 시도를 보고하였다면 BDI검사를 바로 실시하는 것이 바람직하다. 내담자는 21문항을 읽으면서 지난 2주일간 자신의 상태를 가장 잘 나타내는 문장을 선택하여 표시하는데, 내담자가 문항에 표시를 한 번호들을 상담자가 바로 합산하여 총점을 계산한다. 만약 총점이 16점 이상이라면 중증도 및 심한 우울감을 경험할 가능성을 시사하므로 상담자는 문항 중에서 3번으로 표시한 문항들을 하나씩 점검하면서 내담자와 면담을 한다. 다음의 예를 보도록 한다.

〈BDI검사를 활용한 해석상담 1〉

내담자 정보: 35세, 남성, 직장인, 기혼, 이혼 위기, 주식 투자 실패로 파산 직전에 있음.

상담자1: 방금 실시한 BDI검사에서 총점을 계산해 보니, 46점이 나왔습니다. 이 점수는 심한 우울 정도를 나타내는 범위로서 최근에 매우 힘들었을 것 같네요. 문항 중에서 3번으로 표시한 것들을 살펴볼까 합니다. 3번 문항에서 '나는 인간으로서 완전한 실패자라고 느낀다.'에 표시를 하셨네요. 어떤 점에서 그런 감정을 느끼는지에 대해 구체적으로 말씀해 주세요.

내담자1: 아시다시피, 도박 때문에 여기 상담을 받으러 와 있는 제 모습이 한심하고 구제 불가능해 보입니다. 빚도 빚이지만 아내가 알게 되어서 이번에 주식을 하지 않기로 약속한 것을 지키지 못했어요. 그래서 마지막 경고를 받아 이혼 위기에 있습니다. 직장동료들에게는 창피하기는 해도 업무 수행 역량을 인정받아 그런대로 매일 출퇴근을 하고 있긴 합니다. 그런데 아내와의 관계가 희망이 보이지 않아요. 제 삶이 끝난 것 같습니다.

상담자2: 가족이 매우 중요하고 특히 부부관계가 매우 소중하다고 생각하는 분이네요. 가정에서는 실패자라고 느끼시고 한편으로 직장에서는 역량 있는 사회인으로 스스로를 인정하는 부분이 있네요. 9번 문항에서 '나는 기회만 있으면 자살하겠다.'에 표시하셨네요. 구체적인 계획이나 생각이 있으신지 궁금합니다.

내담자2: 빚 때문에 이혼을 당하게 되면 돈을 벌어서 무얼 하겠습니까? 제 삶의 의미가 없어져 버리니까요. 제가 왜 이렇게 살았는지 제 자신이 정말 싫습니다. 그동안 주식으로 잃었던 돈을 단번에 만회할 것 같은 허무맹랑한 생각을 떨쳐 버리지 못하고 이렇게까지 제 자신을 구렁텅이로 밀어 넣은 제가 미워요. 그래서 아파트에서 뛰어내릴 생각을 하고 있어요. 뛰어내리고 싶다는 생각이 번뜩 들기도 합니다.

상담자3: 그런 생각이 들면 정말 힘드시겠어요. 그런 생각을 중단시키는 또 다른 생각이 있을 것 같은데요. 어떠세요?

내담자3: 네, 아직까지는 한 가닥 희망이 있어요. 아내를 생각하면서 지금은 버티고 있습니다. 하지만 이혼을 하게 되면 저도 정말 어떻게 될지 모르겠어요. 아내가 한 번만 더 저를 믿어 준다면 용기를 낼 수 있을 것 같아요.

상담자4: ○○ 님의 이런 마음을 아내가 어느 정도는 알고 있을 것 같은데, 만약 부부 상담을 제안한다면 두 분이 내방할 수 있는 가능성이 어느 정도 되시나요?

〈BDI검사를 활용한 해석상담 2〉

내담자 정보: 23세, 여대생, 자취, 폭식과 비만의 문제가 있음.

상담자1: ○○ 님의 우울 정도를 조금 전 BDI검사로 다시 한 번 더 확인했습니다. 총점이 58점으로 심한 우울로 나타났군요. 문항 중에서 몇 가지 함께 이야기를 나누면 좋을 것 같아요. 문항 18번과 19번을 보니, 최근 2주 동안 식욕이 상당히 증가했고 체중이 너무 많이 늘어서 건강에 위협을 느낄 정도라고 표시했군요.

내담자1: 최근 들어 더 많이 쪘어요. 예전에도 폭식을 하는 편이었는데 이번 학기 시작되면서 폭식하는 횟수가 더 늘고 야식을 자주 먹게 돼요. 혼자서 맛있는 음식을 먹으면 스트레스가 확 풀려요. 그런데 먹고 나서 살이 찔까 봐 걱정돼서 운동을 심하게 합니다. 운동을 토할 정도로 심하게 합니다.

상담자2: 아~ 체중이 늘까 봐 걱정이 많이 되어서 운동도 심하게 하는군요. 14번 문항에서 '나는 내가 못생겼다고 생각한다.'에 표시했어요. 다른 사람도 그렇게 생각한다고 보시나요?

내담자2: 제 생각이 그래요. 얼굴 성형을 하고 싶기도 합니다. 저는 매력이 없는 것 같아요. 제가 매력이 더 있다면 남자들에게 더 호감을 받을 것 같은데요. 제가 은근히 좋아하는 선배가 있는데 그 선배를 좋아하는 제 친구를 그 선배가 좋아해요. 제 친구는 저보다 더 예쁘게 생겼거든요. 제가 더 예뻤다면 그 선배가 저를 여친으로 했겠죠. 요즘 남자들은 얼굴을 먼저 보자나요. 제 자신에게 스스로 '너는 괜찮아.'라고 매일 아침 거울을 보면서 이야기를 하고 있지만, 진정으로 그렇게 느껴지지 않으니까 가식 같고 힘들어요. 사랑받기 위해 태어난 사람이라고 사람들은 말하지만 저는 사랑받을 만한 가치가 없는 것 같아요.

상담자3: 생각을 바꾸어 자기 자신을 컨트롤하려고 노력했군요. 그런데 별로 효과가 없었다는 거네요. 자기 자신이 못생겼다는 생각과 함께 또 떠오르는 어떤 생각이 있는지 이야기해 주세요.

내담자3: '나는 못생겼어.' '아무도 나를 좋아하지 않을 거야.' '아무도 관심을 두지 않을 거야.' '나라는 존재에 사람들은 무관심할 거야.' '나는 있으나 마나 한 존재야.'

상담자4: 그렇다면, 바꾸어 이야기해서 '나는 사람들로부터 관심을 받고 싶고, 인정받고 싶고, 내가 존재한다는 것을 느끼고 싶군요.' 누구로부터 가장 인정받고 싶은지 한 사람만 떠올려 보세요.

내담자4: 아버지로부터 칭찬을 받은 적이 없었어요. 아버지와 깊은 대화를 나눈 적이 없어요. 저를 어떻게 생각하시는지 모르겠어요. 늘 어리게 생각하시는 것 같아요. 그래서 남성과 대화를 하는 게 어색해요. 제가 예뻤다면 가만히 있어도 관심을 받았을 텐데요.

상담자5: 이성 관계를 잘 맺고 싶어 하는군요. 그렇다면, 저희가 함께 ○○ 님의 의사소통 스타일에 대해 함께 이야기하면 어떨까요?

내담자5: 네, 좋아요.

〈BDI검사를 활용한 해석상담 3〉

내담자 정보: 51세, 주부, 갱년기, 우울감과 무기력감 호소

상담자1: ○○ 님의 우울정도를 간단하게 점검해 보았습니다. 총점이 60점으로 심한 우울 수준으로 나타났습니다. 일상이 상당히 힘드시겠어요. 1번 문항을 보면 '너무 슬프고 불행해서 도저히 견딜 수 없다.'라고 했고요. 6번 문항에서 '나는 지금 벌을 받고 있다고 느낀다.', 16번 문항에서 '전보다 몇 시간 일찍 깨며 다시 잠을 잘 수 없다.', 21번 문항에서 '성(性)에 대한 관심을 완전히 잃었다.'에 표시하셨습니다.

내담자1: 사는 게 재미가 없어요. 기운도 없고 예전에 재미있던 일상에 더 이상 흥미를 못 느낍니다. 아이들이 이제는 다 커서 저를 필요로 하고 있지 않기 때문에 그런지 이제는 필요 없는 사람 같이 느껴지기도 해요. 어떤 경우에는 '아이들에게 잘해 준 것이 없어서 혼자 남게 된 것은 아닌가?'라는 느낌도 있어요.

상담자2: ○○님이 지금 갱년기 증상도 경험하고 계시고 빈 둥지 증후군도 경험하실 수 있어요. 성(性)에 대한 관심을 완전히 잃으셨다고 하셨는데, 배우자는 여기에 어떻게 반응하고 계신지요.

내담자2: 다소 불만스러워하지요. 하지만 제가 에너지가 없습니다. 말씀드린 것처럼, 예전에 느꼈던 삶의 재미가 사라진 것 같아요. 혼자 있고 싶고 혼자 있다 보면 슬퍼서 울게 돼요. 그러다 보면 아무것도 안 하고 있는 저를 봅니다. 남편도 싫고 아이들도 귀찮아요. 하루 종일 멍하고 있는 시간이 많습니다. 예전보다 잠이 많아져서 많이 자는데도 계속 피곤해요. 오늘도 간신히 여기에 왔어요.

상담자3: 그렇게 힘드신데도 약속을 지키기 위해 준비하시고 상담을 생각하시며 오셨군요. 애쓰셨습니다. 그래도 자기를 위해서 무언가를 해야 한다고 생각하셨네요. 그리고 실천하셨고요.

내담자3: 그래도 누군가가 내 말을 들어 주면 조금 기분이 나아질 것 같아서요.

상담자4: 맞습니다. 이곳에 오시면 언제든지 ○○ 님의 마음과 생각, 느낌을 털어놓으실 수 있고 인정을 받으실 수 있어요. 제가 염려하는 것은 ○○ 님이 신체적으로 갱년기 증상을 보이는 것 이상으로 심리적으로 매우 우울하고 에너지가 탈진되고 기력이 없고 만사가 귀찮고 자신을 비난할 정도로 기분이 침체되어 있다는 점입니다. 일상 기능을 할 수 있을 정도의 에너지 수준으로 높여야 할 것 같아요. 혹시 무기력하고 에너지가 소진되거나 잠이 많이 오거나 귀찮아지는 증상들로 진료를 받아 보신 적이 있으신지 궁금합니다.

내담자4: 갱년기 증상으로 산부인과 진료를 받은 적이 있는데 별로 효과 없었어요.

상담자5: ○○ 님의 생활을 예전 생활로 되돌리기 위해 진료까지 받으셨네요. ○○ 님의 갱년기 증상과 무기력하고 우울한 증상들은 차이가 있어 보입니다.

그대로 오랫동안 방치하게 되면 지금보다 증상들이 악화되어 일상생활이 더 힘들어질 수 있습니다. 대안을 드린다면, 상담과 병행하여 우울증 약물치료도 한번 고려해 보는 것이 좋을 것 같아요. 어떻게 생각하십니까?

내담자5: 약물치료가 제게 도움이 된다면 한번 해 볼 마음도 있어요.

〈BDI검사를 활용한 해석상담 4〉

내담자 정보: 남성, 55세, 퇴직 후 취업 준비 중

상담자1: ○○ 님의 검사 결과들을 보니 총점이 23점으로 중증도 수준의 우울감을 느끼는 걸로 나타났습니다. 문항들을 살펴보도록 할까요? 2번 문항에서 '앞날은 아주 절망적이고 나아질 가망이 없다고 느낀다.'라고 하셨고 5번 문항에서 '나는 항상 죄책감을 느낀다.', 13번 문항에서 '나는 더 이상 어떤 결정을 내릴 수 없다.', 15번 문항에서 '나는 어떤 일도 할 수가 없다.'라고 하셨습니다. 이러한 생각들이 현재 재취업을 하려고 애쓰시는 것과 관련이 있으신가요?

내담자1: 네, 일을 충분히 할 수 있는 나이에 정년퇴직이라니 받아들이기가 어렵네요. 제가 잘못해서 직장을 그만두게 된 것이 아니라, 제 나이 때문에 일을 못하게 됐다는 것이 속이 상하고 억울해요. 더구나 아직 부양해야 할 아이들이 있고 노후 준비가 더 필요하거든요. 앞날이 절망적이지요. 청년실업이다 뭐다 하는데, 제 나이에 다시 일을 시작할 수 있을지 받아 줄 직장이 있을지 절망적이에요. 실업 급여를 매달 조금씩 받으면서 이것도 몇 개월 후에는 끝나는데 재취업이 안 된다면 앞으로의 세월을 어떻게 보내야 할지 암담합니다. 주변에서는 퇴직금을 가지고 자영업을 하다가 날린 사람도 있고, 투자를 해서 날려 버린 사람도 있고요. 얼마 되지 않은 퇴직금을 저도 어떻게 해야 할지 결정하기 어렵네요. 열심히 살아왔다고 생각은 했는데, 지금 남은 게 없는 것 같아요.

상담자2: 능력 때문이 아니라 나이 때문에 제동을 거는 것이 사회 시스템이어서 더 막막하시군요. ○○ 님의 연령이라면 정말 사회에 기여할 수 있는 것들이 많이 있으신데 하고 싶어도 하지 못하게 만드는 이 사회가 부조리하게 느껴지시겠어요.

내담자2: 사실 겁이 납니다. 이 많은 시간을 어떻게 보내야 될지요. 사실 아파트 경비원이나 환경 미화원이라도 일을 할 수만 있다면 하고 싶어요. 체면이 무슨 밥을 먹여 주나요. 매일매일 일하러 나가는 그것 자체가 마음이 편할 것 같아요. 제가 늙은이가 된 것 같아요. 65세라면 늙은이 취급을 받아도 아무렇지 않을 텐데, 그 나이가 되려면 10년이나 남았어요. 마음이 편하지 않다 보니 집에 있는 것도 불편하고 밖에 나가 있자니 괜히 돈을 쓰게 되고 이러지도 저러지도 못하고 매일 살고 있습니다.

상담자3: 이제까지 잘 기다리셨습니다. 장담은 하지 못하지만 ○○ 님이 기술이 있으시고 건강하시고 일을 하려는 의지가 높으셔서 면접의 기회를 가지게 되면 잘하실 수 있을 거라고 봅니다. 기다린다는 것이 어렵지요. 한편 기다릴 수밖에 없다면, '피할 수 없으면 즐겨라.'라는 말도 있듯이 ○○ 님이 무언가를 즐겁게 하시면서 재취업의 기회를 기다리시면 어떨까요? 평소에 즐겨 하시는 취미생활이 활동은 어떤 것들이 있으세요?

〈BDI검사를 활용한 해석상담 5〉

내담자 정보: 17세, 남자, 중학교 때 왕따를 당하고 고등학교에서 적응이 어려워 자퇴 후 검정고시 준비 중, 내담자의 어머니가 상담을 의뢰함. 보호자와 함께 내방함.

상담자1: ○○ 님이 방금 작성한 검사 결과 BDI검사 총점이 30점으로 심한 우울증으로 나타났어요. 어머니가 염려하시는 것이 이해가 되네요. 죽고 싶은 마음도 있고 의욕이 매우 저하되어 보여요. 문항을 살펴보면 4번 '매사가 다 불만스럽고 지겹다.', 7번 '내 자신을 증오하고 있다.', 8번 '주변에서 일어나는 모든 일들로 내 자신을 질책한다.', 12번 '다른 사람에 대해 전혀 관심이 없어졌다.'에 표시했네요. 이런 마음이 들 때면 어떤 생각이 떠오르나요?

내담자1: 무인도에서 혼자 살고 싶어요. 아무도 저를 방해하지 않고 내버려 두었으면 좋겠어요.

상담자2: 혹시 다른 사람이 듣지 못하는 소리가 들리기도 하나요?

내담자2: 나를 비난하는 소리들이 들릴 때가 있어요.

상담자3: 그렇군요. 어떤 내용인지 말씀해 주세요.

내담자3: '너는 형편없어, 너는 존재 가치가 없어, 있으나 마나한 존재야, 잘 놀 줄도 몰라, 잘하는 게 하나도 없어.' 이런 소리가 들리는 것 같아요.

상담자4: 많이 힘들겠어요. 한 가지 제가 엉뚱한 질문을 해도 될까요? ○○ 님이 오늘 밤 자고 일어나니 기적이 한 가지 일어났다고 가정해 봅시다. ○○ 님이 정말 바꾸고 싶은 일이 기적적으로 일어났다고 한다면, 어떤 기적이 일어났을까요?

내담자4: 애들이랑 매일 학교 다니면서, 친구들이랑 노래방 가고 게임도 하고 축구도 하고, 영화도 보러 다니고 방학 때는 캠핑도 하고 여행도 가고요.

상담자5: 또래 친구들과 평범하게 학창시절을 보내고 싶으시군요. 학교만큼이나 소속감을 느끼고 동질감을 느낄 수 있는 또래 모임이 있다면 ○○ 님 주변에 어떤 것들이 있을까요?

내담자5: 검정고시 준비 학원에 또래들이 있긴 해요.

상담자6: 그 친구들과는 어떻게 지내나요?

내담자6: 친하지는 않지만 서로 말을 섞어요.

상담자7: 주말에 그 친구들과 함께할 수 있는 놀이나 활동이 있다면 어떤 것이 있을까요?

내담자7: 연락을 잘 안 해요. 한두 명 정도 톡 주고받는 정도예요. 만나서 돌아다니거나 한 적은 없어요.

상담자8: 그 친구들과 함께 주말에 같이 보내자고 ○○ 님은 제안을 할 마음이 있나요?

내담자8: 그렇게는 생각해 본 적이 없는데요. 물어볼 수는 있겠죠.

부록

개인상담 신청서

■ 상담신청일: 20　　년　　월　　일　　시　　　　■ 접수면접 상담사: ________

성명		(남, 여)	생년월일	년　　월　　일 (나이　　세)
주소			전화번호	연락처 1 (본인): 연락처 2 (비상연락):
			건강상태	□건강　□보통　□취약 어디가 아픈가? (　　　　　　　　　　)
신청 계기				
이전 상담 경험	□ 있다 (　　년　　월 ~　　년　　월: 횟수　　회)　□ 없다 있다면 어떤 상담을 하였나요?			
이전 심리검사 경험	□ 있다　　□ 없다 있다면 어떤 심리검사를 했나요?			

가족	관계	이름	나이	학력	직업	종교	친밀도 (1점~5점 / 느끼는 감정 또는 표현 적기)	

주 상담사		상담예약일	월　　일(　　요일/　　시)

1. 다음 중 어떤 문제에 대해 상담받기를 원하십니까? 가장 상담받고 싶은 부분 세 곳에 ∨표해 주세요.

___ 적응문제	___ 경제적 또는 현실의 문제	___ 정신건강 및 행동 및 습관의 문제
___ (대인)교우관계	___ 이성 및 성문제	___ 가정문제
___ 정서적 문제	___ 성격 문제	___ 실존적 문제
___ 학업 및 진로문제		

※ 현재 자해 또는 자살 충동을 느끼고 있나요? (　　) 예 / (　　) 아니요

2. 현재 겪고 있는 어려움(상담에 오게 된 이유)을 적어 주세요. (구체적으로 적어 주세요.)

3. 상담을 통해 변화되었으면 하는 부분을 적어 주세요. (구체적으로 적어 주세요.)

심리검사 신청서

■ 검사신청일: 20　　년　　월　　일　　시　　　　■ 접수면접 상담사: ______

※ 현재 개인상담을 받고 있나요?: □ 예 (　　요일 / 상담사:　　　) □ 아니요			
성명	남 / 여	생년월일	년　월　일 (나이　세)
주소		핸드폰번호	
		건강상태	□건강 □보통 □취약 어디가 아픈가? (　　　　)

원하는 심리검사	□ MBTI성격유형검사　□ 에니어그램 심리역동검사　□ TCI기질성격검사
	□ 홀랜드(Holland)적성탐색검사　□ STRONG 직업흥미검사　□ LCSI 종합성격검사
	□ MMPI다면적인성검사(SCT와 병행실시)　□ PAI 성격평가　□ 기타:
	개인상담 시: □ HTP　□ KFD　□ BGT　□ K–WAIS　□ Rorschach　□ TAT
신청계기	
이전 상담 경험	□ 없다
	□ 있다 (　년　월 ~　년　월: 횟수　회)
이전 심리검사 경험	□ 없다
	있다면 어떤 심리검사를 했나요?

가족	관계	이름	나이	학력	직업	종교	친밀도(1: 매우나쁨 ~ 5: 매우좋음)				
							1	2	3	4	5
							1	2	3	4	5
							1	2	3	4	5
							1	2	3	4	5
							1	2	3	4	5

해석상담사		해석상담예약일	월　일(　요일/　시)

■ 심리검사를 신청하게 된 사유(계기)를 적어 주세요.

■ 심리검사를 통해 도움받고 싶은 부분 또는 알고 싶은 부분을 적어 주세요.

개인정보 수집 및 활용 동의서

[개인정보 수집 · 이용에 대한 동의]

수집 · 이용하는 개인정보 항목	성명/생년월일/성별/주소/이메일/핸드폰번호
개인정보의 수집 및 이용목적	심리검사 및 심리상담을 제공하는 데 있어 본인 확인 및 연락 등의 절차에 이용 상담실 주최의 행사 또는 프로그램 등의 안내 상담실 이용 현황 파악을 위한 통계 분석
개인정보의 보유 및 이용기간	보유이유: 향후 내방 시 효과적 심리상담 진행 및 편의 제공 위함 동의일로부터 5년까지 보관 후 폐기
귀하는 이에 대한 동의를 거부할 수 있으며, 다만 동의가 없을 경우 원활한 심리검사 및 심리상담의 진행이 불가능할 수 있음을 알려드립니다.	

개인정보 수집 · 이용에 동의하십니까? □예 □아니요

[민감정보 처리에 대한 동의]

수집 · 이용하는 민감정보 항목	동아리/휴학여부/휴학사유/주거지/병역/종교/입학경위/상담 및 검사경험/현재의 어려움/가족 관계 및 친밀도/심리검사 결과
민감정보의 수집 및 이용목적	심리검사 및 심리상담을 제공하는데 있어 본인을 이해하는 데 이용 상담실 주최의 행사 또는 프로그램 등의 안내 상담실 이용 현황 파악을 위한 통계 분석
민감정보의 보유 및 이용기간	보유이유: 향후 내방 시 효과적 심리상담 진행 및 편의 제공 위함 동의일로부터 5년까지 보관 후 폐기
귀하는 이에 대한 동의를 거부할 수 있으며, 다만 동의가 없을 경우 원활한 심리검사 및 심리상담의 진행이 불가능할 수 있음을 알려드립니다.	

민감정보 수집 · 이용에 동의하십니까? □예 □아니요

※ 개인정보 제공자가 동의한 내용 외의 다른 목적으로 활용하지 않으며, 제공된 개인정보의 이용을 거부하고자 할 때에는 개인정보 관리책임자를 통해 열람, 정정, 삭제를 요구할 수 있음.

「개인정보보호법」「동법 시행령」「동법 시행규칙」에 의거하여 상기 본인은 위와 같이 개인정보 수집 및 활용에 동의합니다.

20 **년 월 일**

성명: **(인)**

참고문헌

김승국, 김옥기 (1985). 사회 성숙도 검사. 서울: 중앙적성출판사.

김영환 (1981). MMPI의 진단변별 기능분석. 한국심리학회 연차 학술발표 논문집. 1981(1), 23-27.

김영환, 권해수, 김지혜, 박은영, 박중규, 오상우, 이수정, 이은호, 조은경, 황순택, 홍상황 (2019). PAI 성격평가 질문지-전문가 지침서. 서울: 인싸이트.

김영환, 오상우, 홍상황, 박은영 (2002). PAI의 임상적 이해. 서울: 학지사.

이영호 (1993). 귀인양식, 생활사건, 사건귀인 및 무망감과 우울의 관계. 서울대학교 대학원 박사학위 논문.

Beck, A.T. (1967). *Depression: clinical, expreimental, and theoretical aspects.* New York: Harper & Row.

Beck, A.T., Ward, C.H., Mendelson, M., Mock, J., & Erbaugh, J. (1961). An inventory for measuring depression. *Archives of General Psychiatry, 4*, 561-571.

Bumberry, W., Oliver, J.M., & McClure, J.N. (1978). Validation of the Beck depression inventory in a University population using psychiatric estimate as the criterion. *Journal of Consulting and Clinical Psychology, 46,* 150-155.

Dahlem, N.W., Zimet, G.D., & Walker, R.R. (1991). The Multidimensional scale of perceived social support: a confirmation study. *Journal of Clinical Psychology, 47*(6), 756-761.

Drake, L.E. (1946). A social I.E. scale for the Minnesota Multiphasic Personality Inventory. *Journal of Applied Psychology, 30*(1), 51-54.

Ganellen, R. J. (1996). *The LEA series in personality and clinical psychology. Integrating the Rorschach and the MMPI-2 in personality assessment.* Lawrence Erlbaum Associates, Inc.

Graham, J.R. (1990). *MMPI-2: Assessing personality and psychopathology.* Oxford University Press.

Hamilton, M. (1960). A rating scale for depression. *Journal of Neurology Neurosurgery and Psychiatry, 23,* 56-62.

Harris, R. E., & Lingoes, J. C. (1955). *Subscales for the Minnesota Multiphasic Personality Inventory- An aid to profile interpretation.* Department of Psychiatry, University of California School of Medicine and the Langley Porter Clinic, mimeographed materials.

Hathaway, S. R. (1956). *A handbook for clinical and actuarial MMPI interpretation.* Guilford Press.

Hathaway, S. R., & McKinley, J. C. (1940). A multiphasic personality schedule (Minnesota): I. Construction of the schedule. *Journal of Psychology: Interdisciplinary and Applied, 10,* 249-254.

Hathaway, S. R., & McKinley, J. C. (1942). The Minnesota Multiphasic Personality Inventory. *Journal of Applied Psychology, 29*(2), 132-141.

Hutt, M. L., & Briskin, G. J. (1960). *The clinical use of the revised Bender-gestalt test.* Grune & Stratton.

Lubin, B., Larsen, R. M., & Matarazzo, J. D. (1984). Patterns of psychological test usage in the United States: 1935-1982. *American Psychologist, 39*(4), 451-454.

McKinley, J. D., & Hathaway, S. R.(1942). A Multiphasic Personality Schedule (Minnesota): IV. Psychasthenia. *Journal of Applied Psychology, 26*(5), 614-624.

McKinley, J. D., & Hathaway, S. R.(1944). A Multiphasic Personality Schedule (Minnesota): V. Hysteria, hypomania and psychopathic deviate. *Journal of Applied Psychology, 28*(2), 153-174.

Meehl, P. E., & Hathaway, S. R. (1946). The K factor as a suppressor variable in the Minnesota Multiphasic Personality Inventory. *Journal of Applied Psychology, 30,* 525-564.

Stevens, M. R., & Reilly, R. R. (1980). MMPI short forms: A literature review. *Journal of Personality Assessment, 44*(4), 368-376.

Williams, J. G., Barlow, D. H., & Agras, W.S. (1972). Behavioral measurement of severe depression. *Archives of General Psychiatry, 27,* 330-337.

찾아보기

인명

내용

ㅇ

ㅊ

ㅌ

ㅍ

저자 소개

조성희(Cho SungHee)

백석대학교 상담대학원 교수, 임상심리전문가, 상담심리전문가, 전문상담사, 동기면담 국제 훈련가

전 국립법무병원 임상심리실장
백석대학교 학생생활상담센터 소장

신수경(Shin SooKyoung)

백석대학교 기독상담학과 교수, 임상심리전문가, 중독심리전문가, 범죄심리전문가, 동기면담 훈련가, 국제 MINT 회원

전 용인정신병원, 단국대학병원, 국립법무병원 임상심리사

심리검사 해석상담
Psychological Test and Interpretation Counseling

2019년 7월 30일 1판 1쇄 발행
2024년 3월 25일 1판 6쇄 발행

지은이 • 조성희 · 신수경
펴낸이 • 김 진 환
펴낸곳 • (주) 학지사
04031 서울특별시 마포구 양화로 15길 20 마인드월드빌딩 5층
대표전화 • 02) 330-5114 팩스 • 02) 324-2345
등록번호 • 제313-2006-000265호
홈페이지 • http://www.hakjisa.co.kr
인스타그램 • https://www.instagram.com/hakjisabook/

ISBN 978-89-997-1869-4 93180

정가 17,000원